PPP 模式实践与创新系列教材

PPP
项目操作实务　环境保护

陈青松　编著

中国建筑工业出版社

图书在版编目（CIP）数据

PPP项目操作实务　环境保护/陈青松编著；—北京：中国建筑工业出版社，2017.4
PPP模式实践与创新系列教材
ISBN 978-7-112-20208-9

Ⅰ.①P… Ⅱ.①陈… Ⅲ.①政府投资 — 合作 — 社会资本 — 教材②环境保护 — 政府投资 — 合作 — 社会资本 — 教材 Ⅳ.①F830.59②F014.391③X

中国版本图书馆CIP数据核字（2017）第004411号

随着"大气十条""水十条""土十条"、"智慧城市"、"海绵城市"等一系列国家战略和利好政策的出台，我国未来环保市场前景广阔。本书从我国环保形势、PPP模式如何"接驳"环保、环保PPP的现实困难与风险、环保PPP创新模式以及环保PPP前景等角度进行了阐述。此外，本书很好地将PPP环保具体案例融合到理论，便于读者对环保PPP有更深刻的理解。本书对政府决策部门、各类社会资本、环保企业、金融机构、环保专业人士等具有重要的借鉴价值。

责任编辑：朱首明　李　明　李　阳　牟琳琳
版式设计：京点制版
责任校对：王宇枢　刘梦然

PPP模式实践与创新系列教材
PPP项目操作实务　环境保护
陈青松　编著

*

中国建筑工业出版社出版、发行（北京海淀三里河路9号）
各地新华书店、建筑书店经销
北京京点图文设计有限公司制版
北京云浩印刷有限责任公司印刷

*

开本：787×1092毫米　1/16　印张：16½　字数：276千字
2017年4月第一版　2017年4月第一次印刷
定价：48.00元
ISBN 978-7-112-20208-9
（29668）

版权所有　翻印必究
如有印装质量问题，可寄本社退换
（邮政编码 100037）

前　言

经过多年的粗放式发展，我国环境污染事件猛增，再加上互联网信息的快速传递，环境污染事件造成公众的恐慌心理日甚。因此，加强环境污染治理成为当下我国从中央到地方的共识。

然而，目前我国经济发展进入新常态，地方政府面临巨额债务压力，环境治理领域资金缺口较大。2014年10月2日，国务院发布《关于加强地方政府性债务管理的意见》（国发[2014]43号，以下简称"43号文"），明确指出首要目标为治理政府性债务。"43号文"对地方债务开启了严监管模式，使地方政府融资能力大幅受限。

在大力推动我国的环境保护和生态建设的现实需求面前，必须吸引更多有雄厚资金、强大技术和丰富管理经验的社会资本参与。政府与社会资本合作的PPP模式成为当下一种现实的选择。

PPP是英文Public-Private-Partnership的简称，即政府与社会资本合作模式，其正在我国公共产品和公共服务的供给方面掀起一场新变革，从中央到地方正不遗余力地推广PPP，全国兴起推广PPP的热潮。以国务院办公厅转发的财政部、国家发改委、人民银行《关于在公共服务领域推广政府和社会资本合作模式的指导意见》（国办发[2015]42号）为基本依据，PPP共包括能源、交通运输、水利建设、生态建设和环境保护、市政工程、片区开发、农业、林业、科技、保障性安居工程、旅游、医疗卫生、养老、教育、文化、体育等行业。

近年来我国环保产业整体发展十分强劲，未来前景十分广阔。随着"大气十条""水十条""土十条"、"智慧城市"、"海绵城市"、"黑臭水体"、"绿色建筑"、"互联网+"等一系列国家战略和利好政策的出台，未来环保市场前景十分广阔。从国家对节能环保产业的表述可见一斑：2015年，国家要"把节能环保产业打造成新兴的支柱产业"。2016年，国家要"把节能环保产业培育成我国发展的一大支柱产业"。而在PPP模式的不断促进下，我国环保产业将获得空前的发展良机。

本书重点是对PPP模式下的环境保护、生态建设进行阐释。包括国有、外资、民企、混合所有制企业在内的各类社会资本以PPP模式进入环境保护产业是必然趋势。PPP模式的推广有利于促使环保行业市场化，也是环保行业未来的主流商业模式。

环境保护方兴未艾，PPP模式亦刚刚兴起，二者均是我国经济发展的热点。本教材既有关于PPP模式的宏观理论研究，也有具体的PPP环保项目典型案例，很好地将PPP环保具体案例融合到理论中，阐释了PPP模式与环境保护的密切关系，让读者有更深刻的理解。

本书可以作为各级政府决策部门、各类社会资本、环保企业、金融机构、战略投资者和财务投资者等PPP模式主体以及研究、操作PPP项目的经济和金融学者、环保专业人士、企业高管等广大群体的参考。

目　录

一　我国环保形势严峻　001

（一）我国环保整体形势不容乐观 …………………………………………… 002
（二）水务行业存在"两低"弊端 …………………………………………… 006
（三）土壤修复行业面临诸多问题 …………………………………………… 010
（四）生态补偿机制关键在顶层设计 ………………………………………… 015

二　PPP模式"接驳"环保　019

（一）环保是 PPP 的重要领域 ………………………………………………… 020
（二）环保 PPP 特点 …………………………………………………………… 024
（三）PPP 项目打包模式在农村污水处理中的应用 ………………………… 027
（四）PPP 模式成棕地修复现实路径选择 …………………………………… 030
（五）上市公司的环保 PPP 市场机遇 ………………………………………… 033
（六）行业巨头借 PPP 模式挤进环保领域 …………………………………… 036

三　环保PPP的现实困难与风险　041

（一）环保 PPP 项目落地难 …………………………………………………… 042
（二）PPP 模式缓解环境治理资金不足 ……………………………………… 046
（三）环保 PPP 低价竞争无赢家 ……………………………………………… 049
（四）创新社会资本投资回报机制 …………………………………………… 053
（五）环保 PPP 项目主要风险因素 …………………………………………… 057
（六）邻避效应：环保 PPP 项目风险警示 …………………………………… 061

四　水处理是环保PPP领域重点　065

（一）农村是我国未来污水处理主战场 ……………………………………… 066

（二）水务项目打包招商典型案例 069
（三）PPP模式解决城市黑臭水体难题 073
（四）剖析一例污水处理PPP项目 077
（五）社会资本助推"互联网+污水处理" 081

五 环保PPP创新模式解析 085

（一）海绵城市建设上升为国家战略 086
（二）PPP模式解决海绵城市建设资金不足 090
（三）PPP模式携手第三方治理 094
（四）我国土壤修复新商业模式 098
（五）环保PPP创新按效收费 102
（六）分布式光伏在环保PPP项目中的应用 105

六 金融支持环保PPP 109

（一）环保企业舞动资本市场 110
（二）环保并购持续升温 113
（三）环保上市公司借道并购基金发展 117
（四）推进环保PPP需金融支持 123
（五）绿色金融助力环保PPP 128

七 PPP模式助力环保产业 131

（一）节能环保产业进入发展新阶段 132
（二）环保产业：蓝海还是红海？ 137
（三）PPP模式助力环保产业快速发展 141

八 解读环保PPP前景 145

（一）剖析环保行业未来趋势 146
（二）水处理行业蕴藏大商机 150
（三）六万亿土壤修复市场探析 154

（四）社会资本抢占千亿 VOCs 市场 ……………………………………… 159
（五）美丽乡村建设中的环保 PPP 机遇 …………………………………… 162
（六）"互联网 +PPP" 开启智慧环保 ……………………………………… 166

附录一：全国土壤污染状况调查公报　173
附录二：关于制定和调整污水处理收费标准等有关问题的通知　177
附录三：政府采购竞争性磋商采购方式管理暂行办法　180
附录四：关于推进水污染防治领域政府和社会资本合作的实施意见　188
附录五：水污染防治专项资金管理办法　193
附录六：北京市进一步加快推进污水治理和再生水利用工作三年行动方案　195
附录七：住建部第一批《海绵城市建设先进适用技术与产品目录》　203
附录八：关于开展中央财政支持海绵城市建设试点工作的通知　210
附录九：关于印发《城市管网专项资金管理暂行办法》的通知　212
附录十：住房城乡建设部　国家开发银行关于推进开发性金融支持海绵
　　　　城市建设的通知　215
附录十一：关于推进政策性金融支持海绵城市建设的通知　218
附录十二：2015年新三板环保行业企业一览表　220
附录十三：绿色债券支持项目目录（2015年版）　224
附录十四：关于印发《挥发性有机物排污收费试点办法》的通知　231
附录十五：国务院关于积极推进"互联网+"行动的指导意见　234

参考文献　253

一 我国环保形势严峻

我国在经历了30多年的经济快速发展后,目前生态环境已经无法支撑粗放式发展需求,大气污染、水污染、土壤污染事件频发。我国已经进入环境污染事件高发期,环保形势十分严峻。

（一）我国环保整体形势不容乐观

改革开放以来，我国经济得到快速发展，但粗放的发展模式也带来了严重的环境污染问题，尤其是近年来，我国环境污染问题开始集中暴露，如大气污染、水污染、土壤污染等，我国生态系统面临退化、环保形势日趋严峻。

1. 大气污染问题

近年来，我国PM2.5多次"爆表"、雾霾在全国肆虐，大气污染成为环境污染领域的焦点问题。环保部《全国环境统计公报（2014年）》显示，从大气主要污染物排放情况看，2014年二氧化硫、氮氧化物的排放量分别为1974万t和2078万t，而PM2.5❶和臭氧（O_3）形成的重要前体物挥发性有机物VOCs❷的排放量也超过2000万t。庞大的污染物排放量成为大气环境质量无法得到根本性改善的重要原因。根据世界银行PM2.5浓度数据调查，PM2.5污染主要集中在亚洲大部分地区，其中我国尤其严重，近20年间我国PM2.5数值提升了26%，到2013年年平均浓度已到达到每立方米54.3μg。

2016年8月18日，清华大学和美国健康影响研究所联合发布《中国燃煤和其他主要空气污染源造成的疾病负担》报告（以下简称《报告》)，研究结果显示，2013年我国有36.6万例由于燃煤导致的空气污染而过早死亡。如果采取行动控制空气污染，2030年之前大气污染水平将大幅度下降，这将避免27.5万例过早死亡。《报告》的作者——中国疾病预防控制中心国家非传染性及慢性疾病控制

---

❶ PM2.5指环境空气中空气动力学当量直径小于等于2.5μm的颗粒物。它能较长时间悬浮于空气中，其在空气中含量浓度越高，就代表空气污染越严重。虽然PM2.5只是地球大气成分中含量很少的组分，但它对空气质量和能见度等有重要的影响。与较粗的大气颗粒物相比，PM2.5粒径小，面积大，活性强，易附带有毒、有害物质（例如，重金属、微生物等），且在大气中的停留时间长、输送距离远，因而对人体健康和大气环境质量的影响更大。

❷ VOCs（volatile organic compounds）挥发性有机物，是指常温下饱和蒸汽压大于70 Pa、常压下沸点在260℃以下的有机化合物，或在20℃条件下蒸汽压大于或者等于10 Pa具有相应挥发性的全部有机化合物。

预防中心副主任周脉耕介绍，空气污染是中国健康负担的一个重要来源，室外空气污染是导致中国居民早死的第五位原因。

亚洲清洁空气中心 2016 年 8 月 22 日发布的《大气中国 2016：中国大气污染防治进程》报告指出，2015 年是《大气污染防治行动计划》实施的第三年，绝大多数城市空气质量持续改善，但 PM2.5 超标的情况仍普遍存在，一些区域还面临臭氧污染加剧的问题。

2. 水污染问题

水资源是一种宝贵的战略资源，关系到国家经济社会的可持续发展。然而，我国却面临水资源严重短缺、污染严重且重复循环利用率偏低等严峻的现实问题。

（1）目前，我国人均水资源量只有 2100m³，仅为世界人均水平的 28%。全国年平均缺水量达 500 多亿 m³，三分之二的城市处于缺水状态，约 100 多座城市严重缺水。

（2）统计显示，我国每年平均发生水污染事件达 1700 起以上，平均每天有近 5 起水污染事件发生。针对全国 36 个主要城市的主要城市河道及流经水系的调查发现，几乎全部被调查水体都受到不同程度的污染。而在广大的农村，有近 3 亿人口饮水不安全。根据环保部环境质量报告显示，2014 年上半年，全国地表水总体为轻度污染。监测的 962 个国控断面中，Ⅰ～Ⅲ类水质断面占 62.8%，同比降低 0.9%；劣Ⅴ类占 10.7%，同比降低 0.8%。2014 年上半年，主要污染指标化学需氧量、总磷和氨氮的超标断面比例分别为 24.6%、22.1% 和 15.2%。与 2013 年同期相比，化学需氧量和氨氮超标断面比例分别下降 0.2% 和 1.6%，总磷超标断面比例升高 1.2%。十大流域中Ⅰ～Ⅲ类水质断面占 69.7%，劣Ⅴ类占 9.9%。

在公众反映强烈的水污染领域，城市黑臭水体是一个重要的方面，其破坏了城市人居环境，也降低了人们的生活质量。根据住建部和环保部联合公布的第一轮全国黑臭水体摸底排查结果，截至 2016 年 2 月 16 日，在全国 295 座地级及以上城市中，有超过七成的城市排查出黑臭水体，已认定的黑臭水体总数 1861 个，重度污染水体数量占比达到 33.5%。从黑臭水体地域分布情况看，经济发达且水系更多的中东部地区的黑臭水体数量占比较大,中南区域和华东区域合计占比达71.0%。分省份看,广东、安徽数量均超过200条,合计占总数的近1/4;另外,江苏、河南、山东、湖南、湖北5省数量均在100条以上,合计占比约1/3。

(3)我国水资源重复循环利用率偏低,工业生产用水效率低,单方水的GDP产出为世界平均水平的1/3。此外,全国大多数城市工业用水浪费严重,平均重复利用率只有30%~40%。

3. 土壤污染问题

随着我国加速工业化和城镇化的进程,一些长期累积的土壤污染环境问题开始暴露,如北京地铁宋家庄站施工人员中毒事件、常州外国语学校毒地事件等。

2014年公布的土壤污染调查公报显示,我国土壤污染情况不容乐观。实际调查面积是630万km^2,全国土壤总的超标率为16.1%,其中轻微、轻度、中度和重度污染点位比例分别为11.2%、2.3%、1.5%和1.1%。从污染分布情况看,南方土壤污染重于北方;长江三角洲、珠江三角洲、东北老工业基地等部分区域土壤污染问题较为突出,西南、中南地区土壤重金属超标范围较大;镉、汞、砷、铅4种无机污染物含量分布呈现从西北到东南、从东北到西南方向逐渐升高的态势(见附录一)。

2014年5月,由中国国土资源部土地整治中心和社科文献出版社发布的《土地整治蓝皮书》指出,我国土壤污染和土地生态退化问题严重,土地废弃和粗放建设进一步加剧了土地供需矛盾,快速城镇化的中国面临土地利用新挑战。

4."十三五"时期环保挑战

"十三五"时期是我国全面建成小康社会的关键时期,也是深化创新发展、协同发展及绿色发展的重要时期,环境保护面临的形势相当复杂,主要面临的挑战有:

(1)工业化和城镇化继续推动。党的十八大提出到2020年我国将基本实现工业化,钢铁、水泥等重化工业产能陆续到达顶峰。此外,国家新型城镇化规划提出到 2020 年我国城镇化率将达到 60%，城镇人口预期将新增 6000 万左右。在工业化和城镇化进程加快的背景下，我国污染排放新增压力将持续处于高位水平。

（2）经济转型与结构调整难度大。目前，我国正在大力进行经济转型和产业结构调整。但过去粗放式的发展模式所体现出来的高耗能、低产出的特征难以在五年内实现大的转变。国际经验表明，在经济转型和产业结构调整期间，钢铁、水泥等高耗能行业不会迅速回落，"十三五"时期产业结构调整阵痛仍将持续。此外，在各级政府、企业的大力工作下，我国环境质量恶化情况虽然得到一定遏制，但 VOCs、O_3 等新的环境污染问题仍有加重的趋势。

（3）统筹协调环境保护难度大。目前国家层面的 53 项主要生态环保职能中，40% 在环保部门，60% 分散在其他 9 个部门。而在环保部门 21 项主要职责中与其他部门交叉的又占 48%。总的来说，我国环境保护法规、制度并不健全，尚未形成科学的环境保护体制和机制，一些地方保护主义尚未得到有效根治。

2016 年 3 月 3 日，环保部宣布，根据中央有关部门的批复，将设置水、大气、土壤三个环境管理司，水、气、土三个环境管理司成立后，将各司其职，我国的环境管理会更加系统和科学。

（二）水务行业存在"两低"弊端

目前，我国水污染情况严峻，水资源短缺问题也日渐凸显。作为关系国计民生的公共事业，水务行业在人们生产生活中占据着重要的位置。鉴于此，政府对水务行业有着严格的监督和管理，主要体现在定价机制即水价制定上。以污水处理价格为例，目前我国污水处理费实行政府定价，主要由三方面因素决定：一是各地污水处理厂排污管网和排污泵站等设施运行和维护的成本价格，二是各地经济发展水平，三是本地公众的承受能力。

研究发现，我国水务行业在价格机制上存在"两低"的弊端，即水费支出占家庭支出的比例偏低，污水处理费占综合水价的比重偏低。

1. 水费支出占家庭支出比例偏低

按照国际标准，水费支出占家庭支出的比例约为2%，但这一比例在我国则严重偏低。如以水价相对较高的北京为例，2013年北京城镇居民人均年支出26275元❶，水费支出占家庭支出的比重仅为0.9%。我国水价长期低于成本价，相当多地方的供水价格不能维持供水企业正常的运行和合理盈利，因此造成了诸多的负面影响：

（1）由于水价未完全覆盖原水成本、水生产直接成本，导致部分供水企业亏本经营，盈利无从谈起，这限制了供水企业设备更新改造，阻碍了水务产业的市场化。

（2）由于水价过低，市场在水资源配置中的基础性作用没有充分发挥，部分居民不注意节约用水，用水量远大于实际需求量，浪费情况严重，使得我国本就缺乏的水资源更加紧张。

---

❶ 本教材中除特殊注明外，元的货币单位皆为人民币。

2. 污水处理费普遍偏低

国际上污水处理费高于水资源费和自来水费的总和，我国的水价结构中，供水水价（不含污水处理费）却高于污水处理费，甚至部分地方的水资源费还高于污水处理费。资料显示，我国主要城市污水处理费占综合水价的平均值为30.75%，占比最高的南京为45.81%，占比最低长春为13.79%，每立方米仅0.4元。

进一步研究发现，我国的供水水价为世界平均水平的17%，综合水价为世界平均水价的16%，污水处理价格为世界平均水平的14%，可见在价格上我国与世界上大多数国家还有相当大的差距。我国综合水价构成见表1-1。

我国水价综合情况介绍　　　　　　　　　　　　　　　　　　　　　表1-1

水价政策	制定部门	征收部门	征收对象	资金使用
水源浪费	省级政府，价格会同财政、水行政主管部门	县级以上政府水行政主管部门	直接从江河、湖泊或地下取用水资源的单位和个人	按照1:9的比例分别上缴中央和地方国库
自来水费	市级政府，价格、水行政主管部门	县级以上政府施政建设或水行政主管部门（供水企业代征）	使用水工程供应水的单位和个人	当地供水单位支配和使用
污水处理费	市级政府，价格会同市政建设或水行政主管部门	县级以上政府施政建设或水行政主管部门（供水企业代征）	向城市污水集中处理设施排放污染物的单位和个人	用于城市污水集中处理设施的建设和运行
排污收费	中央政府，价格、财政、环境保护和经济贸易部门	县级以上政府环境保护部门	直接向环境排放污染物的企业事业单位和个体工商户	10%作为中央预算收入缴入中央国库，90%作为地方预算收入缴入地方国库

3. 国家鼓励社会资本参与污水处理设施投资

根据国务院办公厅转发的财政部、国家发改委、人民银行《关于在公共服务领域推广政府和社会资本合作模式的指导意见》（国办发[2015]42号，以下简称"42号文"），PPP共包括能源、交通运输、水利建设、生态建设和环境保护、市政工程、片区开发、农业、林业、科技、保障性安居工程、旅游、医疗卫生、养老、教育、文化、体育等19个行业。财政部公布的第一批30个PPP示范项目中，环保类项目共15个，其中供排水项目为12个，占比达到80%；第二批206个示范项目中，环保类项目共66个，其中供排水项目27个，占比超过40%。

作为水价构成的重要组成部分，在我国工业化快速发展、城镇化快速推进、污水排放量快速增长的大背景下，污水处理费的提高是大势所趋。近几年我国加大了水价改革的力度，《国务院办公厅关于推进水价改革促进节约用水保护水资源的通知》(国办发[2004]36号)、《关于水资源费征收标准有关问题的通知》(发改价格[2013]29号)、《关于加快建立完善城镇居民用水阶梯价格制度的指导意见》(发改价格[2013]2676号)等制度相继推出，水价进一步市场化。

根据2015年1月国家发改委、财政部、住建部三部委颁发的《关于制定和调整污水处理收费标准等有关问题的通知》(发改价格[2015]119号，以下简称《通知》)规定，污水处理收费标准应按照"污染付费、公平负担、补偿成本、合理盈利"的原则，综合考虑本地区水污染防治形势和经济社会承受能力等因素制定和调整。收费标准要补偿污水处理和污泥处置设施的运营成本并合理盈利。2016年底前，设市城市污水处理收费标准原则上每吨应调整至居民不低于0.95元，非居民不低于1.4元；县城、重点建制镇原则上每吨应调整至居民不低于0.85元，非居民不低于1.2元。已经达到最低收费标准但尚未补偿成本并合理盈利的，应当结合污染防治形势等进一步提高污水处理收费标准。未征收污水处理费的市、县和重点建制镇，最迟应于2015年底前开征，并在3年内建成污水处理厂投入运行。《通知》还指出，鼓励社会资本投入，各地应充分发挥价格杠杆作用，合理制定和调整污水处理收费标准，形成合理预期，吸引更多社会资本通过特许经营、政府购买服务、股权合作等方式，积极参与污水处理设施的投资建设和运营服务，提高污水处理能力和运营效率。政府应严格按照运营维护合同约定，及时足额拨付污水处理运营服务费，确保收取的污水处理费专项用于城镇污水处理设施建设、运行和污泥处理处置（见附录二）。

2015年4月发布的《水污染防治行动计划》明确提出加快水价改革，县级及以上城市应于2015年底前全面实行居民阶梯水价制度，具备条件的建制镇也要积极推进。目前，国内已经有多地开始密集进行阶梯水价调整，有部分地方综合平均水价上涨超过70%。

4. PPP 模式下污水处理费由多方因素确定

在 PPP 模式下，污水处理费的价格与此前由政府完全定价不同，污水处理费定价由 PPP 模式的主体政府和社会资本双方共同制定，主要根据污水处理项目的总投资额、运行成本、物价上涨、利率、汇率、保底水量等多方因素确定。

以下是一起污水处理 BOT（建设—运营—移交）案例，政府与社会资本对污水处理价格进行了充分约定。见案例【1-1】。

【1-1】 某县污水处理厂项目占地 80 亩，污水处理规模近期为 6 万 t/d，远期 8 万 t/d。出水执行《城镇污水处理厂污染物排放标准》GB 18918—2002 中一级 A 标准。某环保公司与某县政府双方建立 PPP 合作机制，一是发挥各自的优势，二是合理分配项目风险，三是有效保障双方的合法权益。双方合作的主要条款如下：

（1）投资额：按设计工程量、审计结果确定的合规投资额计算水价。

（2）保底水量 4 万 t/d。超过 4 万 t 另付水价，以实际进水量为准。

（3）按 13900 万元固定投资额计算：

1）投资回报，包括建设期在内不低于 9 年（不含融资费用）。

2）按一级 A 排放标准，运营成本每吨不低于 0.9 元（用户承担）。

3）成本单价 1.96 元 /t。

①项目总投资额为 13900 万元，社会资本需 9 年收回投资，因此每年回收 1544.44 万元。

②运营成本：运营成本每日水量为 40000t，每吨水运营成本为 0.9 元（用户承担），一年 365 天运营成本共 1314 万元。

③运营成本加投资成本：1544.44 万元 +1314 万元 =2858.44 万元。

④水价：运营成本加投资成本 2858.44 万元，除以 4 万 t 水量，每吨水价合 1.96 元。

（三）土壤修复行业面临诸多问题

所谓土壤污染❶，是指人类生产和生活产生的三废（废气、废水、固体废物）向土壤系统排放后破坏土壤成分结构平衡、造成土壤功能损失。而土壤修复是指利用物理、化学和生物的方法转移、吸收、降解和转化土壤中的污染物，使其浓度降低到可接受水平，或将有毒有害的污染物转化为无害的物质。

如上所述，我国土壤总的超标率为16.1%，其中轻微、轻度、中度和重度污染点位比例分别为11.2%、2.3%、1.5%和1.1%（如图1-1所示）。由于我国土壤污染面积大，污染物质种类多且污染组合类型复杂，土壤环境状况不容乐观，土壤修复工作刻不容缓。

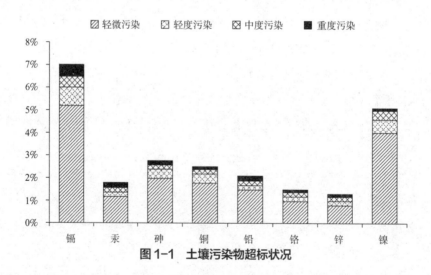

图1-1 土壤污染物超标状况

---

❶ 土壤污染物大致可分为无机污染物和有机污染物两大类。无机污染物主要包括酸、碱、重金属、盐类，放射性元素铯、锶的化合物，含砷、硒、氟的化合物等。有机污染物主要包括有机农药、酚类、氰化物、石油、合成洗涤剂等。当土壤中含有害物质过多，超过土壤的自净能力，就会引起土壤的组成、结构和功能发生变化，微生物活动受到抑制，有害物质或其分解产物在土壤中逐渐积累间被接人体吸收，危害人体健康。

1. 土壤污染的危害

（1）影响农作物产量和品质。土壤污染一方面造成农作物减产和质量受损，导致农业生产损失巨大；另一方面，受污染的农产品危害人们的身体健康，造成公众闻之色变的食品安全问题。土壤重金属污染及治理是全世界关注的焦点问题。近年来耕地重金属污染不断加剧，18亿亩的耕地质量正在加速下降（表1-2）。以生物毒性显著的镉为例，大气沉降中镉的含量高达每年每公顷0.4～25g，通过食物链进入体内的镉三分之一蓄积在肾脏，四分之一蓄积在肝脏，肾脏中镉的半衰期长达17～38年。

我国土壤重金属污染状况　　　　　　　　　　　　　　表1-2

信息来源	内容
国土资源部	耕种土地面积的10%以上已受重金属污染
原环保总局《典型区域土壤环境质量状况探查研究》	珠三角地区部分城市近40%的农田菜地土壤重金属污染超标，其中10%属于严重超标
中国环境与发展国际合作委员会	环保部对30万公顷基本农田保护区土壤有害重金属抽样检测发现，有3.6万公顷土壤重金属超标，超标率达12.1%

（2）影响人居环境安全。土壤污染除造成农作物减产和品质受损外，场地污染也是一大危害，尤其是未经治理直接开发建设的场地（住房、商用建筑等）将对人们带来长期的危害，主要是污染物经口鼻摄入、皮肤接触等多种方式危害人体健康。不仅如此，土壤污染还可能发生转化迁移，即污染物进入地表水、地下水体以及大气环境，对其他的环境介质造成新的污染，引起更大范围内的环境污染。

2. 我国土壤修复的重点领域

（1）我国土壤修复以工业污染场地修复为主。场地污染指冶金、石化、化工、农药等工业行业的污染物排放导致工业场地的污染。多年来，由于我国工业化和城镇化进程不断加快，以及产业结构调整，导致我国城市场地污染情况严重。如各地推进中心城区工业企业退二进三❶，工厂迁出城市，形成了城市中较大规模的已受污染的遗弃场地。《中国环境统计年鉴》显示，2001年—2008年，我国关停并转迁企业数从6611迅速增至22488个（如图1-2所示）。迁出的工厂尤其是重污染行业的工厂是我国城市土壤污染的主要对象。目前这部分土壤污染形成了城市地区对土壤修复的主要需求。

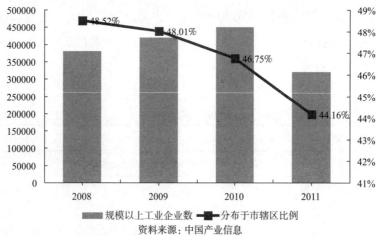

图1-2　2008—2012年我国城市工业企业数量变化

城市场地污染能够得到优先治理，与经济效益密切相关。近年来，在污染企业迁出中心城市的同时，我国房地产开发加速。此前各种受污染的企业用地如化工厂区遗留的地块，成为房地产企业眼中极具商业价值的宝地。企业之间对化工企业迁出后遗留的中心城市地块竞争非常激烈。此外，从技术层面来讲，工业污染场地恢复技术相对成熟，收效快、投资回报率高，修复进展很快。

（2）矿区污染不容忽视。矿区污染主要是来自金属矿、煤矿开采中的污染。据中国环保网不完全统计，截至2008年底，我国113108座矿山中，因为采矿

---

❶ "退二进三"计划，即在工业结构调整和城市用地结构调整之中，占据市区优越位置的一些劣势工业企业，纷纷通过易地、搬迁改造，退出繁华地段（二环路），进入城市边缘（三环路）；或者退出第二产业，兴办第三产业，这一计划使产生于50多年前"大跃进"时期的众多高污染工业企业关闭、搬迁，大量毒地亦随之被暴露于城市的阳光之下。

活动而被占用、破坏的土地面积高达332.5万公顷，固体废弃物累计存积量为353.3亿吨。

（3）耕地修复治理缓慢。根据2014年发布的土壤污染状况调查公报数据，耕地土壤点位污染超标率为19.4%（表1-3）。虽然耕地污染情况严重，但近年来修复进展不大。根本的原因是耕地污染修复具有污染范围广、地方财政有限、污染情况复杂、投资回报率低等问题。

2014年我国土壤污染超标率　　　　表1-3

土地利用类型	土壤点电位超标率	主要污染物
耕地	19.4%	镉、镍、铜、砷、汞、滴滴涕、多环芳烃
林地	1.0%	砷、镉、六六六、滴滴涕
草地	1.4%	镍、镉、砷
未利用地	11.4%	镍、镉
重污染企业用地	36.3%	—
工业废弃地	34.9%	锌、汞、铅、铬、砷、多环芳烃
工业园区	29.4%	镉、铅、铜、砷、锌、多环芳烃
固废物集中处理场地	21.3%	无机污染、垃圾焚烧和填埋有机污染严重
采油区	23.6%	石油烃、多环芳烃
采矿区	33.4%	镉、铅、砷、多环芳烃
污水灌溉区	26.4%	镉、砷、多环芳烃
干线公路两侧	2.3%	铅、锌、砷、多环芳烃

3. 我国土壤修复行业面临的问题

目前，我国土壤修复行业面临着各种问题，主要有以下方面：

（1）商业模式不清晰。商业模式的缺乏是影响土壤修复领域发展的最大瓶颈之一。对比发现，大气治理、水污染治理和固废治理等环境治理要比土壤修复要早，而且经过多年的积累技术上也更为成熟，因此成功的商业模式很多，比如第三方环境治理、PPP模式、EPC模式、BT模式等，而这些商业模式很难移植到土壤修复领域。污染土壤修复毋庸置疑是环保行业的一块"大蛋糕"，但不可否认的是，污染土壤修复工程耗时耗力又耗资，目前还缺乏清晰的商业模式，这阻碍了我国土壤修复行业的发展。

（2）土壤修复法律法规体系不健全。鉴于我国土壤修复的历史并不长，目前还没有建立起系统、科学的土壤修复法律法规体系，使得无论是政府、污染土地使用者还是社会资本在操作层面上均缺乏法律法规的指导，社会资本参与土壤修复领域的热度不够。

（3）修复资金匮乏。现状是，虽然我国土壤修复需求量大，资金需求量也很大，但却过度依赖于政府，真正由社会资本参与的不多。数据显示，当下我国土壤修复的资金中，由国家支持的修复资金所占比例高达75.3%，其余资金来自污染企业和地产企业，这说明社会资本还没有大量进入土壤修复行业。在我国经济进入新常态、政府收支矛盾突出的情况下，如果这种情况得不到改变，资金不足将是掣肘我国土壤修复的一个极为重要的问题。

（4）技术水平普遍较低。土壤修复在我国还处于起步阶段，缺乏长期的技术积累，再加上我国土壤污染情况复杂，并非单一的污染源，因此在治理技术上存在很大的难度。如我国多数采用转移置换方式即异位修复技术❶，虽然这种方式成本较低，但置换下来的土壤并未完全修复，并未从根本上去除污染，反而留下极大的隐患。

（5）缺乏专业的人才。目前我国土壤修复行业具有一定技术能力的企业数量很少，总数量不超过数十家，这与我国土壤污染的严重程度和庞大的土壤污染修复市场不成比例。虽然近年来我国非常重视土壤修复，2016年在行业的期盼中《土壤污染防治行动计划》已出台，由此引领近千家各类企业扎堆土壤修复领域，但这些企业中的相当一部分并没有实际的土壤修复经验，还缺乏专业的技术人才。

总的来说，我国土壤修复行业仍处在初期阶段，行业技术的研发还处于试验阶段，人才储备不够是不争的事实。

---

❶ 所谓"异位修复技术"，即将需要修复的土壤挖走，然后换成新土，土地质量自然好转。

（四）生态补偿机制关键在顶层设计

虽然我国生态补偿❶已有十几年的探索和实践，但生态补偿机制仍然不健全，主要的体现是法规滞后、权责不清、补偿范围窄、标准低，保护区与受益区、流域上游与下游的权责体系尚未真正明确，并没有真正形成"谁开发谁保护、谁受益谁补偿"的利益调节格局。诸多问题影响了保护者和受益者等参与方的积极性，影响了生态补偿的实效和进展。以跨界流域治理为例，近年来，随着我国区域经济的高速增长，流域上下游竞争性用水问题、流域水污染事件时有发生，由于缺少统一的联合治污机制，上下游各自为政，导致"上游污染，下游叫苦"，经常发生群体性事件，严重影响了流域上下游地区人民的生产和生活以及区域经济社会协调发展。

1. 我国生态补偿机制的顶层设计一直在完善之中

（1）建立健全生态补偿机制是生态文明建设的一项重大制度安排。党的十八大明确要求建立反映市场供求和资源稀缺程度、体现生态价值和代际补偿的资源有偿使用制度和生态补偿制度。中共十八届四中全会提出用严格的法律制度保护生态环境，建立健全自然资源产权法律制度，完善国土空间开发保护方面的法律制度，制定完善生态补偿和土壤、水、大气污染防治及海洋生态环境保护等法律法规，促进生态文明建设。中共十八届五中全会，通过了《中共中央关于制定国民经济和社会发展第十三个五年规划的建议》，明确提出要加大对农产品主产区和重点生态功能区的转移支付力度，强化激励性补偿，建立横向和流域生态补偿机制。

（2）2015年9月，中共中央、国务院印发《生态文明体制改革总体方案》，

---

❶ 生态补偿是以保护和可持续利用生态系统服务为目的，以经济手段为主调节相关者利益关系的制度安排。更详细地说，生态补偿机制是以保护生态环境，促进人与自然和谐发展为目的，根据生态系统服务价值、生态保护成本、发展机会成本，运用政府和市场手段，调节生态保护利益相关者之间利益关系的公共制度。

提出生态文明体制改革的目标是：到 2020 年，构建起由自然资源资产产权制度、国土空间开发保护制度、空间规划体系、资源总量管理和全面节约制度、资源有偿使用和生态补偿制度、环境治理体系、环境治理和生态保护市场体系、生态文明绩效评价考核和责任追究制度等八项制度构成的产权清晰、多元参与、激励约束并重、系统完整的生态文明制度体系，推进生态文明领域国家治理体系和治理能力现代化，努力走向社会主义生态文明新时代。

（3）"十三五"规划纲要明确提出未来五年健全生态补偿机制的发力方向：加快建立多元化生态补偿机制，完善财政支持与生态保护成效挂钩机制，建立健全区域流域横向生态补偿机制。

（4）2016 年 3 月，中央全面深化改革领导小组第二十二次会议审议通过了《关于健全生态保护补偿机制的意见》（以下简称《意见》），健全生态保护补偿机制，目的是保护好绿水青山，让受益者付费、保护者得到合理补偿，促进保护者和受益者良性互动，调动全社会保护生态环境的积极性。要完善转移支付❶制度，探索建立多元化生态保护补偿机制，扩大补偿范围，合理提高补偿标准，逐步实现森林、草原、湿地、荒漠、海洋、水流、耕地等重点领域和禁止开发区域、重点生态功能区等重要区域生态保护补偿全覆盖，基本形成符合我国国情的生态保护补偿制度体系。《意见》具有很强的针对性，标志着各方期待已久的生态补偿机制顶层设计获得重大进展。

（5）财政部和环保部将加快推动流域上下游横向生态补偿机制建设工作，通过上下游建立"成本共担、效益共享、合作共治"的机制，更好地运用经济杠杆进行环境治理和生态保护，形成流域保护和治理的长效机制。

2. 各地积极探索生态补偿机制

一方面是国家的大力推动，另一方面关于生态补偿机制的顶层设计不断完善，在此背景下，我国各地也开始结合自身实际情况积极探索流域生态补偿机制建设，经过艰苦的努力，取得了积极的成效，为改善生态环境质量、促进绿色发展方面

---

❶ 转移支付，又称无偿支出，它主要是指各级政府之间为解决财政失衡而通过一定的形式和途径转移财政资金的活动，是用以补充公共物品而提供的一种无偿支出，是政府财政资金的单方面的无偿转移，体现的是非市场性的分配关系。是二级分配的一种手段。

发挥了重要的作用。

（1）目前，我国部分地区已探索建立了跨界流域生态补偿机制试点，如河北省子牙河流域、河南省沙颍河流域、福建省闽江流域、江苏省太湖流域、辽宁省辽河流域、浙江省新安江流域等。2011年底，陕西省拿出600万元补偿渭河上游的甘肃省定西、天水两市，完成了全国首例省际生态补偿。此后，多个省份开展水环境生态补偿，如安徽和浙江两省在新安江流域开展水环境横向补偿试点，流域水环境趋好。南水北调中线工程实施以来，北京、天津等受水区与湖北、河南、陕西等水源区开展对口协作。2016年3月，广东省与福建省、广西壮族自治区分别签署汀江—韩江流域、九洲江水环境流域补偿协议。根据协议，广东拨付广西3亿元作为2015—2017年九洲江流域水环境补偿资金，拨付福建2亿元作为2016—2017年汀江—韩江流域水环境补偿资金，通过不断改善上游水水质以保障粤东、粤西两地饮用水安全。

（2）省内层面的补偿实践也在快速推进。浙江省在全国率先实施全流域生态补偿，河南省则对重点流域实行超标罚款和达标奖励双向补偿机制。此外，辽宁、江苏、山东、江西、河北等省分别开展不同形式的流域生态补偿试点，而山东、湖北等省针对空气质量进行生态补偿。2015年，福建省出台实施《福建省重点流域生态补偿办法》（闽政[2015]4号），坚持省市共筹、责任共担、水质优先、区别对待，建立起与财政收入增长挂钩的生态补偿长效机制，全年共统筹重点流域生态补偿资金9.15亿元。2015年，河北省石家庄、邯郸、邢台等多地"试水"大气质量生态补偿制度，空气质量排名倒数的县区要缴纳一定罚金，用于对大气质量改善先进县区的补偿。补偿金额各地不一，如石家庄市规定，空气质量综合指数每低1个数值奖励300万元，每高1个数值处罚300万元，指数比上年度不降反升的，取消奖励资格。

3. 借助生态补偿机制大力推广PPP范例

河北省承德位于京津上风上水之地，长久以来为京津涵养水源舍弃了大批工业项目，同时也为京津构筑绿色屏障投入了大量财力。面对京津冀协同发展战略带来的机遇，近年来，承德市积极推进京津冀生态补偿机制，不仅如此，承德市还大力推进生态环保PPP项目。

2015年以来，承德市认真研究谋划了一批既有一定公益性、又有一定效益的水利工程项目，共七大类100个项目，实施期为2015年—2017年，总投资711.1亿元，资本金总额281.42亿元，寻求债券基金支持411.47亿元（其余资金寻求社会资本支持，下同）。主要包括：重大水利工程项目，共32项，包括水库项目6座、水电站15座、河道环境治理项目9项、引水项目2项，总投资472.02亿元，寻求债券基金支持411.47亿元；城镇供排水等基础设施项目，共23项，总投资280.54亿元，包括供水工程21项、排水工程2项，寻求债券基金支持5.86亿元；城镇污水处理及污水管网项目，共23项，总投资28.31亿元，包括污水处理工程16项，污水管网工程9项，现生水利用工程1项，污泥处理工程1项，资本金总额6.93亿元，寻求债券基金支持8.43亿元；地下管廊基础设施项目，共1项，总投资39.25亿元，需求债券基金支持7.85亿元；民生改善项目，共2项，总投资129.75亿元，寻求债券基金支持103.4亿元；基础网络完善项目，共1项，寻求债券基金支持0.15亿元；流域水污染防治项目，共14项，总投资13.15亿元，资本金总额2.63亿元，寻求债券基金支持5.06亿元。

为充分发展承德市水资源优势，承德市委、市政府将水源涵养千湖工程作为建设京津冀水源涵养工程区的核心工程，专门编制了《承德市水源涵养千湖工程规划》，明确政府主导、市场运作等基本原则，实行水利工程"谁开发、谁受益"等机制，确定了财政投入、税费优惠、以奖代补、产权改革等一系列扶持政策。按照规划，在原有水利工程的基础上，规划建设大中小型水库105座、塘坝416座、水池、水窖、引泉、泵站30675个，常规水电站84座、抽水蓄能电站4座，实施18项水系连通工程。构建"九纵五横"的水网体系，可调配水量6.48亿 m^3。通过实施以上工程，可打造集供水、防洪、发电、灌溉、生态多功能于一体的现代水资源保障体系，实行河库互通、水系相连、丰枯调剂，形成水资源配置优化、高效利用的新格局，全市水源生态涵养能力和水资源配置水平显著增强，生态安全、供水安全、防洪安全得到有效保障，进一步加快与京津合作步伐，为推动京津冀水源涵养工程区建设、促进承德经济社会持续健康发展提供有力支持。

截至2015年底，承德完成水源涵养千湖工程共4278项，完成投资5.82亿元，新增蓄水能力391.754万 m^3；在建工程19项，总投资145.64亿元，全部建成后可增加蓄水量2.62亿 m^3；开展前期工作67项，其中水库25座、塘坝等其他蓄水工程42项，计划投资112亿元，建成后可新增蓄水能力12.9亿 m^3。

二 PPP模式"接驳"环保

此前我国基础设施建设项目和社会公用事业项目以政府融资平台为主导。近几年，随着我国经济增长放缓、地方政府财政压力较大，政府以PPP模式引进社会资本成为重要的选择。而在众多PPP领域中，环保占有相当重要的地位。

（一）环保是 PPP 的重要领域

近年来，中央高层大力推广 PPP，地方政府积极响应，社会资本也在积极寻找基建和公共服务类的投资机会，PPP 在我国进入高潮。PPP 是英文 Public-Private-Partnership 的简称，即政府和社会资本的合作模式。从各国和国际组织对 PPP 的理解看，PPP 有广义和狭义之分。广义 PPP 是政府与社会资本为合作建设城市基础设施或提供公共服务，以特许权协议为基础，彼此之间形成的一种伙伴式的合作关系，而狭义的 PPP 可以理解为一系列项目融资模式的总称，包含 BOT、TOT、BOO 等多种模式。

根据财政部 2014 年 11 月发布的《政府和社会资本合作模式操作指南(试行)》（财金 [2014]113 号）文件，PPP 模式包括委托运营、管理合同、建设 - 运营 - 移交（BOT）、建设 - 拥有 - 运营（BOO）、转让 - 运营 - 移交（TOT）和改建 - 运营 - 移交（ROT）等多种模式，这些模式可以广泛运用到市政行业的城市供水、供暖、供气、污水和垃圾处理、地下综合管廊和轨道交通等领域。

PPP 在我国并非新鲜事物，严格来说其在我国已经有 30 年的发展历史❶。由于此前我国基础设施建设和社会公用事业以政府融资平台为主导，因此 PPP 发展一直较为缓慢。近几年，随着我国经济发展进入新常态，PPP 正式走到"前台"并开始发挥其重要的作用：

1. 化解地方政府债务，缓解政府财政压力

（1）目前，地方政府债务风险成为国内金融体系严重的风险之一。截至 2014 年末，地方政府总负债 30.28 万亿元，地方融资平台借债占较大比重。研

---

❶ 第一阶段为改革开放以来，外资大规模进入中国，一部分外资进入公用事业和基础设施领域。当时尚未引起国家层面关注，国家亦无相应政策和规章。代表性的项目有广东深圳沙角 B 电厂 BOT 项目、广州白天鹅饭店和北京国际饭店等，其中深圳沙角 B 电厂被认为我国真正意义上的第一个 BOT 项目。

究发现，虽然我国经济总体处在健康水平，但是仍然存在地方政府杠杆率偏高的问题。

（2）我国经济发展已经进入新常态，财政收入增长随之减速，收支矛盾突出。2015年我国财政收入约15.2万亿元，比2014年同口径增长5.8%，增速降至1988年以来新低；同期财政支出近17.6万亿元，同比同口径增长13.2%，收支缺口超过2万亿元。

（3）2014年10月2日，国务院发布《国务院关于加强地方政府性债务管理的意见》（国发[2014]43号，以下简称"43号文"），明确指出首要目标为治理政府性债务。"43号文"对地方债务开启严格监管模式，地方政府融资能力大幅受限。

2. 拉动经济增长

近年来，拉动经济增长的"三驾马车"投资、消费和出口均不同程度放缓，在我国经济发展进入新常态的背景下，要稳定经济增长的局面，就必须进行大力改革、创新发展模式，PPP模式成为重要的选择。PPP模式一个重要的功能是能够激活民间投资，发挥投资拉动经济增长的关键作用。

（1）投资方面，此前我国经济高增长主要依托于高投资，但现在随着基建投资放缓、制造业投资下滑以及房地产行业进入历史性拐点，"去产能"成为中央经济工作会议提出的"三去一降一补"（去产能、去库存、去杠杆、降成本、补短板）五大歼灭战的首要任务，高投资已经开始触底。

（2）出口方面，受后金融危机❶以及企业劳动力成本、原材料成本持续上升等因素影响，此前一直保持高速增长的出口受到挤压，且频频遭遇全球贸易摩擦。2015年，我国货物贸易进出口总值24.55万亿元，比2014年下降7.0%。其中，出口14.12万亿元，下降1.9%；进口10.44万亿元，下降13.1%。

（3）消费方面，如上所述，我国一直以来过分依赖投资和出口以保持经济高速增长，国内消费需求不足。对比发现，美国居民消费支出占GDP的比重超过七成，这一比例在我国还不到四成。

---

❶ 所谓后金融危机，是指2008年美国次贷危机后，全球经济触底、回升直至下一轮增长周期到来前的一段时间区间，可能是两年、三年亦或八年、十年甚至更久。

3. 提高项目运营效率

一个显然的事实是，部分地方政府主导的基础设施建设和公共服务，在斥巨资建成后运营效率低下，亏损严重，最后成为地方财政的"大包袱"。而社会资本可以利用其雄厚的资本、先进的技术和丰富的管理经验参与基础设施和公共项目的建设和运营，在减轻地方政府财政压力的同时，又大大降低项目的建设和运营成本，还提高项目的运营效率。

4. 转变政府职能

我国大力推广 PPP 模式，除了化解政府债务风险、缓解财政压力、拉动经济增长、提高项目运营效率外，还有一个重要的目的，即转变政府职能、实现政企分开。

2015 年 5 月 22 日，国务院办公厅转发财政部、国家发改委、央行 "42 号文"，指出在公共服务领域推广政府和社会资本合作模式，是转变政府职能、激发市场活力、打造经济新增长点的重要改革举措。"42 号文"同时指出了实施 PPP 的重大意义之一便是有利于加快转变政府职能，实现政企分开、政事分开。作为社会资本的境内外企业、社会组织和中介机构承担公共服务涉及的设计、建设、投资、融资、运营和维护等责任，政府作为监督者和合作者，减少对微观事务的直接参与，加强发展战略制定、社会管理、市场监管、绩效考核等职责，有助于解决政府职能错位、越位和缺位的问题，深化投融资体制改革，推进国家治理体系和治理能力现代化。

5. PPP 项目向环保领域拓展

在 PPP 模式的实践领域，已经由初级阶段的基础设施逐步向环保等深层次领域发展。2015 年 5 月国家发改委公布的 1043 个总投资约为 1.97 万亿元的 PPP 项目，范围涵盖水利设施、市政设施、交通设施、环保、农业和水利等多个领域。

2014年12月，财政部印发了《关于政府和社会资本合作示范项目实施有关问题的通知》（财金[2014]112号），公布了第一批PPP示范项目30个，总投资规模约1800亿元，涉及供水、供暖、环保、交通、新能源汽车、地下综合管廊、医疗、体育等多个领域。2015年9月29日，财政部公布206个项目作为第二批PPP示范项目，总投资金额6589亿元。从项目领域来看，第二批PPP示范项目主要集中在市政、水务、交通等领域。2016年10月13日，财政部公布516个项目作为第三批PPP示范项目，计划总投资金额11708亿元。第三批示范项目覆盖了能源、交通运输、水利建设、生态建设和环境保护、市政工程、城镇综合开发、农业、林业、科技、保障性安居工程、旅游、医疗卫生、养老、教育、文化、体育、社会保障和其他18个一级行业。其中，生态建设和环境保护类项目共计46个，投资总额810.56亿，项目数量占比8.9%，投资总额占比6.9%。

2016年8月，国家发展和改革委员会发布《关于加快推进国家"十三五"规划〈纲要〉重大工程项目实施工作的意见》，将以实施165个重点项目为抓手，为各类社会资本提供更多市场机会。在165个项目中，多个项目涉及环境治理与保护，包括污染治理和生态修复等，为投资环保项目的各类社会资本带来了巨大的市场机遇。

（二）环保 PPP 特点

2014 年以来，从中央到地方各级政府重点推广 PPP 模式，国务院以及财政部、国家发改委、住建部、央行等先后推出 60 余项支持 PPP 发展的文件，重点鼓励政府和社会资本在交通运输、环境保护、市政工程、卫生、养老、旅游等公共服务领域开展合作。

研究发现，虽然 PPP 模式在我国已经有 30 多年的发展历史，但在环境保护领域推广 PPP 模式还属于起步阶段。具体来说，与交通运输、市政工程、文化、旅游等行业相比，环保类的 PPP 项目具有如下特点：

1. 具有很强的公益性，市场化能力各异

环保类的项目❶如大气治理、污水处理、垃圾处理等具有很强的公益性，但研究发现，不同的环保项目市场化能力各异。《中国环境报》报道称，世界银行曾根据潜在市场竞争能力、设施所提供服务的消费特点、收益潜力、公平性和环境外部性等指标，定量分析了城市污水和垃圾处理相关环节的市场化能力指数。当指数为 1 时，表示市场化能力很差，不宜让私人部门参与；当指数为 3 时，市场化能力最好，完全可以由私人部门完成。分析结果表明，垃圾收集的市场化能力最好，为 2.8；污水分散处理次之，为 2.4；污水集中处理和垃圾卫生处理居中，为 1.8 ~ 2.0。

实践也表明，在目前环境类的 PPP 项目中，垃圾处理 PPP 项目和污水处理 PPP 项目最多，其次才是河道治理等市场化能力不高的项目。如财政部第二批 PPP 示范项目总投资金额 6589 亿元，主要集中在市政、水务、交通等领域。市政领域多以垃圾焚烧发电、城市地下综合管廊、垃圾处理等项目为主。水务领域主要集中在污水处理、河道整治、供水引水等项目。

---

❶ 本书中环保类的项目主要包括生态环境保护以及市政领域的污水处理、垃圾处理等与环保密切相关的项目。

2. 涉及多个领域、技术性强

环境保护领域涉及面广，涉及大气、水、土壤、固废等多种介质。不仅如此，各类介质环境保护项目也很复杂，如大气涉及PM2.5、VOCs、臭氧（O_3）。再以水环境保护为例，其包括水源地保护、流域环境综合整治、污水处理、黑臭水体治理、地下水污染防治等多种项目类型，而不同的类型环境标准与技术标准差异较大。

在技术性方面，实践发现，环保PPP项目的投资、建设和运营维护等受技术和工艺的影响较大。以目前国内推广较多的污水处理为例，总的来看，国内外污水处理工艺多达上百种，常见的有活性污泥法、生物膜法、反渗透法等，各类方法又衍生出不同的处理方法，经济性和社会效益各有优劣。由于环保涉及多个领域、技术性强，这对社会资本的资金实力和技术实力提出了挑战。因此，在具体推广环保PPP项目的过程中，需结合项目所在地的工业企业数量、地理环境、政府财政收支等多方面的实际情况，在保证环境治理效果的前提下，选择经济可行的技术路线。

3. 有助于刺激民间投资

作为投资重要力量的民间资本，目前也放缓投资步伐。2016年以来，民间投资在全社会投资中的比重出现了近10年的罕见下滑，引起广泛关注。2016年一季度民间固定资产投资的比重降至62%，比2015年同期降低了3.0%，比2015年全年降低2.2%，这显示了民间投资低迷的局面。2016年1—4月全国固定资产投资累计增速由2015年年底的10%略升至10.5%，其中民间投资却由10.1%骤降至5.2%。

与民间投资放缓形成鲜明对比的，是生态保护和环境治理行业投资高速增长。数据显示，2016年1月—7月，我国生态保护和环境治理行业投资增长32.4%，增速比上半年提高5.2%，比全部投资高24.3%。

据测算，"十三五"期间，我国环保投入需要10万亿元以上，除政府财政支持外，将面临巨大的资金缺口，在此背景下，以PPP模式引进民间资本势在必行。

　　分析认为，如果民间资本加大在环保领域的投入，对于扭转民间投资下滑将起到促进作用。进一步研究发现，2016年1月—7月，我国民间固定资产投放到水利、环境和公共设施管理领域的投资同比增长7%。很显然，一边是民间投资整体低迷，另一边是生态环保领域的民间投资快速增长。由此可见，环保产业的迅猛发展对于带动民间投资增长意义重大。

（三）PPP 项目打包模式在农村污水处理中的应用

调研发现，我国城镇污水处理市场已近饱和，农村污水处理市场还有待开发。近年来我国对农村污水处理日益重视，许多农村已经开始着手进行污水处理的项目建设。不过，在看似热闹的背后，仍然暴露出农村污水处理项目在投资、建设及运营管理过程当中存在的诸多问题。

1. 农村污水处理项目问题

（1）我国约有 4 万个镇，60 万个自然村，广大农村尤其是北方农村居住较为分散，通常一个村只有几十户甚至十几户，不可能也无必要每个村都建设一个污水处理厂。在这种情况下，以镇为单位建设污水处理厂比较现实。然而，由于农村居住分散，导致管网过长、铺设难度大、资金投资大。统计发现，一个乡镇污水处理项目投资需 3~4 亿元，在管网铺设过长的情况下投资甚至要翻倍，这给有意愿投资农村污水处理厂的社会资本造成很大的资金压力。

（2）在传统投资模式下，农村污水处理项目建成后，在运营管理上由于缺乏资金支持、缺少相关专业人才和经验积累，导致出现一系列的负面效应。由于资金匮乏、人才不足、管理缺位等原因，很多污水处理厂都处于停运状态，有的即使能运营处理后的水质也达不到环保要求，严重浪费了社会资源。

（3）污水处理厂属于 PPP 模式下三种回报机制中的"准公益类"项目，需要政府给予一定的补贴才能弥补运营的缺口。需要说明的是，目前除极少数县域经济（主要是东部和中部）较发达外，县乡两级政府财政普遍困难，要求乡镇一级政府补贴污水处理费缺口困难很大。

（4）受乡镇人口规模影响，与城镇污水处理厂动辄三四万吨甚至十多万吨的体量相比，许多农村污水处理厂处理规模只有 5000t 左右，这对投资者来说吸引力往往不够。

2. 农村污水处理 PPP 项目统一招商效果

鉴于农村污水处理难度较大,目前我国许多县级以下政府创造性地将多个污水处理 PPP 项目打包招商,并且取得了较好的效果。

(1)统一招商主体。通常情况下,乡镇污水处理 PPP 项目的业主单位是项目所在地乡镇政府。现实情况是,即使是在同一个县域范围内,不同的乡镇其经济条件、财政收入和污水处理项目的实际差异也较大。因此,各个乡镇政府如果单独招商,会浪费大量的财务成本和时间成本,而由县级政府作为招商业主单位,对县域范围内所属乡镇的污水处理 PPP 项目统一招商,对统一打包多个 PPP 项目大有裨益。如国内某水务公司的 PPP 操作模式主要是水务公司与县级政府签订特许经营协议,将县级财政作为唯一的支付单位,这大大保障了水务公司污水处理费用的回收。

(2)平衡污水处理费价格。实践中,污水处理服务费的单价是污水处理 PPP 项目的一个核心问题,也是一个异常艰苦的谈判过程,对统一打包的多个 PPP 污水处理项目,污水处理服务费如何定价更是一个非常棘手的问题。具体表现在各个乡镇经济情况不一、污水处理项目规模大小不一、运营成本不一。一旦污水处理服务费定价不科学,各乡镇政府势必会产生抵触情绪,有的乡政府为了自身的利益考虑,会公开反对统一招商,甚至对建设污水处理厂持抵制态度。具体来说,有的乡镇实行污水处理厂"一厂一价",优点是减少各个乡镇之间的分歧,平衡各个乡镇之间的利益,弊端是难以确定最优报价。有的乡镇实行污水处理厂统一定价,优点是容易确定最优报价,但缺点是容易产生各个乡镇之间的不公平,特别是项目条件较好的乡镇会产生抵触情绪(如本地地质条件好,铺设管网少,如果统一定价,就会替项目条件差的乡镇分担成本)。

一般认为,当下以实行统一价格为宜:一是可以挑选出最合适的社会资本;二是可以实现最优报价标;三是节省前期协商的财务成本和时间成本,从而加快推进 PPP 项目的整体落地;四是相比单独招商来说,产生了规模效益,提高了社会资本的积极性。而由于统一价格导致的乡镇之间的不公平问题,则可以由县级政府牵头协商处理。实际操作中，乡镇财政难以维持乡镇污水处理厂的运营，由县级政府建立污水处理费征收体系筹管理各个乡镇污水费的征收，在乡镇污水费收不抵支时由县财政作为付费主体进行弥补（在具体运作中，县级政府再根据各个乡镇实际情况进行弥补），总之，可以通过这种灵活的污水处理费征收机制实现农村污水处理的价格统一。

（3）对农村污水处理统一打包，统一由单一的社会资本（或社会资本联合体）投资、建设、运营、管理，能发挥社会资本在资金、技术、管理上的优势，从而大大提高招商效率和运营效率，也便于PPP项目的快速落地。

（4）江苏某农村分散式污水处理PPP一期项目获得业内一致认可。该项目采用PPP模式，总投资约2.69亿元，由政府方和社会资本共同组建SPV（Special Purpose Vehicle），即特殊目的公司负责项目的投资、融资、建设及运营维护。特许经营期为26年（含建设期1年），总共涉及当地300多个自然村的生活污水收集治理，污水收集量为4100t/d，受益农户约12000余户。主要建设内容为：农户住宅室外生活污水收集系统改造、污水处理设施、尾水排放系统、远程监控信息系统，以及绿化围栏等配套设施。该PPP项目统筹解决了当地村镇污水融资、建设及运营的问题，大大改善了区域水环境和生态系统，提高了居民的健康与生活质量，促进了社会经济的进步。

(四) PPP 模式成棕地修复现实路径选择

研究发现，污染的土壤危害很可能长达几十年、几百年甚至上千年，结果是环境受到污染，人们因此致病。土壤污染还有一个特点，即修复越往后投入的修复资金就越高。土壤污染包括三大类，一类是工业场地污染，这些遗留有污染物的土地被称为"毒地"，英文是"棕地"（Brown field），又作"棕色地块"，也称棕地污染❶；一类是矿区污染；一类是耕地污染。其中，棕地污染因其危害大、影响广且与人们的生活和居住环境密切相关而受到高度关注。

1. 棕地污染严重

在"退二进三"之前，我国很多工业企业位于城市重要地段，地理位置十分便利，受到房地产商、商业企业的青睐，几乎所有地块都被开发。统计显示，在搬迁的污染企业中，有20%～30%可能存在不同程度的土壤和地下水污染。2014年，国土资源部与环保部共同发布的第二次全国土壤污染状况调查公报显示，在调查的81块工业废弃地的775个土壤点位中，超标点位占34.9%；在调查的690家重污染企业用地及周边的5846个土壤点位中，超标点位占36.3%；在调查的146家工业园区的2523个土壤点位中，超标点位占29.4%。

2. 棕地污染事件频发

2016年4月17日，央视爆出一则新闻，称常州外国语学校近五百学生身体异常，有的罹患淋巴癌。报道称，常州外国语学校是江苏省内较好的一所初中学校，因为教学水平高，是不少家长择校的首选。然而，自2015年年底开始，很多在

---

❶ "棕地"的概念早在1980年美国《环境应对、赔偿和责任综合法》中就已经提出，主要是解决旧工业地上的土壤污染问题。从用地性质上看，棕地以工业用地居多，可以是废弃的，也可以是还在利用中的旧工业区。

校学生不断出现不良反应和疾病,常州外国语学校先后有641名学生被送到医院进行检查。有493人出现皮炎、湿疹、支气管炎、血液指标异常、白细胞减少等异常症状,个别的还被查出了淋巴癌、白血病等恶性疾病。家长们把问题指向学校北边的一片工地,这个地块上原来是三家化工厂,怀疑污染来自对土壤进行的开挖作业。而在一份项目环境影响报告上,上述地块土壤、地下水里以氯苯、四氯化碳等有机污染物为主,萘、苊并芘等多环芳烃以及金属汞、铅、镉等重金属污染物,普遍超标严重,其中污染最重的是氯苯,它在地下水和土壤中的浓度超标达94799倍和78899倍,四氯化碳浓度超标也有22699倍,其他的二氯苯、三氯甲烷、二甲苯和高锰酸盐指数超标也有数千倍之多。

常州外国语学校事件折射出棕地隐患,该污染事件并非孤例。20世纪90年代中期至今,在我国加速土地开发的背景下,由棕地开发而引发的急性中毒事件频发。2004年4月,北京市宋家庄地铁工程建筑工地,三名工人在地下作业时中毒被送至医院,症状最重的一人接受了高压氧舱治疗,出事地点原是北京一家农药厂。2006年7月,位于苏州南环路附近郭巷的一家化工企业搬迁后,留下20亩毒地,六名筑路工人挖土翻起有毒土壤时昏迷。2007年春节前,武汉赫山地块施工中,有工人中毒被紧急送往医院获救,该地原属武汉市农药厂。

3. 棕地修复少

研究发现,我国污染地块至少有30万块,绝大多数没有被修复,深层次的原因主要有:

(1)修复费用昂贵且持续时间长。我国各地的棕地清理费用达7万亿元人民币,世界银行2010年发布的《中国污染场地的修复与再开发的现状分析》指出,修复治理费用高,使资金问题成为很多污染地块再开发的主要障碍。没有多少保障措施来确保开发商不会走捷径,而且许多棕地的商业价值并不足以覆盖清理费用。

(2)我国棕地污染还存在着主体责任不清的问题,即原有的化工厂污染棕地后,土地的所有权几经周转,流转次数多、时间长,发生污染事故后,污染主体模糊不清,找不到明确的责任承担者。

（3）污染情况复杂且技术要求高。中国"棕地"可以追溯到"大跃进"时期甚至更早,从2006年到2010年,北京市对69个场地进行了评价,涉及钢铁、焦化、化工、电镀、染料、印染、汽车制造等多个行业。

4. 棕地修复资金缺口大

自2010年起,中央财政设立重金属污染防治专项资金,2010年为10亿元,2014年为20亿元,2015年为37亿元,2016年激增至90亿元,同比激增145.6%。相对于万亿元的土壤修复资金需求,我国棕地修复资金缺口很大。

棕地污染修复进展情况与商业模式密切相关。此前在环保行业广泛运用的EPC、BT等商业模式当下很难大规模应用于土壤修复,根本的原因是土壤修复资金需求量大,而目前我国经济发展进入新常态、政府财政压力大、收支矛盾加剧,再加上"43号文"明确指出首要目标为治理政府性债务,因此,借助PPP模式探索和实践棕地修复成为现实的路径选择。

（五）上市公司的环保 PPP 市场机遇

随着中央和地方政府大力推广 PPP 模式，国内多家上市公司盯上了这块大"蛋糕"。作为国家重点推广 PPP 的重要领域，环保 PPP 自然成为以环保为主营业务的上市公司的重要目标。

1. 环保大市场为上市公司提供机遇

（1）根据环保部的数据，"十二五"期间国家规划环保投资总额 3.42 万亿，同比增长 143%。"十三五"期间环保行业面临着更大的发展空间。《国家环境保护"十三五"规划基本思路》指出，在"十三五"期间，要建立环境质量改善和污染物总量控制的双重体系。实施大气、水、土壤污染防治计划，实现三大生态系统全要素指标管理。预计到"十三五"末，环保产业年投入将达到 1.5 万亿，上市公司收入体量有望达到 5000 亿以上。

（2）中央和地方大力推广 PPP 模式，关于 PPP 的利好政策密集出台（据不完全统计，2013 年至今，国务院及相关部委一共下发有关 PPP 的指导意见或通知达 60 多个，各省级政府层面出台的 PPP 文件亦数以百计。特别是 2014 年底以来有关 PPP 的政策出台显著加速），环保市场将进一步向各类社会资本开放。

（3）在国家加大环境保护的大趋势下，环保产业"盛宴"开启，近几年环保行业成为 PPP 领域最大的投资主题之一，环保行业上市公司将迎来市场新机遇。资本市场普遍认为，环保行业将有望成为 PPP 模式推广过程中最具市场爆发力的生力军。

（4）上市环保公司业务收入结构将发生变化，尤其是与水环境、土壤修复等相关的业务占比将迅速上升。

2.PPP 模式下的上市公司优势

（1）相比较而言，上市公司拥有雄厚的资金、先进的技术和丰富的管理方面的优势，而这几项优势正是政府推广 PPP 模式需要的。对政府而言，出于对项目本身在融资、建设和运营方面的考虑，往往更愿意引进实力强劲的上市公司，这样既有利于项目的谈成落地，也有利于项目的融资和建设，还有利于未来二三十年的运营。

（2）面对环保 PPP 市场的巨大机遇，上市环保公司可以凭借其雄厚的资产、先进的技术和严格的管理积极参与 PPP 项目。具体来说，由于环保项目投资规模大（动辄几亿、十几亿、数十亿甚至上百亿元）、期限长（最短 10 年、最长达 30 年），这对于融资能力更强（上市公司可通过增发股票、公司债券、可转债等方式直接融资，成本低、自主性强）、内控更为严格（监管层对上市公司有着严格的监管制度）的上市环保公司更具优势。总的来说，PPP 模式下上市环保公司综合能力非常突出，因此能在激烈的竞争中脱颖而出从而获得订单。

3. 上市公司纷纷签订环保 PPP 项目

（1）无论是从财政部、国家发改委公布的 PPP 示范项目，地方政府重点推介的 PPP 项目，还是上市公司公报，环保 PPP 是当下上市公司的重要业务方向。以财政部第二批 PPP 示范项目为例，水处理类项目有 50 个，投资总额高达 906.99 亿元，数量和金额分别占全部示范项目的 24.3% 和 13.8%。如果再加上大气治理和固废处理等环保类 PPP 示范项目，数量、投资金额还将进一步提升。实践中发现，在上市公司中，既有大型国有企业、外资企业，也有民营企业。自 2014 年以来，上市公司纷纷赶潮 PPP，且有多家上市公司披露了 PPP 项目的中标事项，其中污水处理 PPP 项目不在少数。

（2）目前，国家大力推广 PPP，环保行业拥有巨大的市场，国内多家上市公司积极转变发展战略，推进环保类 PPP 业务。2015 年以来，某公司先后获得芜湖市和乌兰察布市 PPP 项目大订单，项目总规模合计约 84 亿元，是公司上年营业收入的 8 倍以上。2015 年上半年 15 家环保上市公司发布中报业绩预告，多家公司净利润大增。有两家公司中报净利润同比最大增幅达 100%。2015 年，环保行业业绩显著提升。据统计，2015 年 78 家 A 股节能环保上市公司中，59 家节能环保企业实现净利润增长，占全部节能环保上市公司的 75.6%。2015 年表现最为突出的环保公司营收超过 300%、净利润接近 500%。

统计显示，目前参与 PPP 项目的上市公司中，有 31 家上市公司参与的 PPP 项目投资额超过了 2015 年的公司营收，其中，龙元建设的苏交科、中毅达、东方园林、腾达建设、粤水电、铁汉生态、岭南园林、万邦达等公司参与的 PPP 项目的投资额明显高于 2015 年营收。2015 年，23 家以水处理为主业的环保上市公司营收情况为：17 家企业净利增长，占 73.9%，6 家净利润下滑，占 26.1%；19 家企业营业总收入增长，占 82.6%，4 家营收下滑，占 17.4%。

招商证券研报指出，2014 年以来上市公司参与的 PPP 项目投资额 5200 亿，交通运输、市政工程和环保、片区开发成为上市公司参与 PPP 项目的主要行业，其中，交通和环保是 PPP 项目的两大热点。

PPP 模式在我国尚处于起步阶段，上市公司以其融资便利、技术先进、管控严格的优势大力开展 PPP 项目，对 PPP 模式的推广大有好处。同时，这些项目的成功经验对后来者更具有示范性的指导意义。

（六）行业巨头借 PPP 模式挤进环保领域

面对环保行业万亿级的市场以及国家政策的大力支持，近年来，不仅环保行业内的企业雄心勃勃，意欲大干一番，那些非环保行业的企业也盯上了环保这块"大蛋糕"，最直接的表象是：国内大量的非环保类上市公司通过大手笔的跨界并购、重组，将其主营业务变成环保业务。不仅如此，国内还有一系列的非环保国有企业（包括"中字头"大型企业集团、各省的钢铁、机械、工程、建筑集团等），都努力挤进环保行业。

1. 大型国企进军环保领域

研究发现，目前，我国大量非环保类的国企尤其是以工程建设见长的"中字头"央企正在积极拓展业务方向，大力向如火如荼的环保领域进军。这些大型国企多成立子公司以专门运作环保板块，如 2015 年，中国石化、中国铁建、徐工集团等赫赫有名的企业都新成立专门的公司推进环保事业。具体来说，这些企业有的依靠数十年积累的先进技术和丰富的经验大力开拓环保市场，有的是靠雄厚的资本成立环保公司招兵买马迅速壮大，有的则是通过并购重组快速切入环保行业❶，这些行业巨头在操作环保 PPP 项目上多是大手笔，几亿、十几亿的项目颇为常见。总之，环保领域已然成为大型国企的业务发展新高地。

大型国企在环保领域"攻城拔寨"的案例有：中国中车、中国石化、中国铁建等以技术融进环保圈，中国中铁、葛洲坝集团以及中国铁建靠工程进入环保圈，借资本力量进入环保行业的则有中信集团、中国建投等，而徐工集团等工程企业则主要是以设备为引领进入环保行业。进一步研究发现，近年来进军环保领域的大型国企中，除部分企业主要业务集中于金融领域外，包括能源、原材料、制造

---

❶ 有专业研究机构和专家指出，我国大型国企进军环保领域的渠道主要有 4 个，即从技术入手、靠工程杀入、借资本进击、凭设备开路。有的企业集中力量攻克市场，有些企业是多管齐下靠各类优势抢占市场。

业等重工业在内的国企所占比例较大。

公开资料显示，中国中车股份有限公司（以下简称中国中车）作为一家大型交通运输国有企业，承继及承接了中国南车与中国北车的全部资产、业务、资质及其他一切权利与义务，市值高达 4000 多亿，可谓是环保资本市场的"巨无霸"。2015年，中国中车将环保产业纳入了公司新兴产业范畴，而且计划将环保水处理板块打造成为国内村镇污水治理领域首选供应商。中国中车将高铁的真空井技术应用于农村，建立起了生活污水真空收集与处理系统。中国中车还与江苏常熟、中科院生态环境研究中心签订战略合作协议，三方将共同探索分散污水治理模式。其中，中国中车投资 10 亿元在江苏常熟建立农村分散式污水处理设施生产及研发基地，将进行全面产业化转化并向全国推广。同时，中国中车在广西建设分散式农村污水处理试点工程。近几年，中信集团在环保领域的大手笔也格外引人关注，中信集团设有中信环境投资集团有限公司，并将其作为整个集团的节能环保旗舰平台，业务板块涵盖水务、固废、节能，形成了完整的竞争链条。

2. 大型国企借 PPP 模式转型

研究发现，大型国企在大力进军环保领域的同时，在国家大力推广 PPP 的背景下，更是借力 PPP 模式实现公司业务的转型。一个明显的现象是，此前很多以 EPC 工程总承包模式或 BT（建设-移交）模式开拓业务的国企，现在则主要通过 PPP 模式大力拓展环保项目，努力实现自身业务结构的调整、转型。其中的原因比较复杂，主要有几个方面：一是国际整体经济形势不容乐观，我国部分对外工程建设项目和重型机械出口受到一定影响；二是我国经济发展进入新常态，基建投资增速放缓，以前以基建投资为主的企业面临转型的需要；三是我国从战略上重视、支持环保产业发展，环保行业被国内外视为朝阳产业。从市场空间来看，中国的环保产业具备非常大的空间。在这种大的经济背景和行业背景下，环保产业凸显出更高的投资价值。

3. 行业巨头进入环保 PPP 领域之利弊

行业巨头涌进环保 PPP 领域，有利亦有弊：

（1）大量的企业和资本进入环保行业，带来了先进的技术、雄厚的资金和成熟的管理经验，从而大大推进了我国环保行业的发展，对我国的环境污染治理也具有重要的作用。进一步研究发现，非环保行业巨头和大资本的强力冲击，迫使环保行业企业不断提高综合实力、抗风险能力和创新能力，即在环保行业产生"鲶鱼效应"。以原来的污水处理企业为例，这类企业主要是以 EPC 工程总承包的模式进行污水处理厂的工程建设。然而，在激烈的竞争之下，这类企业也向 PPP 环保领域进军，即由原来的污水工程设计、建设为主向污水处理工程的投资、融资、运营、维护业务延伸，从而提升自己的竞争能力和综合实力。

（2）行业的诱惑和资本的推动，环保行业风起云涌。行业巨头涌进环保行业，在加剧行业竞争的同时，也导致环保行业出现一些不合理现象。具体来说，PPP 模式的优势不言而喻，但也存在一些现实问题，如政府和社会资本等参与各方的需求点往往并不一致。对部分地方政府来说，考虑最多的往往是安全与成本，最终的效果放在次要位置。因此，政府希望更多的、实力更强的、要求回报更低的社会资本广泛参与竞争，这种"一对多"（一个地方政府面对多个社会资本）博弈的结果是政府处于更为有利的位置，有更多的可选择项。但这种方式也有其弊端，在环保 PPP 领域，最直接的情况就是无法鼓励舍得在技术和运营上投入、真正注重治理效果的社会资本。如果让环保企业无利可图，很可以会导致低质量和低价格的无效竞争，以牺牲环保质量和效果的竞争与 PPP 模式的初衷是相悖的❶。相比在环保领域实践多年的企业来说，非环保企业在业务、技术、管理方面并不占优势，为了迅速抢占市场寻找新的利润增长点，有的新进入环保领域的企业希望在短时期内迅速完成环保产业的布局，重压之下，促使其不惜一切代价"砸钱"，以超低报价争抢项目，违背了市场竞争原则，打乱了市场竞争规律。这种行为不仅对其他环保企业不公平，对整个环保行业的长远健康也极为不利。

4. 未来环保领域"集团军"优势会非常明显

目前，我国各类环保企业高达 2 万多家，其中绝大多数为中小型环保企业，

 PPP 本质上是要借助社会资本的资金与竞争来改善公共产品的供给效率，其注重产出标准而不是实现过程，是一种激励相容的制度安排。

无论在行业技术实力、管理实力还是在综合实力方面都参差不齐。由于 PPP 模式需要大量的资金投入和长期的投资回报，面对行业巨头的涌入，一些实力不强的小型环保企业受到巨大的冲击。以城镇污水处理行业为例。污水处理行业主体按公司性质可分为国有企业、外资企业、民营企业、合资企业等。

（1）国有企业大多由原国有公用事业单位改制而成，有两方面的优势：一是与政府部门的公共关系优势，二是在区域范围内的资源优势。目前，我国国有企业仍占据污水处理行业的大部分市场。分析认为，随着我国 PPP 模式的大力推广、非环保类行业巨头的涌入、各类社会资本尤其是那些资金雄厚、技术先进、管理水平高的社会资本的进入，国有企业遇到强大的竞争对手，行业竞争将日趋激烈。2016 年，海口市推出 6 个水环境综合整治 PPP 项目，涉及海口市城区五个区（含一个经济开发区）31 个水体的水环境整治，包括城区 17 个黑臭水体，治理的总投资约 37 亿元，以 PPP 模式运营，预计年服务费约 5.3 亿元。最初正式对外发布招商公告时 53 家企业就表达竞标意愿，开标时收到近 20 家企业 42 份响应文件，包括众多央企、国企以及民营企业，竞争可谓异常激烈。

（2）市政污水处理是我国较早放开的领域，因此外资企业进入较早。外资凭借其先进的技术、雄厚的资本和严格的管理，迅速在污水处理市场占据了一席之地，具有较强的品牌影响力。目前，威立雅和苏伊士是中国市场上最具代表性的外资水务巨头。公开资料显示，威立雅在我国 20 个地区拥有正式运营的项目，员工超过 13000 名，服务人口超过 4300 万；苏伊士公司在我国拥有 20 家以上的合资公司，供水人口达到 1400 万，处理能力达到 550 万 t/d 以上。

（3）近几年来，我国民营污水处理企业迅速发展。经过不断的努力和开拓，部分民营污水处理企业迅速壮大并且登陆资本市场，借助资本市场的力量壮大自己。但总体来说，鉴于污水处理行业投资规模大、期限长的特点，民营污水处理企业整体上实力处于劣势，除少数上市公司外，民营企业在污水处理行业占据的市场空间并不大。

三 环保 PPP 的现实困难与风险

当前我国大力推广 PPP，环境保护也愈发严格，环保 PPP 项目也呈加速落地趋势，但仍然存在着落地难、社会资本资金不足、行业低价竞争等现实困难以及"邻避效应"、社会资本收益不足等风险。为吸引社会资本，加大力度推广 PPP，还有很多工作要做。

（一）环保 PPP 项目落地难

自 2014 年以来，国务院以及相关部委出台了六十多项推广 PPP 的法规和政策，此举得到了各级地方政府的积极响应，各地方政府也出台了一百多项有关 PPP 的地方性法律和政策。不仅如此，各地方还纷纷推出 PPP 示范、试点项目。

1. PPP 项目整体落地率不高

2014 年 12 月，财政部公布了第一批 PPP 示范项目 30 个，总投资规模约 1800 亿元，涉及供水、供暖、环保、交通、新能源汽车、地下综合管廊、医疗、体育等多个领域。2015 年 9 月，财政部公布 206 个项目作为第二批 PPP 示范项目，总投资金额 6589 亿元。第二批 PPP 示范项目主要集中在市政、水务、交通等领域。市政领域中，又多以垃圾焚烧发电、城市地下综合管廊、垃圾处理等项目为主。水务领域中，主要集中在污水处理、河道整治、供水引水等项目。

然而，PPP 推广的热潮之下，PPP 项目却因方方面面的原因难以落地。从全国各地公布的 PPP 项目进展情况来看，各地参差不齐，签约率并不高。财政部 PPP 中心发布的全国 PPP 综合信息平台项目库季报第 2 期数据显示，截至 2016 年 3 月末，PPP 入库项目的落地率为 21.7%。民生证券研究院发布的一份报告称，2014 年 9 月之后，全国 34 个省市区地方政府推出了总额约 1.6 万亿元的 PPP 项目，但真正签约的约为 2100 亿元，仅占总额的八分之一。上述财政部于 2014 年 12 月公布的 30 个 PPP 示范项目，截至 2015 年 2 月底只有 2 个项目成功签约，且其中一个项目是财政部示范名单发布前就已签约。换句话说，只有一个 PPP 项目是成为国家 PPP 示范项目后签约的。

2. 投资回报率不高导致环保 PPP 项目落地难

（1）由于 PPP 项目多是基础设施建设项目和社会公共服务类项目，带有较强的公益性，因此盈利性不够、投资回报率不高。而如果盈利性过低同时风险又较大，对社会资本介入环保 PPP 项目不利。

（2）从 PPP 项目收费机制来看，通常情况下 PPP 项目收费机制包括三类，一是完全市场化的项目，依靠使用者付费，如供水、供电、燃气等项目；二是准公益类项目，社会资本的投资回报部分来源于使用者付费，不足部分由政府提供可行性缺口补贴，如城市污水处理、垃圾处理等项目；三是公益类项目，完全由政府支付服务费用，如生态环境治理等项目。研究发现，环保类的项目大多都是准公益类项目和公益类项目，这就决定了社会资本投资大、运营期限长、盈利性不高且风险较大。

目前在一些环保类的 PPP 项目中，城市河道治理占据了很大比例。而城市河道治理属于公益类项目，盈利性不高，没有经营性收入，社会资本的投资回报完全依靠政府财政支出。这样社会资本就面临两难：一是项目没有稳定的现金流，包括银行业金融机构在内的资本不愿意支持这类项目（从实践来看，银行业金融机构等更愿意支持包括供水、供电、立体停车库以及污水处理在内具有稳定现金流的项目）；二是是否介入河道治理 PPP 项目与地方政府的财政实力、信用度密切相关。如果地方政府财政实力不够或信用度不高，社会资本会打退堂鼓。

3. 社会资本操作环保类 PPP 项目资金不足

（1）研究 PPP 落地难的多方因素，资金不足问题成为阻挡社会资本进入 PPP 领域的最大"拦路虎"。一个显然的事实是，PPP 项目大都是基建项目和社会公益类项目，这类项目的特点是投资规模大，回报周期长，项目投资额动辄上亿、几十亿，甚至上百亿。对一般社会资本尤其是国家推广 PPP 模式重点引进的民间资本而言，利用自有资金投资数十亿上百亿的 PPP 项目不太现实。在这种情况下，相当多的社会资本对投资额较大的 PPP 项目望而却步，导致很多 PPP 项目遭遇搁浅。

（2）PPP 行业流行一句话"如果说 PPP 是一场球赛，上半场是通过公平的方式选择最有能力的社会资本和政府合作，下半场就是融资问题。"在我国，一方面是环保产业的蓬勃发展，另一方面是国家重点推广 PPP 模式。按照事物的发展逻辑，环保类的 PPP 项目应在诸多利好的大背景下不断落地。然而现实情况是既有欣喜，也有烦忧。欣喜的是借助 PPP 模式，我国环保产业发展迅速，环境治理取得显著成绩；烦忧的是 PPP 模式在推广过程中仍存在不少阻碍，其中之一便是社会资本尤其是环保类的社会资本融资困难。

1）作为 PPP 模式下的一个重要领域，环保行业与交通、水利等一样，存在投资规模大、投资周期长的特点，也同样存在融资渠道有限的不足。数据显示，在 PPP 项目投资规模上，财政部第二批示范项目中 PPP 项目投资额在 1~10 亿元的项目 101 个，占公布的示范项目总数的 49%；投资额在 10~50 亿元的项目 63 个，占公布的示范项目总数的 31.1%；投资额在 50~100 亿元的项目 16 个，占公布的示范项目总数的 7.8%，投资额在 100 亿元以上的项目 15 个，占公布的示范项目总数的 7.2%。只有 10 个 PPP 项目投资额在 1 亿元以下。一半左右的 PPP 示范项目投资额在 1~10 亿元，对社会资本尤其是民间资本而言无疑是一个挑战。

2）PPP 项目经营期限长。财政部《关于进一步做好政府和社会资本合作项目示范工作的通知》（财金 [2015]57 号）规定，政府和社会资本合作期限原则上不低于 10 年。财政部《政府和社会资本合作模式操作指南》（财金 [2014]113 号）指出，运用 BOT、TOT、ROT 模式的政府和社会资本合作项目的合同期限一般为 20~30 年。国家发改委、财政部、住建部、交通部、水利部、中国人民银行等联合发布的《基础设施和公用事业特许经营管理办法》规定，"基础设施和公用事业特许经营期限应当根据行业特点、所提供公共产品或服务需求、项目生命周期、投资回收期等综合因素确定，最长不超过 30 年。"

3）目前，我国 PPP 项目中社会资本主要的融资方式仍是以向银行贷款为主，而银行业金融机构存在期限错配、支持 PPP 的政策体系不健全等问题，社会资本难以从银行融到足够长期限的资金，这与 PPP 本身的长期限是一对固有的矛盾。以一例污水处理项目为例，一个处理规模为 10 万 t/d 的中型污水处理厂投资总额约 5 亿元。投资项目必须首先落实资本金才能进行建设，按照国家建设项目资本金出资比例相关规定，至少需要投资人以项目资本金的20%出资。在本案例中，投资总额5亿元，社会资本投资需投入自有资金1亿元，这对绝大多数资金有限的中小型环保企业来说，仍是一笔相当大的费用。

4）社会资本在融资受限的同时，在融资成本上也是一大阻碍。在融资成本上，社会资本一般综合性融资成本为6%~8%，而PPP项目"盈利非暴利"的特点已决定社会资本的投资回报率8%~10%，一旦达到10%，地方政府就面临很大的财政压力，社会资本的回报风险也会加大。即使社会资本能够最终实现8%~10%的投资回报率，去掉6%~8%的融资成本，社会资本最终收益也并不高。如一个PPP环保项目，投资规模10亿元，回报率为9%，融资成本达8%，也就是说，社会资本投资年回报率只有1%左右，最终该环保PPP项目陷入长期的协商中，项目迟迟不能落地。

---

❶ 投资项目资本金是指在投资项目总投资中，由投资者认缴的出资额，对投资项目来说是非债务性资金，项目法人不承担这部分资金的任何利息和债务；投资者可按其出资的比例依法享有所有者权益，也可转让其出资，但不得以任何方式抽回。

（二）PPP 模式缓解环境治理资金不足

经过多年的粗放式发展，近年来，我国环境污染问题集中暴露：大气污染、水污染、土壤污染等环境污染事件频发，环保形势日益严峻。为此，国家连续出台"三大行动计划"（即《大气污染防治行动计划》《水污染防治行动计划》《土壤污染防治行动计划》）以加大环境治理的力度。

1."十三五"环保三大行动计划

"十三五"期间，我国将深入实施大气、水、土壤污染防治三大行动计划。

（1）2013年9月，《大气污染防治行动计划》（简称"大气十条"）出台，"大气十条"对近五年大气污染治理工作提出了具体和明确的目标。

（2）2015年4月，《水污染防治行动计划》（简称"水十条"）出台。"水十条"从全面控制污染物排放、着力节约保护水资源、充分发挥市场机制作用、严格环境执法监管、切实加强水环境管理、全力保障水生态环境安全等十个方面部署了水污染防治行动。

（3）2016年5月，《土壤污染防治行动计划》（简称"土十条"）出台。"土十条"提出了包括开展土壤污染状况详查、建立建设用地调查评估制度、严格管控受污染土壤环境风险等措施。受国家环保大环境向好影响，我国土壤修复类的社会资本不断涌现，无论是新成立的企业还是从业者数量都加速增长，土壤污染修复企业从2010年的十多家迅速增加到近千家，从业人员从约二千人增加到近一万人，项目数量累计达到300多项❶。

 据统计，2006年—2009年，环境修复的项目增长缓慢，每年的项目少于20个；2010—2013年环境修复的项目有明显增加，每年的项目在20～60个之间；从2014年起，项目数量开始明显增加。

2. 三大行动计划总投资需 17 万亿元

大气、水、土壤"三大行动计划"是环保系统最重要的政策体系之一,密集出台的环保政策将开启一场万亿元环保"盛宴"。环保部相关负责人表示,在大气、水、土壤三个"十条"以及 PPP 等新模式的推进下,"十三五"环保市场潜力巨大,总的社会投资有望达到 17 万亿元。

3. 环境治理资金之困

而"三大行动计划"出台后,接下来便是资金支持的问题。在资金支持方面,2014 年中央财政先后安排专项资金 100 亿元以支持各地开展大气污染防治工作;安排专项资金 55 亿元,支持 55 个水质较好的湖泊保护;安排 59 亿元专项资金,支持农村环境连片整治,持续强化土壤污染防治。然而,对于高达十七万亿的环保领域投资,中央财政显然还有相当大的差距。

此外,一直以来,我国对于包括环保在内的基建和社会公益投资主要由地方政府主导。现实情况却不容乐观:在经过多年的大规模投资后,政府债务风险很大;2014 年 10 月,国务院发布"43 号文","43 号文"严格监管地方债务,地方政府融资能力大幅受限;我国经济发展进入新常态,财政压力大,政府收支矛盾加剧。

4. PPP 模式缓解环境治理资金不足

一边是债台高筑、财政收支矛盾突出的地方政府,一边是亟待解决的环境污染问题。双重压力之下,需要改变思路、创新投融资模式以寻找治理环境污染的长效机制。而 PPP 模式以其诸多优势成为解决我国环境治理资金不足的重要举措。环保部相关负责人表示,如果没有 PPP,没有新型金融工具,没有社会资本进入环境保护领域内,将难以完成"十三五"环境保护的任务。

(1)中央政府从顶层设计入手,创新投融资模式,PPP 发展步伐明显加快。2014 年 8 月,国务院印发《国务院关于近期支持东北振兴若干重大政策举措的意见》(国发 [2014]28 号)，在城市基础设施建设、环境治理等领域，积极推广 PPP 等模式。

2014 年 11 月，国务院发布《国务院关于创新重点领域投融资机制鼓励社会投资的指导意见》(国发 [2014]60 号)，提出创新生态环保投资运营机制，推动环境治理市场化。"推广政府和社会资本合作（PPP）模式。认真总结经验，加强政策引导，在公共服务、资源环境、生态保护、基础设施等领域，积极推广 PPP 模式，规范选择项目合作伙伴，引入社会资本，增强公共产品供给能力。政府有关部门要严格按照预算管理有关法律法规，完善财政补贴制度，切实控制和防范财政风险。"

2014 年 12 月，国家发改委发布《国家关于开展政府和社会资本合作的指导意见》(发改投资 [2014]2724 号) 规定，"PPP 模式主要适用于政府负有提供责任又适宜市场化运作的公共服务、基础设施类项目。燃气、供电、供水、供热、污水及垃圾处理等市政设施，公路、铁路、机场、城市轨道交通等交通设施，医疗、旅游、教育培训、健康养老等公共服务项目，以及水利、资源环境和生态保护等项目均可推行 PPP 模式。各地的新建市政工程以及新型城镇化试点项目，应优先考虑采用 PPP 模式建设。"

（2）各类金融机构加大支持环保 PPP 项目。目前，国内各类环保产业基金风起云涌，多家环保类的产业基金成立，在全国各地大力推广环保 PPP 项目。各类金融机构也非常看好环保产业的美好前景，愿意扶持缺乏资金的环保类社会资本。某省级商业银行称，如果环保企业获得国家开发银行等政策性银行的融资贷款，该银行可以在政策性银行贷款到位前为环保企业做过桥贷款，期限一~三年，利率为基准利率❶，待政策性银行贷款到位后再退出，这为环保企业实际推广 PPP 项目提供了很好的资金过渡。

（3）作为我国 PPP 模式推广的重点领域之一，环保 PPP 项目将加速推进、加快落地。2015 年以来，我国 PPP 项目涉及大量环保类项目，PPP 项目加速释放掀起环保类 PPP 项目的投资高潮。而从另一个角度看，高达 17 万亿的环保领域投资也为 PPP 模式下的社会资本尤其是环保类的社会资本提供了巨大的市场机会。

---

❶ 存贷款基准利率是中国人民银行发布给商业银行的指导性利率，是央行用于调节社会经济和金融体系运转的货币政策之一。

（三）环保 PPP 低价竞争无赢家

虽然我国环保形势异常严峻，但在国家大力推广 PPP 的大背景下，我国环保 PPP 项目快速推进，环保产业也进入发展的黄金期。对于投资环保 PPP 项目的社会资本尤其是环保企业而言，在加大进入环保项目的步伐、抢占市场机遇的同时，却也面临着各种挑战，而低价恶性竞争便是当下阻碍社会资本投资环保 PPP 项目的一大问题。

1. 政府采购的竞争性要求

根据财政部《关于印发政府和社会资本合作模式操作指南（试行）的通知》（财金 [2014]113 号），项目采购应根据《中华人民共和国政府采购法》及相关规章制度执行，采购方式包括公开招标、竞争性谈判、邀请招标、竞争性磋商和单一来源采购。项目实施机构应根据项目采购需求特点，依法选择适当采购方式。公开招标主要适用于核心边界条件和技术经济参数明确、完整、符合国家法律法规和政府采购政策，且采购中不做更改的项目。根据财政部《政府采购竞争性磋商采购方式管理暂行办法》的通知（财库 [2014]214 号），采购人、采购代理机构应当按照政府采购法和本办法的规定组织开展竞争性磋商，并采取必要措施，保证磋商在严格保密的情况下进行（见附录三）。

2015 年 5 月，国务院办公厅转发文化部、财政部、新闻出版广电总局、体育总局《关于做好政府向社会力量购买公共文化服务工作的意见》（国办发 [2015]37 号），对建立健全政府向社会力量购买公共文化服务机制，完善公共文化服务供给体系，提高公共文化服务效能做出重要部署。各地要建立健全方式灵活、程序规范、标准明确、结果评价、动态调整的购买机制。结合公共文化服务的具体内容、特点和地方实际，按照政府采购有关规定，采用公开招标、邀请招标、竞争性谈判、竞争性磋商、单一来源等方式确定承接主体，采取购买、委托、租赁、特许经营、战略合作等各种合同方式。

2. 社会资本的"恶性竞争"之痛

出于提高PPP项目整体质量的考虑,国家法规政策对PPP项目有着竞标要求。不过,实践发现,部分环保类的社会资本在参与环保PPP项目竞标中遭遇恶性竞争。自2015年起,有关污水处理PPP项目中的污水处理服务费就不断曝出超低价竞标,引起业界一片哗然。对此,业内人士指出这种行为严重扰乱了市场竞争的正常秩序。事实上,污水处理服务费低价竞标会给政府、社会资本和社会公众带来一系列不可控制的风险,如资金链断裂出现烂尾工程、建设或运营后期向政府提价、运营排放不达标造成二次环境污染等。

2016年2月,设计总规模为40万t/d的某地埋式污水处理PPP项目中标结果引得业内诧异。(见案例【3-1】)

【3-1】由于规模大、技术要求高,某地埋式污水处理PPP项目吸引了国内十多家水务名企参与竞标,结果却是环保企业的"门外汉"某钢铁集团中标。该集团中标的重要原因之一就是报价低,其每吨0.727元的单价报价比最高报价每吨1.660元的一半还要少,对此,有参与竞标的人士称,每吨0.727元的报价已经低于成本价。此外,某钢铁集团6.80亿元的总投资报价也比最高者11.73亿元少了近5亿元。关于污水处理服务费,2016年3月初环境商会发出呼吁业内加强自律的倡议,结果3月底又曝出低价竞标的新案例。安徽某市排水一体化PPP项目举行初审,得分第一的某公司以总分96.2分中标,成为该项目的受让方,其给出每吨0.49元的污水处理服务费报价。令人诧异的是,某市排水一体化PPP项目得分第二的某水务集团更是曝出0.39元/t的报价。

2016年4月,国内一起环保PPP项目招标引发业内争议。(见案例【3-2】)

【3-2】东部某污水处理厂改扩建及管网工程PPP项目招标,磋商文件显示,该项目为"新建+存量"项目,总投资约78100万元,其中存量

35600万元，增量42500万元（污水处理厂改扩建34000万元，新建管网和新建泵站8500万元）。项目合作期为20年，包含项目建设期2年、运营期18年；资金来源仅为社会资本。磋商文件显示，该项目中的价格权值为70%，资信技术评分占30%。此外，由于项目"存量+增量"的特殊性，该项目的价格方面有5项报价，分别为：存量部分的投资回报率、污水处理综合单价、市政工程下浮率、建设工程管理费、施工期贴息。

通过磋商招标，有的社会资本"零利润中标"。如某社会资本报价存量部分的投资回报率、建设工程管理费、施工期贴息均为0，市政工程下浮率为20%。在投标的社会资本中，除某社会资本外，其他三家存量部分的投资回报率为5%左右；建设工程管理费分别为0、0.5%和1.29%；施工期贴息分别为0、0.5%、4.94%。总体而言，某社会资本报价得分远高于其他竞争者，比第二名甚至高出26.8分。

研究发现，本项目存量资产作价35600万元，按5%的年利率计算即1780万元，而某社会资本存量部分的投资回报率为0，这意味着某社会资本比其他竞争者少了1780万元。此外，某社会资本的建设工程管理费、施工期贴息均为0，这意味着某社会资本需等到存量污水厂提标改造以及增量污水厂新建完成且运营出水后才能有回报。对于上述报价，业内评论认为"应该是成本价"。

污水处理费用不断创出"新低"，一个重要的原因是当下我国从中央到地方大力推广PPP、PPP政策集中释放、PPP项目大量出现。进一步研究发现，在环保类的项目中，相比较而言污水处理具有投资规模中等（一般项目为1~3亿元左右）、现金流稳定且回报率较高的特点，不仅受到社会资本的青睐，金融机构支持力度也很大。因此在激烈的竞争中，在技术和工艺路线比较成熟、投资额比较透明的情况下，价格自然成为各家环保企业的"杀手锏"。

分析认为，目前在环保PPP市场竞争中，部分社会资本抱着先低价拿下项目以后再要求提价的心态去竞标，这导致市场恶性竞争加剧。低价竞争的结果是带来行业利润率的下滑，随着竞争的加剧，有的环保项目投资回报率降低到PPP平均利润率的一半甚至更低，有些社会资本完全是在赔本竞争。2015年，某公司以 0.39 元 /t 污水处理费中标污水收集处理厂网一体化 PPP 项目。对比发现，2009 年，西南某知名水务公司污水处理结算价格为 3.43 元 /t。也就是说，目前的污水处理价格只是六、七年前的近十分之一。甚至有人预测污水处理费"0 元时代"将会来临。

可以说，以低价抢项目、低价竞争是一种典型的"劣币驱逐良币"现象，对我国推广 PPP 和促进 PPP 项目落地十分不利。

3. 环保 PPP 项目恶性竞争与 PPP 模式初衷背道而驰

环保 PPP 项目恶性竞争，看似政府和中标的社会资本得到了好处，比如社会资本投标的污水处理费价格极低，政府财政压力小了，社会公众也受益了，中标的社会资本也拿到了优质的项目，可谓皆大欢喜。但所谓过犹不及，恶意的低价竞争其实是"多输"，与 PPP 模式的"多赢"的初衷背道而驰：

我国大力推广 PPP 模式的初衷，一是化解政府债务风险、缓解政府财政压力，平滑政府每年的财政支出；二是为广大社会资本尤其是民间资本提供了投资机遇，拉动了经济增长；三是发挥社会资本在资金、技术和管理上的优势，提高项目的建设和运营效率，为公众提供优质的服务。而恶意的低价竞争抵消了 PPP 模式的优势：一是不符合市场规律的报价将导致社会资本的投资回报无法保障，项目自然难以合格。在这种情况下，社会资本要么长期亏损解散甚至倒闭，要么要求政府补价，公众担心的是社会资本利用其垄断地位实现利益最大化，表现在污水处理行业就是担心价格不合理上涨，这显然违背了基础建设的初衷；二是如果政府同意涨价，不仅财政压力会加大，还会引起社会公众的不满，而政府不同意涨价，社会资本提供的服务便难以保障。对政府而言，治污目标没达到，反而变成集中式排污；三是社会资本提供的服务达不到政府的预期目的，政府会行使监督权，极端的情况会诉诸法律，最终各方利益受损，这样的例子不胜枚举。

（四）创新社会资本投资回报机制

要解决环保市场的低价竞争，关键是要运用市场经济思维和法治思维，建立完善的市场机制和科学的投资回报机制。

1. 完善的市场机制和投资回报机制

在实践操作PPP项目的过程中，既要进行充分的市场竞争，让政府选择真正有技术实力、资金实力和丰富经验的社会资本，但又不能唯低价者中标是从，以免给项目后期的建设和运维留下隐患。具体来说，需要对社会资本的投资建设成本、运营成本以及收入实行公开制度。如果涉及涨价，可以实行价格听证制度，以避免部分社会资本随意涨价行为。

2. 投资回报机制案例

污水处理结算价格极为重要，也是PPP水务项目中政府和社会资本均极为看重的核心要素。对于污水处理结算价格，某地政府在一起PPP水务项目中的结算价格实施方案可作为参考（见某水务公司IPO招股说明书）。（见案例【3-3】）

【3-3】（1）合理价格原则。合理价格由市财政局或其委托机构予以核定。本公司（即某水务公司，下同）收取的服务费用原则上应覆盖本公司污水处理业务的"合理成本＋税金"和（或）"法定规费＋合理利润"。

（2）合理成本原则。合理成本在计入包括折旧在内的完全成本并参考同期物价指数后予以确定。

（3）合理利润原则。合理利润为本公司提供污水处理服务所应获取的合理收益，包括污水处理业务的净资产收益及通过效率管理等措施所实现的盈利。

（4）价格核定及结算价格。政府采购本公司污水处理服务的结算价格每3年核定一次。首期污水处理结算价格为 3.43 元 /m³。

（5）结算价格的临时性调整。非因特殊情况并经市财政局批准，每个价格核定期满前，结算价格原则上不得进行临时性调整。

（6）结算价格稳定及效率激励。政府鼓励本公司在特许经营期内采取各种措施合理调配资源，提高生产效率和降低成本，进而将结算价格控制在较低水平。

（7）污水处理费用的结算和支付。在特许经营期内，本公司结算期间污水处理费用＝单位结算价格 × 各污水厂结算污水处理量（若实际污水处理量小于设计污水处理量的60%，则结算污水处理量为设计污水处理量的60%；若实际污水处理量大于设计污水处理量的60%，结算污水处理量为实际污水处理量）。

招股说明书同时显示，在不同结算方式和价格下，污水处理量、结算价格的变化对营业利润的影响见表3-1：

比较污水处理厂不同结算方式对营业利润的影响　　　　　　　　　　表3-1

某年度	新结算方式	原结算方式
实际污水处理量（万m³）	30451.59	30451.59
结算污水处理量（万m³）	34244.94	30451.59
结算（换算）单价（元/m³）	3.43	1.60
营业收入	117667.40	48972.13
其中：主营业务收入（万元）	117460.14	48764.87
其他业务收入（万元）	207.26	207.26
营业成本（万元）	38361.55	38361.55
管理费用（万元）	5127.92	5127.92
财务费用（万元）	5384.63	5384.63
资产减值损失（万元）	56.36	56.36
营业利润（万元）	68736.95	41.68
营业外收入	160.47	160.47
营业外支出	202.15	202.15
利润总额	68695.27	0.00

可见，在实际污水处理量、营业成本、管理费用、财务费用等不变的情况下，当污水处理结算价格由1.60元/m^3提高到3.43元/m^3时，营业收入由4.8亿迅速增长到11.8亿，营业利润由41.68万元增长到6.9亿元，利润总额由0元增长到6.9亿元。

价格调整机制是解决社会资本投资回报的一种科学机制，以一起水务项目为例。（见案例【3-4】）

【3-4】某环保公司以PPP模式和某县政府合作一起污水处理项目，项目设计规模6万t/d，总投资1.6亿元，关于"污水处理服务费"的约定为：合同生效及污水处理项目公司成立后，建立双方污水运营费用保障机制。某县政府在污水处理项目启动同时，按日处理单位运行费用成本，财政将全年的污水运营费用列入本年度预算，同时另储备污水运营费用一年，存入双方约定的项目公司专户由银行监管。在运营期内，运营费用实行动态管理，根据《建设项目经济评价方法及参数》有关财务内部收益率，投资回收期的要求，某县政府每月向某环保公司支付污水处理服务费。污水处理厂保底水量为每日4万吨。在运营期内，污水处理服务费包括以下两部分：

（1）4万t保底水量处理服务费按污水处理单价_____元/m^3计费；污水处理服务费=污水处理单价×4万t水量；

（2）每隔三年，根据国家物价综合指数的上涨幅度，双方共同协商并确定运营费的上调比例。

而关于"污水处理服务费单价调整"的具体约定为：每年_____月某环保公司可根据能源、原材料、人员工资的变动以及政策法规的变更影响等因素，计算下一年的污水处理成本，若有必要可以向某县政府提供污水处理服务费单价计算依据（人工费、药剂费、电价、物价指数等）和申请调整污水处理服务费单价的要求，甲方应履行必要的审核、审批程序并在_____个月内给予答复。

3. 环保企业关键是要创新

在激烈的市场竞争下，环保PPP行业形成严格、科学的回报机制、挖掘新的利润池才是环保类社会资本立于不败之地的关键所在。而靠创新驱动、靠创新发展才是解决我国环保问题的重要途径。

以垃圾行业为例。2015年多个垃圾处理PPP项目多次"跳水"，行业快速进入低价竞争时代。

我国垃圾处理市场前景广阔，城市生活垃圾产生量逐年增加，由于我国城市基础设施较差，垃圾清运系统发展滞后，大量城市生活垃圾未能进行集中收集、清运和无害化处理，垃圾处理能力缺口日益增大。不仅如此，在城市生活垃圾处理产业链上，向前延伸还有更为巨大的市场如环卫市场，即垃圾处理产业链前端的垃圾清扫、运输环节❶。据相关统计，2013年我国城市环卫市场空间为728亿元，到2025年将接近5000亿元。

鉴于城市生活垃圾处理产业链前端的这个大市场，国内一些有远见的综合环境服务商已经开始布局。需要说明的是，有的社会资本将城市生活垃圾处理和"互联网+"、"智慧城市"嫁接，将"智慧环卫"作为固废产业领域重要内容。所谓"智慧环卫"，就是在国家大力推广"互联网+"的时代背景下，环保企业将"互联网+"、云计算、大数据用在环卫工作中，对环卫最前端到最末端的所有设施进行智能化全覆盖。比如环保企业与物流公司合作，在环卫车辆运送垃圾的过程中，根据安排参与物流运输。国内某大型环保公司通过创新，链接新的价值，寻找新的利润点，通过"固废+环卫+再生资源"三大业务齐头并进，取得了良好的效果。在具体操作上，一是将环卫产业与互联网、物联网及云计算等技术相结合，精心构建环卫云平台；二是依托公司再生资源类网站，搭建线上再生资源信息及交易平台，结合线下再生资源产业园区，从而形成完整的产业循环链条；三是通过环卫一体化业务，打造垃圾"分类-清运-终端"处理的全产业链，让固废、环卫、再生资源业务产生协同效应，从而增加新的盈利增长点。

 有数据显示，目前各地政府在收运环节的投入占整个垃圾处理开支的60%~70%。处理1t垃圾从收集、运输到末端处理，以400元费用计算，末端处理只需100元，其余300元都是清运成本。

（三）PPP 模式解决城市黑臭水体难题

城市黑臭水体问题一直是水污染治理中的一大难题。根据住建部的排查，城市黑臭水体的整治形势严峻。

1. 城市黑臭水体形势严峻

2015 年 9 月，住建部会同相关部门组织制订《城市黑臭水体整治工作指南》，给出黑臭水体整治的具体时间表，要求 2015 年底前，地级及以上城市建成区应完成水体排查，公布黑臭水体名称、责任人及达标期限。并要求建立全国城市黑臭水体整治监管平台，定期发布有关信息，接受社会监督，接受公众举报。城市黑臭水体整治工作流程如图 4-1 所示。

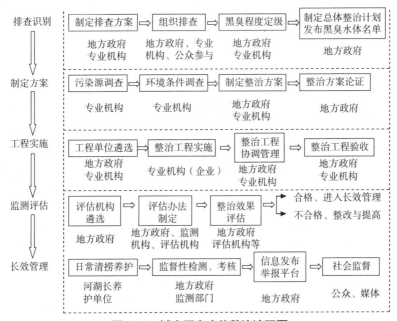

图 4-1　城市黑臭水体整治流程图

2016年2月,住建部发布全国黑臭水体摸底排查的数据,全国295座地级市及以上城市中,有218座城市被排查出黑臭水体,占比为73.9%。218座被排查出黑臭水体的城市中,共排查出黑臭水体1861个,其中河流1595条,占85.7%;湖塘266个,占14.3%。四大直辖市中,北京排查出黑臭水体的数量为61,上海是56,天津为20,重庆为21。

2. 国家加大黑臭水体治理力度

国务院2015年印发的"水十条"明确了黑臭水体整治的时间表,2017年底,直辖市、省会城市、计划单列市建成区基本消除黑臭水体;2020年底前,将地级及以上城市建成区的黑臭水体均控制在10%以内;到2030年城市建成区黑臭水体总体得到消除。

2015年7月,财政部、环保部联合印发的《水污染防治专项资金管理办法》(财建[2015]226号),将"城市黑臭水体整治"列入了专项资金重点支持的范围(见附录五)。

3. 各地加快黑臭水体治理步伐

近年来,针对黑臭水体问题,各地纷纷出台政策进行治理:

2015年12月,《广东省水污染防治行动计划实施方案》(粤府[2015]131号)发布,提出到2020年,地级以上城市集中式饮用水水源和县级集中式饮用水水源水质全部达到或优于Ⅲ类,农村饮用水水源水质安全基本得到保障;全省地表水水质优良(达到或优于Ⅲ类)比例达到84.5%;对于划定地表水环境功能区划的水体断面,珠三角区域消除劣Ⅴ类,全省基本消除劣Ⅴ类;地级以上城市建成区黑臭水体均控制在10%以内;地下水质量维持稳定,极差的比例控制在10%以内;近岸海域水质维持稳定,水质优良(一、二类)比例保持在70%以上。到2030年,全省地表水水质优良(达到或优于Ⅲ类)比例进一步提升,城市建成区黑臭水体总体得到消除;地级以上城市集中式饮用水水源和县级集中式饮用水水源高标准稳定达标,农村饮用水水源水质得到保障。

2016年1月,《湖北省水污染防治行动计划工作方案》(鄂政发[2016]3号)出台,提出到2020年,全省地表水水质优良(达到或优于Ⅲ类)比例总体达到88.6%,丧失使用功能(劣于Ⅴ类)的水体断面比例控制在6.1%以内。武汉市建成区2017年基本消除黑臭水体,其他市(州)城市建成区应于2020年底前完成黑臭水体治理目标,地级及以上城市建成区黑臭水体均控制在10%以内。

2016年5月,北京市人民政府发布《北京市进一步加快污水处理和再生水利用设施建设三年行动方案(2016年7月—2019年6月)》(京政发[2016]17号),黑臭水体成为治理重点。根据行动方案,2017年北京将消除全市建成区、行政副中心及上游地区黑臭水体;2018年,基本消除全市黑臭水体,提前完成《国务院水污染防治行动计划》的治理任务。到2019年,北京市中心城和行政副中心建成区将率先实现污水处理设施全覆盖,污水基本实现全处理,其他新城污水处理率达到93%,乡镇地区污水处理率达到75%,再生水利用量达到11亿 m^3,全市污泥的无害化处理率基本达到100%(见附录六)。

4. 黑臭水体治理需求集中释放

一边是公众对环境治理关注度的持续提高,一边是国家不断出台政策进行治理,各方因素之下,我国黑臭水体整治进入加速落地阶段,黑臭水体市场也被打开,除了上述地方之外,目前我国已有数十个城市公布了黑臭水体排查清单,治理需求将被集中释放。

就黑臭水体的市场规模而言,据中信建投证券研究发展部测算,按单个黑臭水体治理平均投入2000万元计算,全国1861个黑臭水体治理市场规模约为372亿元。还有研究机制估算,到2020年,全国黑臭水体治理市场规模约为4000亿元。

5. PPP是治理黑臭水体的最佳模式

普遍认为,当下我国黑臭水体的治理PPP模式最佳。主要原因是在PPP模式下社会资本的三种回报方式中,黑臭水体治理项目本身没有收入来源和稳定的现金流,属于政府付费项目。在我国经济发展进入新常态、政府财政压力大、收支矛盾不断加剧的背景下,地方政府并没有足够的资金投入黑臭水体治理项目。因此,吸引各类社会资本以 PPP 模式介入黑臭水体治理成为当下最佳的选择。

（四）剖析一例污水处理 PPP 项目

PPP 模式在我国大力推广，掀起了一阵又一阵的热潮。不过，鉴于 PPP 模式在我国推广时间还不长，还存在着诸多阻碍其发展的困难，而已经落地的 PPP 项目质量亦参差不齐。因此，无论是作为政府部门、各类社会资本（国企、外资、民企以及混合所有制企业）、各类金融机构（银行、信托、券商、保险）等各方 PPP 模式参与主体，还是研究、操作 PPP 项目的经济和金融学者、企业高管都迫切希望透彻了解此次我国推广应用 PPP 模式的背景、核心要素，以及如何科学规范地开展 PPP 项目。

财政部《关于印发政府和社会资本合作模式操作指南（试行）的通知》（财金 [2014]113 号）规定，PPP 项目包括项目识别、准备、采购、执行和移交等过程（图 4-2）。

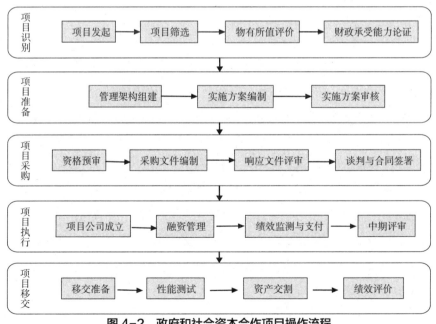

图 4-2　政府和社会资本合作项目操作流程

以下深度结合具有典型PPP特征的某污水处理厂项目（以下简称某污水处理项目），对环保PPP项目识别和准备阶段进行论述。（见案例【4-3】）

【4-3】 1. 项目背景

某污水处理项目总占地面积为30多万 m^2，总规模日处理污水量40万t，一期占地面积11多万 m^3，日处理污水量20万 m^3。一期工程建设内容主要包括某污水处理厂、截污干管及沿线4个泵站，初始总投资为近10亿元，是项目所在省重点市政基础设施建设项目。项目1998年启动，2003年建成，2007年全面启用。

2. 项目开发过程

（1）项目发起。财政部《关于印发政府和社会资本合作模式操作指南（试行）的通知》（财金[2014]113号）规定，投资规模较大、需求长期稳定、价格调整机制灵活、市场化程度较高的基础设施及公共服务类项目，适宜采用政府和社会资本合作模式。政府和社会资本合作项目由政府或社会资本发起，以政府发起为主。其中，政府发起指财政部门（政府和社会资本合作中心）负责向交通、住建、环保、能源、教育、医疗、体育健身和文化设施等行业主管部门征集潜在政府和社会资本合作项目。行业主管部门可从国民经济和社会发展规划及行业专项规划中的新建、改建项目或存量公共资产中遴选潜在项目。社会资本发起指社会资本以项目建议书的方式向财政部门（政府和社会资本合作中心）推荐潜在政府和社会资本合作项目。

具体到本案例，某污水处理项目属于政府发起，发起人是代表政府方的某市建设委员会，政府方做的主要工作有：进行项目的可行性研究，选择某污水处理厂和输送污水入厂的42km截污干管及四个外围污水提升泵站作为特许经营对象；项目的立项审批；组织一系列招商引资会，通过洽谈选择投资人及项目经营公司，签订一系列合作协议，确定特许经营权限和期限。

（2）项目准备。项目准备阶段是PPP项目从发起到完成社会资本方甄选前全部准备工作的过程。主要工作包括PPP项目运作模式的选择、项目交易结构的设计和核心条款的设计。

1）PPP运作模式的选择。某污水处理项目一是属于新建项目，二是属于上述社会资本回报方式中的第三类准经营项目，因此需要政府补贴。经过商谈，某污水处理项目采用大多数新建污水处理设施采用的模式即 BOT 模式❶。

在 PPP 项目社会资本方的甄选方面，政府可采用的方式主要有公开招标、邀请招标、竞争性谈判和单一来源采购。某污水处理项目中，某市政府组织了一系列招商引资会，通过谈判选择社会资本，经过一系列运作，由某市污水处理有限公司代表政府和社会资本共同成立 PPP 项目公司，某市污水处理有限公司占股 33%，社会资本占股 67%。

2）项目融资。本案例中，PPP 项目公司注册资本 3.33 亿元，其他资金通过项目融资解决。在与多家银行进行磋商后，最终确定向某国有商业银行融资，项目获得 6.67 亿元。此外，为保证项目还贷资金来源，项目公司作出承诺：

①将其与某市政府签订的《污水处理服务合同》项下的权益质押给贷款银行，双方签订《服务合同权益质押合同》；

②在建设期内将建设、采购及安装总承包商提供的履约担保合同中的权益质押给贷款银行，双方签订《权益质押合同》；

③在项目投产后将项目的固定资产（包括土地使用权、机器设备等）质押给贷款银行，双方签订《房地产抵押合同》及《机器设备质押合同》，并在相关部门办理登记备案手续。

3）EPC 工程总承包。本案例中，PPP 项目公司与 EPC 总承包商签订总承包商合同，既分摊了项目风险，又避免了设计、采购和施工分别发包可能出现的衔接不清、责任难分的弊端。

4）运营管理。在某污水处理项目工程动工前，PPP 项目公司通过公开招标一家水务公司作为项目建成后的专业运营和维护承包商，依照 BOT 运营合

---

❶ BOT 是目前多国政府在建设新项目时通常采用的模式，具有较多优点：一是减轻政府财政负担，有利于解决基础设施不足与政府建设资金短缺的矛盾；二是提高项目的建设和运营效益；三是提前满足社会与公众需求，使一些本来急需建设而政府暂时无力投资建设的基础设施项目在社会资本的积极参与下提前建成发挥作用，从而提高公众的生活质量，有利于项目相关的上下游行业加入项目建设、合作，从而带动劳动就业，刺激经济增长。

同，负责对某污水处理项目进行运营管理。可以说，将污水厂营运分包给具有专业资质的运营分包商，有几个方面的优点：一是有效地降低项目的运营成本；二是节约了项目公司的人力资源成本；三是将营运风险转嫁给分包商，降低了PPP项目公司的风险。

5）项目交易结构的设计

政府方向PPP项目公司提供污水并支付污水处理服务费，PPP项目公司向政府方提供污水处理服务。

3. 监管结构

（1）政府部门监管。由某市建设委员会作为签约主体依据污水处理服务合同对项目公司实施合同监管；某市市政管理局排水处及某市污水处理有限公司对项目进行行业监管；省、市环保局对项目建设经营给环境带来的影响进行环境监管。

（2）金融机构监管。由贷款人某国家商业银行就项目资金使用及还款进度进行监管。

（3）工程施工监管。PPP项目公司聘请有经验的人员组成工程现场管理小组，对EPC总承包商施工现场的质量、安全、进度等方面进行监督和控制。同时按国家规定的建设程序，公开招标具备相当资质和经验的监理公司，对工程实行全程监理，确保最终能顺利完成工程，并交付使用。

（4）运营管理监管。本案中，PPP项目公司将污水厂的营运分包给具有专业资质的运营分包商，需要对项目运营情况进行监管，以保证项目稳定运行。

2003年10月底，某污水处理项目工程基本建成并投入通水调试，2004年4月30日投入污水试运行，到2008年底某污水工程项目连续三年全达标排放，并取得2008年全国城镇污水处理厂绩效评比"十佳"殊荣。

（五）社会资本助推"互联网+污水处理"

长期以来，作为一项市政环保工程，我国污水处理厂主要由政府主导投资、建设和运营。不过，由于政府在管理上和技术上并不占有优势，因此，导致污水处理厂建成后处理技术落后、运营亏损严重，成为地方财政的"大包袱"。

在"互联网+"的国家战略下，智慧环保被推到前台。以污水处理行业为例，目前我国污水处理行业互联网化虽然还处于起步阶段，但在改变以前政府主导建设和运营的模式并以PPP模式操作后，PPP模式的优势开始发挥，污水处理厂不仅积极尝试互联网化、提高了经营效率，还摆脱了经营困境，社会资本也实现了回报，可谓是一举多得。事实上，社会资本实践"互联网+污水处理"具有诸多优点：

1. 提升PPP项目核心竞争力

研究发现，我国当下之所以大力推广PPP模式，除了各类社会资本可以化解政府债务风险、缓解政府压力外，还有一个极为重要的原因，即包括国企、外资、民企乃至混合所有制企业在内的社会资本拥有雄厚资本、先进的技术实力和丰富的管理经验。基于社会资本的诸多优势，在社会资本参与PPP项目后，便会利于自己的优势，积极嫁接互联网信息技术，建设具有前瞻性和实用性的运营管控平台，通过科学分析运营数据，为企业决策提供科学依据，从而提升PPP项目的核心竞争力。

2. 达到节能降耗、节约运营成本的效果

社会资本之所以有积极性有动力采取"互联网+污水处理"模式提升PPP项目的核心竞争力尤其是运营管理方面的能力，最重要的是PPP模式与传统的

EPC（工程总承包）模式有着根本的不同：传统的 EPC 模式社会资本只负责建设，运营是政府部门的事，而 PPP 项目特许经营期一般长达二十多年，最长达三十年，这意味着在长达二、三十年的时间里（污水处理工程建设周期一般不过 1~2 年）社会资本的核心职能是运营和维护，因此节约成本、提高效率是污水处理企业重中之重的工作。而社会资本通过先进的技术、搭建先进的平台提升污水处理项目的运营管控能力后，将大大提高预期收益率和投资回报率，对社会资本大有裨益。

具体来说，目前我国部分正在运营中的污水处理企业，呈现运营效率低、能耗大、成本高等弊端。在社会资本采取"互联网+污水处理"模式后，实现污水处理企业科学化、规范化、信息化、精细化管理，达到节能降耗、节约运营管理成本的效果。

目前，国内水务公司尤其是大型水务公司通过 PPP 模式在污水处理行业"开疆拓土"，发展形势迅猛，这些大型水务投资公司一般拥有多个污水处理项目且分布于全国各地。然而，令大型水务公司颇为苦恼的是，这些遍及全国各地的污水处理厂在管理方式和工艺流程上不尽相同，因此运营效率也是千差万别。而在采取"互联网+污水处理"模式后，社会资本可以运用互联网技术开发集团业务管理系统，实现统一、高效运维的目的。

又如目前虽然火热却进展不尽如人意的乡镇污水治理。我国正在大力推进乡镇污水治理，但现实情况是乡镇污水处理在设施建设、管理上都存在方方面面的困难。主要体现在四方面：一是投资压力大，初步建成全县的乡镇污水处理系统投资规模最少需要 2~3 亿元，这对那些县域经济不太发达尤其是中西部地区来说资金压力巨大；二是部分由政府部门直接投资的乡镇污水处理设施投资超概算严重、工程质量低劣；三是乡镇污水处理厂分散，存在"信息孤岛"、巡检难、管控难等问题，管理成本增加；四是乡镇污水处理厂项目竣工后，还面临着运营管理缺乏专业人才和经验不够的问题。污水处理厂要么无法运营，要么处理后水质达不到环保要求。而由拥有强大资金和技术实力且运营经验丰富的社会资本参与乡镇污水处理，通过采取"互联网+污水处理"模式，利用云计算、物联网和大数据技术，科学有效地管理分布在各地的污水处理厂，解决"信息孤岛"问题，实现无人值守，提高管理和运维效率。

3. 为社会资本科学决策提供依据

实践发现，PPP 项目的主要对象为基建和社会公共项目，这些领域的运营和管理长期处于人工时代，相当多的技术数据保管不善、遗失严重，有的项目仅凭操作人员的经验，缺乏科学性和系统性。污水处理行业也不例外，这为"互联网+"的介入制造了障碍、埋下了隐患。社会资本在采取"互联网+污水处理"模式后，通过建设集管理、监测、分析等各种功能于一体的平台，为专业化、精细化的运营和管理提供科学决策依据。

以某环境治理公司为例。某环境治理公司拥有先进的技术优势，其建设包含卫星遥感监测平台、无人机环境监测分析平台和物联网就地监测平台为一体的综合环保信息服务平台，涉及工业烟气污染防治、水污染防治及固体废弃物处理等领域，覆盖火电、石化、冶金、水泥、玻璃制造及城市集中供热等多个行业，对工业节能减排、生态环境监测、国土资源监测、城市交通管理及规划监控等领域进行在线监测，其应用主要接口环保、水务、国土、林业、城管、规划等主要单位。在实践操作 PPP 项目的过程中，某环境治理公司利用自己掌握的先进技术，大大节约了运维成本。

在一个"互联网+PPP 环保"项目中，针对一个污水处理企业的监控，某环境治理公司在运营管理上借助互联网平台和融合了污水处理流程中前端和后端各类信息于一体的 IC 卡。通过 IC 卡在现场的运用，做到了污染物排放的实时监控，并保证了排放达标，PPP 项目的主体政府部门亦对此给予了高度评价和奖励。

五、环保PPP创新模式解析

PPP的大力推广掀起我国环保领域的投资和建设高潮,不过,目前PPP在推进和项目的落地过程中仍存在诸多障碍,需要进行融资、建设、运营、支付等方面的创新,以加快我国环保PPP项目的落地。

（一）海绵城市建设上升为国家战略

近年来,"城市看海"的现象在国内许多城市一再上演,在给城市居民带来诸多不便的同时,还造成了很大的经济损失,如2016年长江中下游地区及淮河流域遭受的洪涝灾害就造成直接经济损失112亿元❶。尽管我国各地在城市排涝方面做出了很大的努力,但现有的排涝工程仍然远远满足不了内涝治理规模的需求。

1."海绵城市"上升为国家重点推进的战略

在2013年12月12日—13日中央城镇化工作会议上,习近平总书记首次提出要大力建设自然积存、自然渗透、自然净化的"海绵城市"理念。所谓"海绵城市",形象的比喻是把城市建设得像一块海绵,下大雨时能下渗、能滞留、能蓄存、能净化水,当没雨时水放出来进行再利用。住建部在2014年发布的《海绵城市建设技术指南——低影响开发雨水系统构建》(建城函[2014]275号)将"海绵城市"描述为"城市能够像海绵一样,在适应环境变化和应对自然灾害等方面具有良好的'弹性',下雨时吸水、蓄水、渗水、净水,需要时将蓄存的水'释放'并加以利用。"《国务院办公厅关于推进海绵城市建设的指导意见》(国办发[2015]75号)提出"海绵城市是指通过加强城市规划建设管理,充分发挥建筑、道路和绿地、水系等生态系统对雨水的吸纳、蓄渗和缓释作用,有效控制雨水径流,实现自然积存、自然渗透、自然净化的城市发展方式。"

 民政部网站消息:2016年长江中下游地区及淮河流域遭受的洪涝灾害已造成江苏、浙江、安徽、江西、湖北、湖南、广西、重庆、四川、贵州、云南11省(自治区、直辖市)47市(自治州)181个县(市、区)908.3万人受灾,50人死亡,18人失踪,47.7万人紧急转移安置,31.6万人需紧急生活救助;7800余间房屋倒塌,4.6万间不同程度损坏;农作物受灾面积583千公顷,其中绝收68.7千公顷;直接经济损失112亿元。

2. 我国积极推进海绵城市试点

水与人们的生活和生产紧密相关，其对改善城市生态环境和提高人们生活质量作用巨大，同时，当暴雨来临时城市无法及时排水又造成城市内涝，给人们造成巨大的损失。因此，在水资源日益紧缺的今天，如何节约用水、有效地将收集到的雨水变废为宝显得尤为重要。

2014年底，住建部、财政部、水利部等有关部委组织海绵城市建设规划和试点建设，国内130多个城市申请海绵城市的建设。在通过多轮审查答辩后，16个城市列入海绵城市试点❶。

根据财政部、住建部、水利部《关于开展中央财政支持海绵城市建设试点工作的通知》（财建[2014]838号）和《关于开展2016年中央财政支持海绵城市建设试点工作的通知》（财办建[2016]25号），财政部、住建部、水利部组织了2016年中央财政支持海绵城市建设试点城市评审工作。根据竞争性评审得分，排名在前14位的城市进入2016年中央财政支持海绵城市建设试点范围，名单如下（按行政区划序列排列）：北京市、天津市、大连市、上海市、宁波市、福州市、青岛市、珠海市、深圳市、三亚市、玉溪市、庆阳市、西宁市和固原市。

目前，我国各地纷纷掀起建设海绵城市的高潮，如江苏省计划到2017年13个省辖市都将建成一处有一定规模的综合性海绵城市示范区，到2020年，各市20%以上建成区将成为海绵城市，2030年，"海绵"比例扩大到80%的建成区。

截至2016年8月底，全国已有两批次共30个城市进行国家级海绵试点。为解决各地在推进海绵城市建设过程中对相关技术与产品的迫切需求，提供技术支撑，住建部发布了标准化的海绵技术与产品目录（2016年3月，住建部发布第一批《海绵城市建设先进技术与产品目录》，见附录七），共6类36项，包括收集与渗透技术、调蓄技术、转输技术、截污净化技术、黑臭水体治理技术、设计与管理技术。

---

❶ 16个列入海绵城市试点的城市分别为：迁安（河北）、白城（吉林）、镇江（江苏）、嘉兴（浙江）、池州（安徽）、厦门（福建）、萍乡（江西）、济南（山东）、鹤壁（河南）、武汉（湖北）、常德（湖南）、南宁（广西）、重庆、遂宁（四川）、贵安新区（贵州）和西咸新区（陕西）。

3. 海绵城市建设可借鉴国外经验

不可否认的是，我国海绵城市建设还处于起步阶段，在建设海绵城市时，规划上还缺乏前瞻性，有的地方思路上还是传统上的"头疼医头脚疼医脚"。对此，哈尔滨工业大学教授、海绵城市建设技术指导专家委员会主任委员任南琪认为，城市水安全风险、水生态破坏、水资源短缺、水环境污染是"一条绳上的蚂蚱"，决不能分而治之，都应该纳入到"海绵城市建设"中去。海绵城市建设的实质，应该归为城市水资源和水环境的综合整治这样一个范畴，而不是一个点一个点的进行治理，采取碎片化方式推进。

相比较而言，英国、德国、法国、美国等发达国家在海绵城市的建设上均有着成熟经验与建设成果。以德国柏林为例，柏林地下水道长度总计约9600多km，市中心的管道多为混合管道系统，可以同时处理污水和雨水；在郊区则主要采用分离管道系统，将污水和雨水分别在不同管道中进行处理。再以美国为例，美国的海绵城市建设理念为低影响开发，强调保持和利用现场自然属性、保护水质。2008年美国环保署对美国境内16个海绵城市建设项目研究后发现，以海绵城市为核心的道路建设比传统的开发方案要节约成本25%。

4. 未来海绵城市建设是大势所趋

海绵城市建设实际上是一项系统工程。因此，未来建设海绵城市必须坚持政府引导、社会参与，要生态优先、因地制宜、统筹建设，从而减少洪涝灾害、提高城市水资源保障能力和改善水环境和水生态。以某城市中心广场为例。见案例【5-1】。

> 【5-1】（1）透水铺装。使用透水铺装来取代传统不透水材料。透水砖下方配备细沙、砾石等透水结构，也可适当铺设蓄水模块或排水管道，以利于雨水下渗。

（2）道路渗滤沟。如未使用透水砖，因道路广场的标高大于绿地，道路广场上的雨水可以通过渗滤沟汇聚到周边绿地内，再渗透到地下。渗滤沟有以下几种形式：

1）主园路渗滤沟：路幅宽6m，行人较多，雨水稍有污染，结合绿地过滤设计渗滤沟；

2）硬质广场路面：结合地面找坡及铺装设计，广场中每隔20m左右设置渗滤沟；

3）3m宽园路：渗水砖路面+渗滤沟+穿孔集水管；

4）停车场：设计多孔沥青车道结合植草砖停车区，尽可能让雨水下渗，此处雨水污染较大，结合弃流及土壤渗滤设置穿孔管集水。

（二）PPP 模式解决海绵城市建设资金不足

研究发现，海绵城市建设成本很大。海绵城市建设需要渗、滞、蓄、净、用、排等工程技术设施，具体包括排水防涝设施、城镇污水管网建设、雨污分流改造、雨水收集利用设施、污水再生利用、漏损管网改造等，总的建设成本每平方公里大约为 1.6~1.8 亿元，每个海绵城市投资大约需要 25 亿元左右。

1. 海绵城市建设资金缺口大

根据 2014 年 12 月 31 日财政部出台的《关于开展中央财政支持海绵城市建设试点工作的通知》（财建 [2014]838 号），全国首批海绵城市建设试点将至少获得财政补贴 210 亿元（按三年计算），仍有 800 亿元资金需要由各地方政府自行承担，平均每个试点城市地方政府需承担 50 亿元资金。分析显示，仅仅 16 个试点城市总投资需求就在 3000 亿元以上。以 16 个海绵城市试点城市中的山东济南为例，该市市区面积 483km^2，如果按照试点方案要求至少需要 483 亿元才能够济南海绵城市建设。而按照中央财政补助标准，济南是省级城市，每年补助资金 5 亿元，3 年共 15 亿元，与 483 亿元相比，海绵城市建设资金缺口大。

2. 国家重点推广 PPP 模式支持海绵城市建设

目前，海绵城市建设升级为国家战略，然而，在我国经济进入新常态、政府财政收支矛盾加剧的背景下，推进的海绵城市建设面临着巨大的资金缺口。因此，海绵城市建设需要包括社会资本在内的各类资金的支持。

2015 年 10 月，国务院办公厅下发《国务院办公厅关于推进海绵城市建设的指导意见》（国办发 [2015]75 号），提出通过海绵城市建设，综合采取"渗、滞、蓄、净、用、排"等措施，最大限度地减少城市开发建设对生态环境的影响，将 70% 的降雨就地消纳和利用。到 2020 年，城市建成区 20% 以上的面积达到目标要求；到 2030 年，城市建成区 80% 以上的面积达到目标要求。国务院针对海绵城市的建设提出了包括规划阶段、建设阶段、政策支持以及组织落实四大部分共十项具体措施。尤其强调政府应积极推进 PPP 模式，鼓励社会资本参与海绵城市投资建设和运营管理。"坚持政府引导、社会参与。发挥市场配置资源的决定性作用和政府的调控引导作用，加大政策支持力度，营造良好发展环境。积极推广政府和社会资本合作（PPP）、特许经营等模式，吸引社会资本广泛参与海绵城市建设。"

通过 PPP 模式建设海绵城市，政府不仅可以降低财政压力，还可以发挥社会资本在资金、技术和管理方面的诸多优势，从而保证海绵城市平稳有效地建设。

3. 财政支持 PPP 模式建设海绵城市

我国海绵城市建设任务艰巨，存在巨大的资金缺口。不过，社会资本参与 PPP 项目后，面对动辄十几亿、数十亿甚至上百亿的投资，其本身也面临着资金不足的问题。因此，迫切需要出台相关财政和金融政策，引导包括银行在内的金融机构加大对社会资本、对海绵城市建设的支持力度，这样才能加快我国海绵城市建设的速度。

财政部《关于开展中央财政支持海绵城市建设试点工作的通知》（财建 [2014]838 号，以下简称《通知》），明确中央财政资金对于建设海绵城市的支持（见附录八）："直辖市每年 6 亿元，省会城市每年 5 亿元，其他城市每年 4 亿元。"需要指出的是，《通知》中对于地方政府采取 PPP 模式建设海绵城市还提出了鼓励措施："对采用 PPP 模式达到一定比例的，将按上述补助基数奖励 10%。"。而根据 2015 年 6 月财政部和住建部发布的《城市管网专项资金管理暂行办法》（财建 [2015]201 号）的有关规定，国家将设立城市管网专项资金，通过中央财政预算安排，用于海绵城市试点示范类事项，并对按规定采用 PPP 模式的项目，采用奖励、补助等方式予以倾斜支持（见附录九）。

4. 金融支持社会资本建设海绵城市

2016年1月,住建部与国家开发银行携手推进开发性金融支持海绵城市建设,双方下发《关于推进开发性金融支持海绵城市建设的通知》(建城[2015]208号),国家开发银行要把海绵城市建设作为信贷支持的重点领域,各级住房和城乡建设部门要把国家开发银行作为重点合作银行,加强合作,增强海绵城市建设项目资金保障,用好用足信贷资金。国家开发银行各分行要做好融资规划,创新融资模式。加大对具备综合业务能力、以总承包方式整体打包运作海绵城市建设项目企业的信贷支持力度,打造大型专业化建设运营主体;在风险可控、商业可持续的前提下,积极开展以购买服务协议预期收益等为担保的贷款业务;对符合条件的海绵城市建设项目实施主体提供专项建设基金,用于补充项目资本金不足部分。同时,要加强信贷支持,优先支持与棚户区改造、危房改造、老旧小区有机更新相结合的海绵城市建设项目;对纳入海绵城市建设项目储备库并采用PPP模式整体打包运作的项目,在符合贷款条件的情况下给予贷款规模倾斜,优先提供中长期信贷支持(见附录十)。

此后,住建部又联手中国农业发展银行加大政策性金融机构对海绵城市建设的支持力度。双方联合下发《关于推进政策性金融支持海绵城市建设的通知》(建城[2015]240号,以下简称《通知》),要求地方各级住房和城乡建设部门要把农发行作为重点合作银行,加强合作,最大限度发挥政策性金融的支持作用,切实提高信贷资金对海绵城市建设的支撑保障能力。农发行各分行要把海绵城市建设作为信贷支持的重点领域,积极统筹调配信贷规模,优先对海绵城市建设项目给予贷款支持,贷款期限最长可达30年,贷款利率可适当优惠。《通知》还要求,农发行各分行要积极创新运用政府购买服务、政府与社会资本合作(PPP)等融资模式,为海绵城市建设提供综合性金融服务,并联合其他银行、保险公司等金融机构以银团贷款、委托贷款等方式,努力拓宽海绵城市建设的融资渠道。农发行系统要积极支持具备"技术+资本"综合业务能力的企业参与海绵城市建设,打造大型专业化海绵城市建设运营企业。对符合条件的海绵城市建设项目实施主体提供专项建设基金,用于补充项目资本金不足部分(见附录十一)。

总的来说，在政府财政压力大、社会资本参与海绵城市建设需要资金支持的情况下，积极的金融政策将提高各类社会资本以 PPP 模式参与海绵城市建设的积极性，并将发挥社会资本在资金、技术、管理方面的优势。因此，金融支持 PPP 对高效建设海绵城市有非常大的必要性。

（三）PPP 模式携手第三方治理

面对严峻的环保形势，我国变革环保思路，继在工业领域推行第三方治理模式❶后，我国又开始大力推广 PPP 模式，通过 PPP 模式引入各类社会资本与政府合作大力进行环境治理。在一系列政策推动下，我国环保产业迎来前所未有的市场机遇。

1. 第三方治理优点多

第三方治理将传统的"谁污染谁治理"的治污思路转变为"谁污染谁付费"，第三方治理是一种市场化、专业化的制度设计，目的是使综合实力强的社会资本进入环境保护市场，让专业人做专业事，从而取得最高效率。

在国外，在工业企业、工业园区的治污上，不同专业的公司分工非常精细，以德国巴斯夫集团为例，其在全球各地建化工园区时都委托苏伊士环境负责污水处理。反观我国，许多工厂的环境治理项目由企业自己建设和运营，这样产生了几个弊端：一是排污企业（如钢厂、煤化工厂）自己本身并不属于环保行业，不具有建设、技术和运营方面的优势，投资不科学、运营质量难保证；二是造成政府监管困难，超标排放情况严重。2014 年 6 月，环保部曾发布公告披露部分央企存在不正常运行脱硫装置或不正常使用自动监控系统、监测数据造假、二氧化硫超标排放等行为，并对这些企业予以处罚。

2. 第三方治理具有大力发展的基础

作为环境污染治理领域一种方兴未艾的模式，第三方治理具有良好的政策背

---

❶ 环境污染第三方治理是排污者通过缴纳或按合同约定支付费用，委托环境服务公司进行污染治理的新模式。

景和社会基础，并具有大力发展的基础。

（1）从国家层面看，党中央国务院高度重视环境保护生态文明建设，这在国家层面给第三方治理创造了良好的环境。

（2）从政策层面看，2015年6月，环保部研究制定《关于加强工业园区环境保护工作的指导意见（公开征求意见稿）》，要求通过5年努力，工业园区环境保护工作取得重要进展，包括环境管理水平明显提升，经济发展与环境保护更协调，长效机制初步建立等，2017年底前，工业园区应按规定建成污水集中处理设施，并安装自动在线监控装置，京津冀、长三角、珠三角等区域提前一年完成；鼓励有条件的园区管理机构聘请第三方专业环保服务公司作为园区"环保管家"，向园区提供环境监测、监理、环保设施建设运营、环境治理等环保一体化服务和解决方案；明确环境污染第三方治理各方责任，逐步建立起"排污者付费担责、第三方依约治理、政府指导监管"的治污新机制。环保部同时指出，在确保符合环保法律法规且向主管环保部门备案的前提下，第三方环境服务公司可与排污企业根据污染物种类、数量和浓度合理约定环境治理服务价格，实行累进梯级费率，污染负荷越大费率越高。此外，鼓励在第三方环境服务中采用政府和社会资本合作模式。

（3）目前，产能过剩成为制约经济发展的"拦路虎"，"去产能"成为中央经济工作会议提出的"三去一降一补❶"五大歼灭战的首要任务。在此背景下，我国大部分高污染企业经营形势不景气，普遍希望与社会资本合作以减轻企业的环保压力。实践中，诸多国有钢厂尤其是民营钢厂在环境污染排放趋严的背景下，非常希望社会资本提供第三方治理服务。而第三方环保公司作为项目的重要实施方，也愿意以高标准、新技术进行项目建设，既降低建设成本，又保证环保设施长期可靠运行，客观上也改善了整体的环境状况。

（4）目前国内第三方治理主要集中于大气治理和水污染处理领域。以一个第三方治理项目为例：某环保第三方治理公司承建的某钢铁公司 1#、2#360m² 烧结机脱硫系统改造工程，1#、2# 球团回转窑烟气新建脱硫系统均采用某环保第三方治理公司自主研发、具有独立知识产权并已获得国家专利的 AFGD 系统气动

---

❶ 2015年12月18日—21日，中央经济工作会议在京举行。会议提出，2016年经济社会发展主要是抓好去产能、去库存、去杠杆、降成本、补短板五大任务。

脱硫技术。经该系统处理后，排放烟气 SO_2 小于 $50mg/Nm^3$，尘含量小于 $30mg/Nm^3$，满足《钢铁烧结、球团工业大气污染物排放标准》GB 28662—2012 中对相应污染物的排放要求，起到很好的节能减排示范作用。该案例中，某钢铁公司 1#、2#360m^2 烧结机脱硫系统改造工程初步投资总合同额为 1.3 亿元，静态投资约为 9000 万元，还款时间为 4 年，某钢铁公司按照 2∶2∶3∶3 模式的付款方式逐年偿还，4 年期垫资利率按三到五年期人行基准利率收取。

3. 第三方治理存在的诸多问题

（1）各地区环保执法有差距，有些企业还存在侥幸心理，不愿在环保设施上投入过多，第三方治理在市场需求上动力有待提高。

（2）第三方治理属于投资行为，需要长期稳定的回报作为支撑。在当前去产能、去库存的经济背景下，如果由于政策原因或效益问题导致减产甚至关停，第三方将面临较大的投资风险。

（3）第三方合同执行风险：合同款项支付不到位，业主拖延支付；权责不分明，双方以各种理由扯皮。

4. 保障第三方企业投资活跃性的建议

（1）第三方治理作为一种污染治理新模式，其不是市场自由产生的，必须有政府的强力推进和统一的宏观设计。如果没有政府的强力推进和严格执法，企业考虑到自己的投资风险和盈利目标，第三方治理的市场便失去存在的基础。

（2）政府进行统一的第三方服务招标，由第三方承担起污染治理的责任。其优点在于第三方相对独立于企业，避免了企业支付信用问题，明确了工作界面和权利义务，还促进了新技术的革新应用。

（3）大型企业以集团为单位、行业园区以区域为单位，联合技术与资本，成立控股或参股的第三方环境治理公司，各方发挥自己的优势，共同提供第三方治理。

（4）由政府或政府委托的机构作为主导，在行业内试行统一的环保治理收费模式，借鉴排污收费的模式建立治理收费制度。

5.PPP 模式携手第三方治理

在大气、水、土壤三个"十条"以及其他环境保护需求的推进下，我国"十三五"环保市场潜力巨大，总的社会投资有望达到 17 万亿元。而现实情况是，我国经济下行、政府财政压力大、收支矛盾加剧。此外，地方政府在经过多年的大规模投资后，债务风险加大。因此，面对十几万亿的环保投资，政府给予的财政支持还有相当的差距。根据世界自然基金会的测算，"十三五"期间中国绿色融资需求为 14.6 万亿元，若选择更高标准的环境修复方案，则资金需求高达 30 万亿元。近 5 年用于治理空气污染的费用就要 1.7 万亿元以上，财政供应的程度最多 10%～15%。

面临巨大的资金缺口，发挥社会资本的优势成为必然的选择。环保部相关负责人表示，没有 PPP、没有第三方治理、没有金融、没有社会资本进入环境保护领域，要完成"十三五"环境保护的任务基本是一句空话。在我国经济发展优化升级、环境治理成为国家战略的大背景下，PPP 模式携手第三方治理走上了解决环境保护的历史舞台。

（四）我国土壤修复新商业模式

在我国工业化快速推进、城镇化建设步伐加快以及农业不断进步的情况下，我国的土壤环境面临着巨大的压力。与大气、水和垃圾污染等相比，土壤污染具有复杂性、潜在性、隐蔽性和滞后性的特点（表5-1）。据2014年出台的《全国土壤污染状况调查公报》显示，全国土壤环境状况总体不容乐观，部分地区土壤污染较重，耕地土壤环境质量堪忧，工矿业废弃地土壤环境问题突出，全国土壤总的点位超标率为16.1%。

土壤中的主要污染物质及其来源   表5-1

污染物种类			主要来源
无机污染物	重金属	汞	氯碱工业、含汞农药、汞化物生产、仪器仪表工业
		镉	冶炼、电镀染料等工业、肥料杂质
		铜	冶炼、铜制品生产、含铜农药
		锌	冶炼、镀锌、人造纤维、纺织工业、含锌农药、磷肥
		铬	冶炼、电镀、制革、印染等工业
		铅	颜料、冶炼等工业、农药、汽车排气
		镍	冶炼、电镀、炼油、染料等工业
	非金属	砷	硫酸、化肥、农药、医药、玻璃等工业
		硒	电子、电器、油漆、墨水等工业
	放射元素	铯（137）	原子能、核工业、同位素生产、核爆炸
		锶（90）	原子能、核工业、同位素生产、核爆炸
	其他	氟	冶炼、磷酸和磷肥、氟硅酸钠等工业
		酸、碱、盐	化工、机械、电镀、酸雨、造纸、纤维等工业
有机污染物		有机农药	农药的生产和使用
		酚	炼焦、炼油、石油化工、化肥、农药等工业
		氰化物	电镀、冶金、印染等工业
		石油	油田、炼油、输油管道漏油
		3,4-苯并芘	炼焦、炼油等工业

续表

污染物种类		主要来源
有机污染物	有机洗涤剂	机械工业、城市污水
	一般有机物	城市污水、食品、屠宰工业
	有害微生物	城市污水、医院污水、厩肥

注：资料来源，产业信息网整理。

1. 土壤污染的主要原因

（1）从工业污染看，土壤无机污染物中的重金属污染主要来自于冶炼厂、农药厂等工厂的废物排放；非金属砷和硒污染主要来自农药和电子工业等；有机污染物主要来自于石油化工行业及农药。农业污染的主要原因是化肥的过度使用。

（2）矿区污染主要来自金属矿、煤矿开采中的污染。据中国环保网不完全统计，截至2008年底，我国113108座矿山中，因为采矿活动而占用、破坏的土地面积高达332.5万公顷，固体废弃物累计存积量为353.3亿t。

（3）耕地污染方面，全国受污染耕地1.5亿亩，占18亿亩耕地的8.3%，大部分为重金属污染。根据2013年公布的第二次全国土地调查结果，我国中重度污染耕地大体在5000万亩左右，这部分耕地已经不能种植粮食。其中，珠三角地区部分城市有近40%的农田菜地土壤重金属污染超标，其中10%属于严重超标。

2. 土壤修复总量巨大

我国待修复土壤总量巨大。"土十条"提出到2020年受污染耕地安全利用率达到90%左右，污染地块安全利用率达到90%以上。到2030年，这两项指标达到95%以上。据此测算，"土十条"中土壤修复将接近10万亿元的市场规模。而10万亿存量市场中，耕地领域将获得8.45万亿元市场，工业污染场地约为0.44万亿元市场，矿区则为0.25万亿元市场。《十三五规划纲要》提出"完成100个农用地和100个建设用地的污染治理试点，建立6个示范现行区。"《十三五百大工程项目》提出"开展1000万亩受污染耕地治理修复和4000万亩受污染耕地风险管控"。在引人关注的资金配套方面,财政部表示 2016 年中央财政预算中土壤污染防治专项资金从 2015 年的 37 亿增长到 91 亿。中投顾问产业研究中心的报告显示,我国工业污染场地修复市场空间约为 0.9~1.5 万亿,农业耕地土壤修复市场空间大约为 3.9~7.8 万亿,矿山修复市场空间约为 2200 亿元。我国土壤修复总的市场容量为 5.02~9.52 万亿。预计在"十三五"期间,我国工业场地、农业耕地和矿山的修复比例可分别达到 7%、3% 和 5%,土壤修复行业的总投资可达 1900~3500 亿元。

3. 创新土壤修复模式

研究发现,我国土壤治理的重点分为三类:一类是工业污染场地恢复,一类是矿区治理及其相关的水污染治理,一类是耕地污染治理。其中工业污染场地恢复和矿区治理这个领域的修复技术相对成熟。在治理情况方面,国内土壤修复项目主要集中在城市中地段较好的建设用地上,主要原因是这些工业污染场地恢复投资回报率高、增值空间大。相对来说,耕地污染修复后不能改变使用性质,商业价值低,回报率不高,治理难,见效慢,且需依靠政府大量投入。

土壤污染治理市场大幕已经拉开,科学的商业模式十分重要。目前我国土壤修复新的商业模式中,PPP 模式尤为突出。从顶层设计上,国家对 PPP 模式推动我国土壤修复具有总体的规划。2014 年 11 月,国务院发布《关于创新重点领域投融资机制鼓励社会投资的指导意见》(国发 [2014]60 号,以下简称《意见》),《意见》明确提出要在以"七大重大投资工程包"为代表的基建投资领域推进 PPP 模式引入社会资本。《意见》提出创新生态环保投资运营机制,推动环境治理市场化。"推广政府和社会资本合作(PPP)模式。认真总结经验,加强政策引导,在公共服务、资源环境、生态保护、基础设施等领域,积极推广 PPP 模式,规范选择项目合作伙伴,引入社会资本,增强公共产品供给能力。政府有关部门要严格按照预算管理有关法律法规,完善财政补贴制度,切实控制和防范财政风险。健全 PPP 模式的法规体系,保障项目顺利运行。鼓励通过 PPP 方式盘活存量资源,变现资金要用于重点领域建设。"

很显然,通过 PPP 模式引入具有资金实力、技术实力和管理经验的社会资本解决土壤修复，可以最大程度上发挥PPP模式的优势，实现政府、社会资本和社会公众的"多赢"。我国通过PPP模式解决土壤修复问题已有成功先例（见案例【5-2】）。

> 【5-2】 某地PPP项目是目前国内较为典型的土壤修复PPP运作成功案例。2014年初，某地政府与社会资本合资组建项目公司作为重金属污染综合整治项目的投资和实施平台，计划投入资金95亿元，其中环境治理约20亿元。项目公司治理区域近$2km^2$，以重金属污染综合治理整治项目的投资、管理、服务为重点，实施区域内关停企业厂房拆除、遗留污染处理、污染场地修复、整理、基础设施建设等工作，待污染治理完成后工业区整体开发为生态新城，参与各方将从治理土地增值收益中获得回报。

本案例以"土壤修复+土地流转"为商业模式，既破解了污染企业破产以致责任主体模糊不清、互相扯皮以及土壤修复资金缺口大（投入大却几乎没有产出）等难题，又调动了社会资本积极性，发挥了社会资本在资金、技术和管理方面的优势，得到了业内的高度认可。

(五) 环保 PPP 创新按效收费

目前,我国许多城市内河水质和垃圾污染严重,这些污染破坏了城市人居环境,降低了人们的生活质量。虽然我国许多地方投入大量人力物力对城市内河、污泥、垃圾污染等进行整治,但治理效果不明显,公众反映强烈。因此,如何科学有效地对污染进行整治、保证实际效果成为一道难题。

1. 城市河道治理的"宁波模式"

研究发现,浙江宁波在内河环境治理方面创新工作机制,通过政府和社会资本深入合作,并按治理效果付费,因此取得了良好的效果,对国内其他城市来说具有重要的借鉴意义。(见案例【5-3】)

【5-3】资料显示,早在 2009 年宁波市就启动了大规模的内河整治工作,以截污、疏浚一次性工程投入为主。不过,一次性工程建设有其不足,即政府工作主要集中在工程建设本身,治理效率的评估被弱化,污染治理效果难以长期巩固提升,容易陷入"整治 - 污染 - 再整治"的循环。事实上,政府需要的是环境治理效果而非工程本身。

为解决河道治理的难题,寻找一条实现河道治理良好效果的方法,宁波市政府结合本地实际情况,改变了传统的一次性工程投入的做法,创造了内河环境治理的新模式,即采取政府依效(依照环境治理效果)购买服务的模式,由城管局城区内河管理处按照"一次招标、三年维护,第三方监测"的方式,公开招标确定水质监测单位和维护单位,各区内河管理单位按照考核办法和第三方水质监测数据,对水质维护单位进行考核,考核合格后再支付水质维护提升费用。内河管理处从水质提升程度(项目建立水质日常维护模式,对治理目标进行动态管理。如三年的合同期内河道各项污染物指标考核基准值要求逐年至少消减15%）、运行管理费用、设施设备初期投资费用等方面进行综合评价，核算维护河道的每平方米单价。考核周期以月为单位。

2011—2012年，宁波市在主要景观河道、一般河道、城中村河道等3类9条河道上开展水质长效提升试点工作。2013年，在两年试点的基础上，试点工作全面展开，覆盖范围涵盖海曙、江东、江北3个区的38条河道，面积约82万m^2水面。自2011年该项工作实施以来，水质得到提升，水体黑臭现象基本消除。水质定期监测的数据表明，河道COD、氨氮、总氮、总磷等污染物出现大幅度下降。

宁波模式以"政府购买服务，第三方治理"为核心，实践结果表明，项目水质提升扎实，维护效果持续稳定，而且减轻了政府的财政压力，具有重要的示范价值。

2. 按效付费的"那考河模式"

研究发现，宁波河道治理的"按效付费"模式并非孤例，在河道治理领域比较成功的样本还有广西南宁那考河PPP模式治理项目。目前，我国以PPP模式治理城市黑臭水体方面已有成功的案例。（见案例【5-4】）

【5-4】作为2015年全国首个落地的流域治理PPP项目、广西首个PPP项目、南宁市政府向国家申报海绵城市示范区范围内的重点项目，广西南宁那考河创新河道治理取得初步效果。整个那考河流域治理项目包括：河道整治工程、截污工程、污水处理工程、河道生态工程、河道沿岸景观工程、海绵城市示范工程和信息监控工程，共7个子项工程内容。治理主河道长5.2 km，支流河道1.2km，全长6.4 km。

那考河项目总投资约11.9亿元，合同期限为10年，其中建设期为两年。需要重点说明的是，与此前类似PPP项目中社会资本完全依靠地方政府的固

> 定付费不同，那考河项目创新社会资本收费模式为按效付费，项目进入运营期后按季定期支付流域治理服务费。这种按效付费优点颇多：对政府而言，钱用在明处，即按黑臭水体治理的效果支付，达到了政府采取服务的预期目的；对社会资本而言，可以促进其提高技术水平、加强管理、节约成本；对社会公众而言，真正享受到了优美的环境。

那考河项目使得我国黑臭水体治理 PPP 项目的落地前进了一大步，项目集 PPP 模式、黑臭水体整治、城市河道治理按效付费、海绵城市设施等特点于一体，具有典型性和示范性。

目前，住建部正在推广和探索用 PPP 模式去整治黑臭水体，并以水质目标作为绩效考核和按效付费的依据。

3. 宁夏中卫环卫"以克论净"的示范意义

不仅在河道治理领域，在垃圾处理领域同样可以做到"按效付费"。如著名的旅游城市宁夏中卫的城市环卫保洁工作以克论净、量化考核，要求道路浮尘每平方米不超过 5g，地面垃圾滞留时间不超过 5min。为达到要求，宁夏中卫出台了制度和标准，如根据区域、路况、车流、作业速度等因素，科学确定车辆作业定额和环卫工保洁面积，还建立了考核机制和监管机制。中卫采取机械清扫与人工保洁无缝对接，每台洗扫车相当于 22 个环卫工人的工作量，既减少环卫工人数量，又明显提升了效果。数据显示，2014 年，全国城市及县城道路清扫保洁面积已达到 90 万 m^2。研究认为，如果环卫 PPP 项目效仿宁夏中卫的"以克论净"的付费模式，无论是对政府、社会资本还是社会公众而言都是利好，将推动我国环卫 PPP 项目的落地。

（六）分布式光伏在环保 PPP 项目中的应用

2015 年 7 月 1 日国务院发布《国务院关于积极推进"互联网+"行动的指导意见》（国发 [2015]40 号），明确提出要推进"互联网+"智慧能源，建设分布式能源网络，即建设以太阳能、风能等可再生能源为主体的多能源协调互补的能源互联网，突破分布式发电、储能、智能微网、主动配电网等关键技术，构建智能化电力运行监测、管理技术平台，使电力设备和用电终端基于互联网进行双向通信和智能调控，实现分布式电源的及时有效接入，逐步建成开放共享的能源网络。

1. 分布式光伏发电利好

众所周知，我国许多污水处理厂采用的是活性污泥法❶技术，有着大面积的水处理池（曝气池、沉淀池等），如果在上面加装分布式太阳能光伏板发电（具体指在污水处理池上建造网架顶棚，然后铺设分布式太阳能光伏组件进行发电），有着多方面的利好：

（1）通过光伏发电可以供污水处理厂利用，并为污水处理厂节约运营成本。在污水处理厂的运营成本中，电量、药剂和人工费等是最重要的几项（案例【5-5】），见表 5-2。

【5-5】

某污水处理站建设运营情况　　　　　　　　　表 5-2

污水厂名称：某污水处理站

1. 项目基本情况

建设运营模式	总承包	处理工艺	AAO	建成投产日期	2016 年 1 月 1 日

---

❶ 活性污泥法是一种污水的好氧生物处理法，由英国的克拉克（Clark）和盖奇（Gage）于 1912 年发明。如今，活性污泥法及其衍生改良工艺是处理城市污水最广泛使用的方法。它能从污水中去除溶解性的和胶体状态的可生化有机物以及能被活性污泥吸附的悬浮固体和其他一些物质，同时也能去除一部分磷素和氮素，是废水生物处理中微生物悬浮在水中的各种方法的统称，因悬浮的微生物群体呈泥花状态，故名。

续表

排污体制	居民区污水+冶金厂废水	隶属流域		出水去向		景观用水	
污泥脱水方式		污泥处置方式					
设计进出水水质	CODcr（mg/L）	BOD₅（mg/L）		SS（mg/L）	TP（mg/L）	NH₃-N/TN（mg/L）	pH
进水水质	134	20.47		102	3.47	32.8-33.5	6.6
出水水质	62.1	4.63		50	2.44	37.7-36.1	6.8
2. 污水处理厂建设运营情况							
建设单位	某建筑工程	设计单位		某市规划建筑设计研究院		运营管理单位	某市河道管理处
上级主管单位	某市河道管理处	监管单位		某市环保局			
3. 运营成本预算							
电费（元/m³）	0.34	总用电量		2826kW·h/d		所有设备总功率	
药剂费用（元/m³）	0.15	药剂1（次氯酸钠）		0.6m³/d		药剂1单价	1000元/m³
		药剂2（PAC）		120kg/d		药剂2单价	2500元/t
人工成本（元/t）		当地平均工资				工厂员工总数	
运行费用（元/m³）		0.49（污水药剂+用电成本）					
达标情况描述		出水水质 COD、SS、BOD₅、NH₃-N 均达到一级A标准。					
工艺情况描述		采用AAO处理工艺。					

再以某污水处理PPP项目为例，该工程远期建设总规模为12万t/d，其中近期6万t/d。污水处理厂采用A²O脱氮除磷工艺，以保证出水水质达到一级A标准。在具体的耗电量上，本工程吨水耗电为0.40kW·h，其中污水的机械预处理及生物处理部分吨水电耗0.21kW·h；深度处理、尾水排放及中水回用部分（包括提

升泵房、微滤机冲洗泵、紫外消毒及送水泵房）吨水电耗 0.16kW·h；污泥处理部分折算每吨水电耗 0.03kW·h。如果按 6 万 t/d 计算，工程电量每天需要耗电 2.4 万 kW·h。而如果铺设分布式光伏发电项目，将节约近一半的用电量。

（2）分布式光伏发电在供给污水处理厂自用电的同时，多余的电还可以并网。对于并网发电，国家和地方都有政策支持。《国务院关于促进光伏产业健康发展的若干意见》（国发 [2013]24 号）指出，有序推进光伏电站建设。按照"合理布局、就近接入、当地消纳、有序推进"的总体思路，根据当地电力市场发展和能源结构调整需要，在落实市场消纳条件的前提下，有序推进各种类型的光伏电站建设；鼓励利用既有电网设施按多能互补方式建设光伏电站；协调光伏电站与配套电网规划和建设，保证光伏电站发电及时并网和高效利用。

（3）在光伏发电扶持政策方面，国家对分布式光伏发电按照全电量补贴每度电 0.42 元，补贴期限原则上为 20 年，自用盈余电量由电网企业按标准定价收购。此外，各地方亦在国家补贴的基础上增加补贴：以河北省为例，对屋顶分布式光伏发电项目按照全电量进行电价补贴，补贴标准为每度电 0.2 元。

总的来说，通过建立分布式光伏发电，污水厂的收益有三个方面：一是自用电部分，不需用或少量用工业用电，节省运营成本；二是余电上网，获得一部分收益；三是各种补贴。利用闲置区域建立分布式光伏发电项目，可以大大节约污水处理厂的运营成本，提高社会资本的盈利能力，缩短回报周期，从而提高社会资本参与 PPP 项目的积极性。

2. 分布式光伏在污水处理厂的应用

某水务集团联手某清洁能源公司在 300 多座污水厂中建分布式光伏电站，双方就发展、建设、运营及维护分布式光伏电站进行战略合作，具体为某水务集团将其水厂的厂区水池、屋顶、绿化带及其他闲置空地用于某清洁能源公司分布式光伏电站的投资、建设及运营。电站建设完成且相关条件达成后，某清洁能源公司将向某水务集团出售电能。

某污水处理 PPP 项目在设计阶段，积极引入"绿色建筑"和"循环经济"理念，最大限度地节约资源，保护环境和减少污染，在污水处理厂闲置的 2000m³ 区域铺设 800 块标准光伏组件（尺寸规格：1245mm×635mm×9.5mm），安装功率为 200kW，将太阳能转化为电能，为污水处理设备提供电源，大大节约了项目的运营成本。而光伏发电的投资 5~6 年即可收回，剩余时间为完全收益，基本与 PPP 项目的建设运营时期同步（光伏设备厂家的维护期长达 20 年以上）。

类似的案例国内还有许多。2014 年 5 月，某光伏发电公司 9.7MW 光伏发电项目开工建设，项目是在某排水公司污水处理厂和自来水厂的污水池面上架设光伏板，一年发电近 1000 万 kW·h，可满足各个厂区 4 成用电需求，相当于减少二氧化碳排放 8600t。2014 年 7 月，某水处理发展有限公司分布式光伏电站正式启动，项目建设于某污水处理厂屋顶、沉淀池、生化池和接触池等处，项目装机容量共 5MW，年发电量 600 万 kW·h，预计在 25 年的运营期内总发电量约 1 亿 kW·h。电力主要用于某水处理公司的污水处理。项目建成后经济和社会效益明显：每年节约净水约 1.688 万 t，一年减排二氧化碳 0.4 万 t，寿命周期内总节约标准煤约 4 万 t。项目二次利用土地可达 18 万 m^2，相当于植树 569 万棵。

3. 国家鼓励分布式光伏发电 PPP 项目

2016 年 4 月，国家能源局对外发布《国家能源局关于在能源领域积极推广政府和社会资本合作模式的通知》（国能法改 [2016]96 号，以下简称《通知》），鼓励和引导社会资本投资能源领域，有效提高能源领域公共服务水平。《通知》明确，能源领域推广 PPP 的范围至少有 3 大类，其中一类即是电力及新能源类项目，包括供电或城市配电网建设改造、农村电网改造升级、充电基础设施建设运营、分布式能源发电项目、微电网建设改造、智能电网项目、储能项目、光伏扶贫项目、水电站项目、电能替代项目、核电设备研制与服务领域等。《通知》提出，要在能源 PPP 项目审批方面建立绿色通道，缩短办理时限。同时，尽快全面理顺天然气价格，加快放开天然气气源和销售价格，有序放开上网电价和公益性以外的销售电价。此外，对可再生能源及分布式光伏发电、天然气分布式能源及供热、农村电网改造升级、光伏扶贫、页岩气开发、煤层气抽采利用等 PPP 项目，符合财政投资补贴条件的，各级能源主管部门应积极探索机制创新和政策创新，鼓励财政补贴向上述 PPP 项目倾斜。

六 金融支持环保PPP

社会资本与政府签订PPP合同后，对社会资本而言最重要的工作之一便是项目融资问题。然而面对巨额的项目投资金额，环保类的社会资本存在着资金不足的问题，需要借助金融机构的力量完成投资。

（一）环保企业舞动资本市场

当下，我国环保产业正进入资本时代，资本市场成为节能环保企业的重要融资渠道。

1. 环保企业扎堆上市

PPP 的主要领域为基础设施建设和公共服务事业建设，PPP 项目规模一般都较大，动辄上亿元甚至数十亿元，更甚者高达数百亿元。目前我国比较大的 PPP 案例主要有北京地铁 4 号线建设运营、国家体育场建设运营等。如国家体育场工程总面积 21 公顷，建筑面积 25.8 万 m^2，项目总投资额 30 多亿元，北京地铁 4 号线投资达 150 多亿元。虽然国内外不乏中信集团这样的投资巨无霸，但国内能够短时间内动用大量资金投资 PPP 项目的企业毕竟少之又少。以环保企业为例，在 A 股 2000 多家上市公司中，环保类的上市公司不过百家。面对数以千计的 PPP 项目，环保类的社会资本也需要外部资金支持，而上市融资是资金成本小且较为便利的融资方式。

2015 年环保企业上市风起云涌，仅上半年就有 7 家企业成功实现 IPO 成为上市公司，远远超过 2014 年全年的水平，这一年也被称为环保企业的"上市年"。

2. 环保公司扎堆登陆新三板

（1）随着我国多层次资本市场❶的建立，资本市场不断发力支持我国环保产

---

❶ 在资本市场上，不同的投资者与融资者都有不同的规模大小与主体特征，存在着对资本市场金融服务的不同需求。投资者与融资者对投融资金融服务的多样化需求决定了资本市场应该是一个多层次的市场体系。我国资本市场从 20 世纪 90 年代发展至今，已由场内市场和场外市场两部分构成。其中场内市场的主板（含中小板）、创业板（俗称二板）和全国中小企业股份转让系统（俗称新三板）、区域性股权交易市场、证券公司主导的柜台市场共同组成了我国多层次资本市场体系。

业的发展，除了A股市场之外，全国中小企业股份转让系统（新三板）市场也是另一个重要的场所。新三板是指经国务院批准设立的全国中小企业股份转让系统，人们习惯将其称为"新三板"。新三板起源于中关村，2006年，中关村科技园区非上市股份公司进入代办转让系统进行股份报价转让。2013年底，新三板扩容至全国所有符合新三板条件的企业。

近几年来，我国新三板挂牌公司呈井喷之势。截至2016年8月底，新三板正式挂牌企业已达8895户（其中：创新层953户，基础层7942户），总股本5115.81亿股，总市值已突破3.4万亿元。在审企业1248户，挂牌数量呈现爆发式增长。截至2016年12月19日，新三板正式挂牌企业已突破一万家。研究发现，在新三板狂飙突进的热潮中，环保企业数量亦不容小觑。鉴于主板、中小板、创业板上市要求高、排队时间长，很多环保企业通过新三板进行融资，以增加资金来源和竞争实力。近两年，环保企业开始扎堆新三板，并且掀起了一股新三板挂牌热潮。

数据显示，2014—2015年新三板挂牌数量大幅激增，其中，新三板环保企业从58家增长到164家，涨幅达184.48%，实现近两倍增长。截至2015年11月19日，新三板4000余家上市公司中有235家环保企业，比例为6%，且呈日益增长的态势（见附录十二）。2016年上半年，环保企业在新三板的挂牌数量就为96家，平均每个月挂牌16家，比2015年一年的91家还多。截止到2016年6月30日，新三板环保企业已挂牌221家，总资产超过120亿元人民币，平均每家挂牌企业注册资本5617.84万元。从细分领域看，新三板环保企业主营业务以固废、水处理为主，此外设备制造和销售类企业也占有相当大的比重。221家新三板挂牌环保企业中，设备类企业有39家，占比17.64%，固废和水处理企业占比分别为18.09%和28.95%。

（2）登陆新三板的企业中，环保企业除数量增加和资产扩增外，业绩也比较突出。从新三板环保企业披露的2015年报的总体来看，近八成企业2015年实现盈利、六成企业净利润增长，其中还有许多业绩突出的优质公司。券商研究数据显示，截至2016年1月底，主业为环保的上市公司平均市盈率达57.88倍。环保个股估值明显要高出目前市场上其他板块的整体估值。

（3）一直以来，融资难是PPP模式下社会资本的一大阻碍，环保类的社会资本也不例外，尤其对中小型环保企业而言更是如此，而快速发展的新三板让环保企业看到了解决资金瓶颈的曙光。如国内某环保公司原来的商业模式主要是给政府部门的环保项目做 EPC 工程总承包，二、三年后工程都会回款，资金周转问题不大，且在银行的支持下，公司资金压力较小。在 PPP 模式大力推广的背景下，再以 EPC 模式做政府的环保项目已经很困难。于是，这家环保公司开始转型拓展 PPP 项目。这样，资金一下子紧张起来：投资、建设和运营资金全都要靠公司自己解决，且 PPP 模式特许经营年限长达二三十年，大大延长了企业投资回报年限。此外，在 EPC 模式下只要业主方得到银行的认可，贷款较容易。但在 PPP 模式下银行出于方方面面风险因素的考虑，往往不愿意提供贷款或者提出苛刻的贷款条件。因此，资金之痛让这家环保类的企业举步维艰。2015 年 10 月，这家环保企业经过半年多的努力，成功登陆新三板完成转型。

总的来说，对国内环保产业而言，新三板为各类环保企业提供了一个重要的舞台，是环保企业发展壮大过程中重要的推动力。

（二）环保并购持续升温

企业的成长需要借助资本的力量，而并购是公司快速发展壮大的必经之路，环保行业也不例外。对于我国 2 万多家环保企业而言，虽然环保行业是朝阳产业，但在我国经济发展进入新常态、经济增长放缓且环保行业还处于发展阶段的背景下，如果仅仅在某一领域（无论是大气治理、水处理还是固废处理）和某一区域深耕，将来很难做大做强（以我国城镇污水处理领域为例，目前我国城镇污水处理率已经达到九成，基本接近饱和），而通过并购重组壮大主业、开拓业务区域，同时延伸企业的产业链条，最终打造成综合型的环保服务商，这是当下我国环保产业发展的必然趋势。研究发现，在 PPP 模式大力推广的当下，环保产业发生了很大的变化：此前只专注于某一环节的环保企业，现在开始向上游、中游、下游纵向延伸，不断拓展自己的业务"领地"。整个环保行业呈现一种发展趋势，即成为集开发、投融资、设计、设备制造或采购、工程总承包、运营管理、环境政策研究于一体的大型专业环保公司。

1. 我国环保行业并购加速

研究发现，近两年我国环保行业并购加速且势头明显。部分环保企业为加速产业链整合和加大扩张步伐，选择并购重组。环保企业正依靠资本市场的力量加速成长、壮大。资料显示，2014 年，我国上市环保企业并购明显增多，并购数量达 160 起，总金额 396 亿元，平均每笔并购金额 2.5 亿元。从被收购标的所在的行业分布来看，其主要集中于水处理、固废、大气治理等领域，其并购金额占比超过 50%。2015 年，我国环保行业并购达 102 起，总金额近 600 亿元，并购领域以水务企业并购最为突出。此外，2015 年超过 10 亿元的典型国内企业并购案例有：东方园林以 14 亿元受让申能固废 60% 股权；中材国际以 10 亿元获得安徽节源环保 100% 股权；启迪科技以 47 亿元获得桑德环境 20% 股权。中原环保以 30 亿元获得郑州市污水净化公司所有污水处理厂。Wind 数据显示，从 2015 年 1 月到 2016 年 8 月，我国环保行业并购共 167 起，在这些案例中，横向扩张❶所占比例超过 50%，高于产业链延伸的纵向并购和跨行业的多元并购数量的总和。截止到 2016 年 8 月底，2016 年环保领域的并购重组事件已有 50 余起，并购交易总金额近 300 亿元。

2. 非环保企业借并购进军环保行业

自 2015 年以来，包括中国石化、中国铁建、葛洲坝集团等在内的非环保行业企业纷纷进军环保行业，开始跨界布局环保市场之旅。研究发现，这些非环保行业企业大力进军环保行业，一是看好巨大的环保 PPP 市场，二是出于其业务转型的需要。因此，这些大型企业借助资本优势竞相涌入环保行业。2016 年 1—4 月，国内就有超过 22 家非环保上市公司通过并购、合资、资产注入等方式涌入环保领域。进一步研究发现，非环保企业借并购进军环保行业，目标直指巨大的环保 PPP 市场。如某大型央企目前拥有超过 600 亿元的 PPP 项目，是 PPP 基建行业中的龙头。该央企已经将 PPP 和环保业务作为两大抓手，持续加大在环保业务的投资并购力度。2016 年上半年，该央企在国内新签订单近 700 亿元，其中 PPP 项目占到 360 多亿元。目前，该央企和多个省市累计签订框架协议逾 2500 亿元。

3. 并购加速原因

庞大的市场和众多的环保 PPP 项目，是激发环保企业或非环保企业快速扩张的原因。如上所述，仅大气、水、土壤"三大行动计划"我国就需 17 万亿的投资。在 PPP 领域，截至 2016 年 6 月末，财政部 PPP 信息中心全部入库项目 9285 个，总投资额 10.6 万亿元，环保 PPP 约为整个 PPP 领域的 10%，即环保 PPP 具有万亿级的市场。目前我国的环保行业正处于并购重组的大周期中，未来并购重组会愈加活跃。

---

❶ 对于业务单一的环保企业，横向并购是其业务多元化的优选手段，如果并购后企业和企业之间产生良好的"化学反应"，将催生出实力强大的环境综合服务企业。

4. "十三五"环保并购动向

"十二五"期间,国内环保行业并购可谓波澜壮阔,无论是并购数量还是并购资金规模都创造了历史新高。当下,我国频传环保行业利好政策,再加上"十三五"期间国家制定了一系列推动环保行业发展的规划,环保产业将掀起新一轮并购投资热潮。那么,"十三五"期间环保并购动向又将如何?

(1)环保并购将持续。"十三五"期间,随着国家和地方不断出台政策严格环境治理、PPP模式大力推广和PPP项目加速落地,国内环保市场将不断扩大,大气治理、水处理、土壤修复、垃圾焚烧等细分领域的市场大门进一步打开,环保类的央企、国企、外资、民企甚至环保行业之外的建设、钢铁、机械、重工乃至互联网企业将通过并购入场分食万亿级环保"蛋糕",竞争会异常激烈。彼时并购将此起彼伏,规模不断创新高,国内环保行业的格局将发生根本性变化。

(2)海外并购将持续。近年来,海外并购已成为我国企业的重要发展战略,环保企业也是如此。随着自身实力不断壮大,越来越多环保企业加快"走出去"的步伐。2015年,首创以11亿人民币的价格,收购新加坡ECO全部股份;中联重科以7500万欧元收购意大利环保企业;云南水务以7000万美元收购马来西亚一环保公司股权;巴安水务以2.7亿元人民币收购奥地利KWI公司股权。2016年2月初,德国媒体称,瑞典投资者殷拓集团以14亿欧元(包括承担债务在内,中方共出资18亿欧元)将下萨克斯州的垃圾能源公司(EEW❶)出售给中国的北京控股集团有限公司(以下简称"北控集团")。2016年3月2日,北控集团控股的红筹上市公司北京控股在慕尼黑正式完成对德国EEW废物能源利用公司100%股权的收购。北控集团表示,此次收购EEW是该集团积极贯彻绿色发展理念、大力发展环保产业、积极拓展海外市场的重大举措,同时也符合国家倡导的"一带一路"发展战略。业内分析认为,EEW是德国垃圾焚烧发电的领先企业,装备标准、运营效率、技术水平、排放指标等方面均代表世界一流水平,成功并

---

❶ EEW公司是德国乃至欧洲唯一一家专注于垃圾焚烧发电的企业,在德国及周边国家有18个垃圾焚烧发电厂,提供电力、区域供热和工业蒸汽。EEW拥有1250名员工,年营业额超过5亿欧元,2015年在德国垃圾焚烧发电市场占有率约18%,排名第一。

购 EEW 将大幅提升北控集团在固废环保领域的业务规模、技术水平和行业地位。

（3）跨国环保企业或将加强国内并购。由于缺乏技术和资金，20 世纪末到 21 世纪初，我国大量引入外资环保公司（其中不少是以 PPP 模式进入），国际环保企业借机大规模进入我国市场。随着我国环保产业的大力发展，当下我国环保产业无论是技术、资金还是管理上都有了长足的进步，外资环保企业所处的市场环境与二三十年前的情况完全不同。需要指出的是，我国环保行业仍然处于快速发展阶段，与外资环保企业尤其是跨国环保企业相比，我国环保企业在技术、资金和管理经验上仍存在不小距离。因此，在"十三五"规划严格环境治理、中国环保市场越来越市场化的大背景下，具有诸多优势的国际环保企业将可能加快对国内环保企业并购的步伐，抢占 PPP 市场。

（三）环保上市公司借道并购基金发展

2016 年是"十三五"规划全面施行的第一年，随着环保利好政策的出台和 PPP 的大力推广，环保并购将持续升温。当下，我国发起设立环保产业并购基金❶已经成为一种趋势，甚至形成一种热潮。根据全联环境商会的不完全统计，2015 年 3 月—2016 年 2 月，全国设立环保产业并购基金总规模近 400 亿元（表6-1）。根据广发证券不完全统计，2015 年以来共有 35 家上市公司宣布设立环保并购基金，基金总规模为 376.62 亿元；2016 年，参与设立环保产业基金的热潮依旧。

1. 环保并购三种主要模式

（1）环保上市公司与券商联合设立并购基金，如中山公用与广发全资子公司广发信德共同设立"广发信德中山公用并购基金"。总规模预计为 20 亿元，其中广发信德认缴出资 3 亿元、公用环保认缴出资 2 亿元，其余对外募集。投资主线为节能环保、清洁技术、新能源等行业。

（2）环保上市公司联合银行业成立并购基金，比如盛运环保与兴业银行成立规模为 6 亿元的并购夹层基金，通过股权增资方式，用于 4 个垃圾发电项目建设。

（3）环保上市公司联手投资机构设立并购基金。如先河环保与上海康橙投资合作发起设立 5 亿元"上海先河环保产业基金"；再升科技与福建盈科创业投资发起设立"再升盈科节能环保产业并购基金"；上风高科与盈峰资本、易方达资产等共同设立 30 亿元的环保并购基金；东湖高新与联投集团、光大浸辉合作设立 24 亿"东湖高新环保产业并购基金"等。

---

❶ 并购基金，是专注于对目标企业进行并购的基金，并购基金的运作模式是通过收购标的企业股权，获得对标的企业的控制权，然后对其进行一定的业绩改造、资源重组，实现企业价值提升。并购基金持有一段时间后以转让、出售、上市等手段退出，实现获利。并购基金与其他类型投资的不同表现在，风险投资主要投资于创业型企业，并购基金选择的对象是成熟企业；其他私募股权投资对企业控制权无兴趣，而并购基金意在获得目标企业的控制权。

2. "环保企业 + 投资机构"并购基金优势多

研究发现,从 2014 年下半年起,"环保企业 + 投资机构"成立并购基金的模式颇为流行,即由上市环保公司联手 PE 类的投资机构成立并购基金的模式。这种由环保上市公司参与发起、由投资机构进行指导的合作模式最主要的特点是以上市公司收购目标企业为退出渠道。环保并购基金优势明显,环保上市公司和投资机构分工合作、风险共担、各取所需,体现的是产业资本和金融资本的互补性,可谓强强联合,大大利于环保产业的快速发展。

(1)对于环保上市公司来说,投资机构具有投资并购方面的丰富经验,通过设立并购基金,可以利用投资机构专业的投资团队及其便利的融资渠道,为环保上市公司储备更多并购标的。此外,基金公司对并购标地运营一段时间待其孵化成熟后再注入上市公司,可以降低并购风险。

(2)对于投资机构来说,作为环保行业的领先者,上市环保公司无论是对国家环保产业政策还是对行业发展趋势都非常熟悉、理解深刻。不仅如此,上市环保公司在环保领域还拥有着丰富的资源。待并购项目成熟后让环保类上市公司收购,在降低投资机构独自孵化项目风险的同时,还为投资机构提供了一条理想的退出途径。

3. 并购基金加速 PPP 项目落地

调查发现,国内不少环保类上市公司与投资机构合作成立并购基金,通过 PPP 模式推进项目的加速落地。如盛运环保与华融国际成立 30 亿元并购基金,用于增资公司成立的项目子公司、投资垃圾发电相关固废产业,公司与华融的合作就是通过 PPP 模式来推进项目进展。2015 年 5 月 8 日,盛运环保发布公告,公司与华融控股(深圳)股权投资基金管理有限公司签署协议,拟共同设立并购基金,规模为 30 亿元,共分 2 期,首期规模为 20 亿元。并购基金投资领域以公司主营垃圾发电相关的固废产业及其附属上下游产业为主。深圳华融控股成立于 2014 年 9 月,是华融(香港)国际控股有限公司独资经营企业，注册资本为 1300 万元。双方约定，将在项目投资方面展开合作。盛运环保开展垃圾焚烧发电项目的模式为，前期与地方政府签署《特许经营协议》，之后依据《特许经营协议》设立项目公司。深圳华融控股同意，在盛运环保的项目子公司完成工商登记手续后，将根据项目子公司的资金需求情况对项目子公司进行增资。

全国设立的环保产业并购基金（部分） 表 6-1

序号	名称	具体内容
1	内蒙古设"环保母基金"初始规模 40 亿元	2016 年 2 月，内蒙古自治区政府引导性资金和包商银行、内蒙古交通投资有限责任公司、中国建筑集团、双良节能上市公司 4 家企业，近日共同投资发起组成"环保母基金"。2016 年基金的初始规模为 40 亿元，其中政府引导性资金 10 亿元。内蒙古环保基金主要用于解决城镇污水处理厂建设、城镇生活垃圾无害化处理等政府职责范围内的公共环境问题，支持企业解决污染治理设施建设运行和污染物综合利用过程中资金投入不足的问题，推动环境治理技术的研发、应用和第三方治理服务市场的形成与发展。按照规划，"十三五"期间，内蒙古"环保母基金"总规模将达 200 亿元，用于环保治理项目的基金投资可达千亿元以上
2	云投生态：成立 20 亿元环保产业并购基金	云投生态 2 月公告，拟出资 500 万元与上海银都实业（集团）有限公司设立云投保股权投资基金管理公司，并出资 1 亿元与银都实业共同发起设立云南云投生态环保产业并购基金，总规模拟不超过 20 亿元人民币，其中第一期基金募集目标规模 10 亿元。基金投资领域包括生态环保行业、环境工程行业、生态文化旅游行业、能源管理服务等
3	南方泵业设立环保科技并购基金初期 10 亿元	2016 年 1 月 20 日公告，南方泵业近日与北京中核全联投资管理有限公司签署了《关于南方泵业股份有限公司同中核全联投资共同发起成立环保科技并购基金框架性协议》，达成了共同出资设立环保科技产业并购基金的初步意向，初期基金规模不超过 10 亿元，后续根据项目情况逐步扩大规模
4	格林美拟联合设立 10 亿元智慧环保云产业基金加速"互联网+环保"布局	2016 年 1 月 19 日，格林美（002340）发布公告称，公司拟与江苏广和慧云科技股份有限公司，并联合双方确认的第三慧云环保（湖北）有限公司，共同设立"格林美智慧环保云产业基金"。公告显示，格林美智慧环保云产业基金以有限合伙形式设立，基金规模不超过 10 亿元人民币，出资总额 1.5 亿元，其中，格林美认缴 6000 万元，慧云股份认缴 4000 万元，慧云环保认缴 5000 万元，其余资金以募集方式解决。该基金拟以互联网、大数据和环保产业为投资方向，拉动政府国资平台及金融资本，投资智慧环保分布云网络平台建设及采购用于政府的信息化与废物处理的解决方案，服务于各地的智慧信息化与废物处理服务市场。开展以湖北省为立足点，辐射中国主要地区的智慧化与环保化业务，在格林美优势业务地区进行智慧环保网络平台的投资建设布点，并为城市投资采购信息化与环保化解决方案，推动城市与城乡绿色发展
5	东湖高新拟投资参设环保产业基金规模 10 亿元	2016 年 1 月 19 日，东湖高新（600133）披露，公司拟出资 1 亿元与关联方湖北多福商贸有限责任公司、非关联方北京金州环保发展有限公司及渤海信托共同投资上海胥诚股权投资基金合伙企业（有限合伙）。出资完成后，基金公司总规模为 10 亿元，该基金主要用于投资环保产业领域内的优质企业及投资上述产业的投资机构或投资基金

续表

序号	名称	具体内容
6	盛运环保拟参设产业并购基金	2016年1月14日，盛运环保（300090）公告，安徽盛运环保（集团）股份有限公司与德阳长盛基金拟设立长盛环保产业基金管理公司。可以设立各环保子基金，各子基金发起设立后将以环保固废行业为投资方向，投资方式以股权投资为基础，对于涉及环保固废行业并购重组的投资，可采取"股权+债权"的组合投资方式。各子基金总规模原则上不超过20亿人民币
7	华测检测参与设立钛和常山产业投资基金规模2.5亿元	2016年1月4日公告，华测检测认证集团股份有限公司的全资子公司深圳华测投资管理有限公司拟与钛和（常山）资本管理有限公司合作设立钛和常山创业投资合伙企业（有限合伙）。基金规模为25000万元人民币（最终规模以实际募集金额为准）。其中华测投资作为有限合伙人认缴出资人民币3000万元人民币，钛和资本作为普通合伙人认缴出资4000万元人民币，浙江华弘投资管理有限公司作为有限合伙人认缴出资10000万元人民币，常山县产业投资引导基金有限公司作为有限合伙人认缴出资3000万元人民币，苏州工业园区股份有限公司作为有限合伙人认缴出资2000万元人民币，王则江作为有限合伙人认缴出资3000万元人民币
8	盛运环保与国开金泰拟设50亿元并购基金	2015年12月4日，盛运环保公告称，公司与国开金泰资本投资有限责任公司日前签署了战略合作框架协议，拟共同设立并购基金，规模为50亿元，共分2期，首期并购基金规模为20亿元，投资领域以盛运环保主营垃圾发电相关的固废产业及相关上下游产业为主
9	再升科技发起设立5亿元环保产业并购基金	2015年11月19日公告，再升科技18日与福建盈科创业投资有限公司签订合作协议，拟共同发起设立"再升盈科节能环保产业并购基金"。该基金总规模5亿元，公司拟作为有限合伙人出资1.5亿元。根据协议，基金规模初定为5亿元，首期到资20%，其余资金根据并购需要分期出资。其中，再升科技或其法定代表人郭茂任基金的发起人及有限合伙人，出资1.5亿元；福建盈科任基金的发起人及普通合伙人，负责出资1000万元，并负责基金募集、设立、投资、管理等工作。基金存续期为5年。该基金的投资方向为符合再升科技产业发展方向的节能环保产业（包括但不限于空气治理、水治理和节能保温等领域）
10	上风高科参与设立30亿元环保并购基金	2015年11月11日公告，浙江上风实业股份有限公司拟与盈峰资本管理有限公司、易方达资产管理有限公司、深圳市纳兰德投资基金管理有限公司、马刚先生、刘明开先生共同出资设立深圳市盈峰环保产业基金管理有限公司（暂定名）。盈峰环保基金管理公司设立后，公司拟与盈峰环保基金管理公司共同设立盈峰环保产业并购基金。环保产业并购基金总规模预计为30亿元人民币（根据发展需要可调整）。首期规模不低于3亿元人民币，存续期为5年
11	文科园林拟与东方富海发起设立产业投资基金	2015年8月19日公告，文科园林拟与深圳市东方富海投资管理有限公司（简称"东方富海"），共同发起设立深圳市前海富海文科生态环保产业投资基金（有限合伙）（暂定名）。并购基金总认缴出资额目标为7.1亿元：普通合伙人出资1000万元，其中文科投资出资450万元，东方富海出资550万元；有限合伙人出资7亿元：其中文科园林出资1亿元，东方富海出资1亿元，社会募集的优先资金，出资5亿元。合伙企业经营期限为7年，前5年为投资期。主要投资领域包括：1、景观园林及生态治理；2、土壤修复、水污染治理、固废处理、环境监测；3、资源循环利用；4、节能技术；5、清洁能源、新能源汽车；6、其他新兴产业
12	东湖高新拟出资设立环保产业并购基金规模24亿元	2015年8月30日公告，武汉东湖高新集团股份有限公司拟与联投集团、光大浸辉合作设立东湖高新环保产业并购基金合伙企业（有限合伙），基金总规模24亿元，用于投资新兴战略产业（包括但不限于节能环保、新兴信息产业、生物医药产业、新能源、集成电路、高端装备制造业和新材料）领域内的优质企业。其中东湖高新拟认缴3亿元

续表

序号	名称	具体内容
13	高能环境发起设立环保并购基金规模10亿元	2015年6月17日公告,北京高能时代环境技术股份有限公司拟与上海磐霖资产管理有限公司发起设立"磐霖高能环保产业投资基金合伙企业(有限合伙)"。基金专注于环保产业投资,主要投资领域为危废处理、垃圾发电、高浓度工业污水处理和基于物联网技术的固废管理系统等。基金总规模拟为10亿元,其中,高能环境出资总额为3亿元,占基金份额的30%,其中首期出资9000万元。磐霖资本作为基金的普通合伙人,出资额为1000万元,占基金份额的1%,其中首期出资300万元。其余资金的募集主要由磐霖资本负责
14	鲁丰环保拟设环保并购基金转型升级规模15亿	2015年7月14日,鲁丰环保发布公告称,为促进业务转型升级,培育和开拓新的核心业务,公司实际控制人于荣强和北京星际联盟拟与其他机构共同合作设立专门以环保节能相关细分产业投资整合为目的的并购投资基金,基金规模计划不超过15亿元人民币。该基金将作为支持鲁丰环保产业并购整合的平台,推进鲁丰环保快速转型升级。据悉,该并购基金主要精选环保节能行业中成长性强、技术含量高、具有行业发展前景的细分领域开展投资、并购、整合等业务,并对并购的环保节能资源进行培育管理
15	盛运环保设6亿基金增资4个垃圾发电项目	2015年7月14日公告称,盛运环保拟与兴业银行成立规模为6亿元的并购夹层基金,由桐城兴晟运安投资合伙企业(有限合伙)通过股权增资方式,用于招远、凯里、拉萨、枣庄等4个垃圾发电项目建设。并购夹层基金总规模6亿元,募集资金交由桐城兴晟向招远、凯里、拉萨等3个盛运环保电力有限公司和枣庄中科环保电力有限公司,分别增资1亿元、1.5亿元、2亿元、1.5亿元
16	梅安森参设环保基金拓展"物联网+环保应急"领域规模10亿元	2015年6月16日公告,重庆梅安森科技股份有限公司拟与重庆环保投资有限公司、上海金选投资管理有限公司、重庆市环保产业投资建设集团有限公司及环保基金管理公司共同发起设立重庆环保产业股权投资基金,首期规模为人民币10亿元,其中公司拟使用自有资金10000万元认购本基金份额,占环保基金首期募集总额的10%
17	兴源环境等发起设立产业并购基金规模30亿	2015年5月,兴源环境与人民网(北京)新兴产业投资管理有限公司共同发起设立产业并购基金,总规模预计30亿元人民币,投资方向为环境治理服务、环保产品生产及医疗产业等优质项目或企业。总规模预计30亿元,首期不低于4亿元,其中兴源环境首次出资不超过1亿元,基金将投向环境治理服务及环保产品生产等
18	富望财富发起设立环保投资基金规模8千万	2015年5月,富望财富与上海富程环保工程有限公司签订协议,共同发起设立富程环保定向股权投资基金。该基金总规模8000万人民币。存续期为3年。公司作为基金的有限合伙人,首期出资2000万元。首期其余资金,即6000万元,由富望财富负责对外募集。富望财富关注于高成长的环保项目,而上海富程环保作为华东地区环保工程市场的佼佼者,是富望财富布局大环保事业的重要一环,据富望财富公告称,富程环保将于2015下半年上市
19	先河环保投资设立环保产业基金规模5亿元	2015年4月24日公告,为加快公司产业升级和发展步伐,充分利用资本市场做优做强环境监测及相关产业,打造公司"产业+资本"的双轮驱动发展模式,先河环保决定与上海康橙投资管理股份有限公司合作发起设立上海先河环保产业基金合伙企业(有限合伙)。环保产业基金目标规模为人民币5亿元,公司作为基金的有限合伙人(LP)认缴出资人民币不高于5000万元,康橙投资作为基金的普通合伙人(GP)认缴出资人民币500万元,其余资金由康橙投资负责募集。环保产业并购基金将作为公司的资产整合平台,围绕公司战略发展目标,对环境保护相关行业进行股权投资

续表

序号	名称	具体内容
20	南方汇通设立10亿元环保产业并购基金	2015年4月22日，南方汇通发布公告，公司将以现金投资300万元与北京智德盛投资有限公司，双方派出管理团队代表李宏宇、唐龙刚共同投资1000万元设立北京智汇资本管理有限公司，并将联合设立规模不超过10亿元的"智汇节能环保产业并购基金"。根据协议，公司为有限合伙人认缴1亿元，占首期规模的10%。公司通过节能环保并购基金加快外延式扩张步伐，在水资源化、节能环保领域抢占行业制高点。公司有望成为未来"中车集团"旗下环保类新兴产业培育平台，从而打开市值成长空间
21	美晨科技发起设立并购基金规模30亿元	2015年4月9日，美晨科技公告，公司拟与常州燕湖资本管理有限公司、西藏鼎晨资产管理有限公司、自然人孙乐、常州燕湖永泰投资中心（有限合伙）共同发起设立中植美晨产业并购基金，并购基金的总规模不超过30亿元，首期出资金额不超过5亿元。并购基金将围绕"互联网+"汽车后市场相关领域，"互联网+"节能环保相关领域开展投、融资业务，依托此平台迅速做大做强美晨科技的产业并购业务
22	万邦达携手昆吾九鼎设立20亿元环保产业基金	2015年3月3日，万邦达与昆吾九鼎投资管理有限公司（简称"昆吾九鼎"）签署了战略合作协议，公司拟联合昆吾九鼎或其指定的关联方在上海自贸区共同发起设立万邦九鼎环保产业投资基金，基金总规模20亿元，首期规模不低于5亿，存续期为5年。万邦达称，基金将作为公司并购整合国内外环保产业优质资源的平台，聚焦"大环保"产业链上下游具有重要意义的相关标的，充分发掘在工业水处理、市政水处理、烟气治理、固废处置、节能减排等方面的投资机会，服务于公司的外延发展，与主业成长形成双轮驱动，巩固和提高公司的行业地位

注：资料来源，全联环境商会。

（四）推进环保 PPP 需金融支持

与传统的以政府为主导的投资模式不同，PPP 模式是以社会资本或者 PPP 项目公司作为设计、建设、投资、融资和运维主体，且以 PPP 项目产生的现金流或政府购买付费为投入回报机制。所谓"兵马未动，粮草先行"，在社会资本与政府达成合作协议后，一项核心的工作便是融资问题。然而，面对动辄数亿甚至几十亿、上百亿规模的 PPP 项目，包括环保行业在内的社会资本自身也存在着资金不足的尴尬，因此也导致 PPP 项目落地率不高。换句话说，PPP 模式要很好地得到推广，达到吸引各类社会资本的目的，还需要各类金融机构的积极参与。

1. PPP 实践中的融资难题

虽然我国在 PPP 实践方面取得了很大的成绩，但在推广 PPP 的过程中仍然面临诸多阻碍，如 PPP 项目融资重银行贷款而轻其他金融工具、重前期建设而轻后期资本运营等。以环保 PPP 领域为例，主要存在以下问题：

（1）偏重于银行贷款。目前，我国 PPP 项目的融资方式主要是银行贷款，其他金融工具如基金、信托、保险资金参与 PPP 项目的比例并不高。公开资料显示，PPP 项目案例中贷款类的金融投资类型在我国东、中、西部地区的 PPP 项目中占比分别为 83.4%、70.1%、60.3%。环保 PPP 领域的贷款，在东、中、西部地区的 PPP 项目中占比也非常高。

（2）重 PPP 项目前期建设，轻后期资本运营。这主要表现在 PPP 项目融资中，社会资本或者 PPP 项目公司融资的重点主要在项目前期建设，而忽视了项目建成后期的资本运营。总体上看，许多 PPP 项目在建成后由于资本运营不足导致资本流动性较低，给项目本身带来很大的风险。环保 PPP 项目也存在着重 PPP 项目建设前期和轻后期资本运营的问题，许多环保 PPP 项目落地后，一方面，大量的资本沉淀下来；另一方面，PPP项目建成后形成实物投资，而这些实物投资具有专属性，流动性不足。鉴于PPP项目大多是基础设施建设项目和社会公用事业项目，收益率普遍不高、盈利性普遍不强，如果社会资本投资形成的资本交易性差、流动性低，将大大影响社会资本介入PPP项目的积极性。因此，我国要大力推广PPP、加速PPP项目的落地，就需要大力发展PPP金融，创新PPP金融，以破解PPP模式下社会资本融资难的问题。

2. 银行支持环保PPP

从我国PPP项目实践操作来看，目前我国PPP项目中社会资本或PPP项目公司的融资主要依赖银行业金融机构，主要原因是大多数PPP项目是基础设施建设和社会公用事业建设项目，因而具有资金需求量大、投资回报周期长、盈利性不高以及风险较大等特点，社会资本资本金不足需要借助金融机构的力量，而相对来说信托、基金等利率较高，现阶段还不能与银行业金融机构相比。

进一步研究发现，参与PPP模式的银行业金融机构又分为两类，一类是政策性银行，另一类则是商业银行。我国政策性银行主要有国家开发银行、中国进出口银行和中国农业发展银行，如国家开发银行对于国家重点扶植的基础设施项目（水利、污水处理、棚改等）进行特殊信贷支持，如提供长期优惠利率贷款等。2015年3月16日，国家发改委联合国家开发银行印发《关于推进开发性金融支持政府和社会资本合作有关工作的通知》（发改投资[2015]445号，以下简称《通知》），要求发挥开发性金融积极作用，推进PPP项目顺利实施。《通知》明确，开发银行在监管政策允许范围内，给予PPP项目差异化信贷政策：一是加强信贷规模的统筹调配，优先保障PPP项目的融资需求；二是对符合条件的PPP项目，贷款期限最长可达30年，贷款利率可适当优惠；三是建立绿色通道，加快PPP项目贷款审批。反过来，政策性银行受到环保行业社会资本的青睐，主要是能够为环保PPP项目提供中长期投资、贷款、债券等综合金融服务，而且利率相比商业银行要低，这几方面的优点都非常符合PPP投资大、期限长、利率不高的特点，可以说是为PPP项目融资"量身打造"。不仅如此，政策性银行还可以为PPP项目提供规划咨询、融资顾问、财务顾问等服务，在为环保PPP项目拓宽融资渠道的同时，还提高了项目的运作效率。

参与 PPP 模式的另一类银行则是商业银行，目前商业银行是 PPP 项目最重要的资金提供方。虽然相比政策性银行来说商业银行不具有利率和期限的优势，但其仍然可以通过资金融通、投资银行、现金管理、项目咨询服务、夹层融资等方式支持 PPP。以资金融通为例，即商业银行可以通过项目贷款、贸易融资、保理、银团贷款等为社会资本或 PPP 项目公司提供资金融通服务。目前，我国已有众多商业银行通过各种形式介入到 PPP 项目中，PPP 环保项目也不例外。

3. 证券公司支持环保 PPP

通常情况下，证券公司参与 PPP 主要是为 PPP 项目公司提供 IPO 保荐、并购融资、财务顾问、债券承销等投行业务。同时，证券公司还可以通过资产证券化、资管计划、另类投资等方式介入 PPP 项目。以资产证券化为例，对环保 PPP 项目而言，在证券公司的帮助下，对具有未来稳定现金流的环保 PPP 项目如污水处理、垃圾处理、土壤修复等方面的权益进行证券化。

4. 信托公司支持环保 PPP

国家明确提出将 PPP 模式作为基础设施投融资的创新方向，以规范地方政府债务管理，因而 PPP 在信托界广受关注。2015 年 4 月，经国务院同意的国家发改委、财政部、住建部、交通部、水利部、人民银行《基础设施和公用事业特许经营管理办法》(以下简称《管理办法》) 发布，国家明确了鼓励和引导实施特许经营五大领域：能源、交通运输、水利、环境保护、市政工程。境内外法人或其他组织均可通过公开竞争,在一定期限（一般不超过 30 年）和范围内参与投资、建设和运营基础设施和公用事业并获得收益。《管理办法》在完善特许经营价格或收费机制、信贷融资支持方面做出了新举措。

PPP 模式主要适用于投资规模较大、价格调整机制灵活透明、有稳定现金流且市场化程度相对较高的项目。相比较而言，信托拥有期限灵活、审批迅速、资金匹配度好等优势，信托可以利用自身优势支持环保 PPP。具体来说，信托公司参与环保PPP项目主要是分两类,一类是直接参与模式,即信托公司直接以投资方的身份参与环保PPP项目,通过项目分红收回投资;另一类是间接参与模式,即信托公司为PPP模式中的参与方融资,在约定时间由其他社会资本回购股权退出。

5. 基金支持环保PPP

2015年5月,国务院办公厅转发财政部、国家发改委、人民银行"42号文",明确推进相关立法,要求中央财政出资引导设立中国PPP合作融资支持基金,作为社会资本方参与项目,提高项目融资的可获得性。PPP基金的投资方式主要有两类,一类是直接投资PPP项目,如交通、环保、卫生医疗及养老服务设施等领域;另一类是投资PPP项目公司。

2015年9月,财政部联合中国建设银行股份有限公司等10家机构❶,共同发起设立中国政府和社会资本合作(PPP)融资支持基金。基金总规模1800亿元,将作为社会资本方重点支持公共服务领域PPP项目发展,提高项目融资的可获得性,这对推进我国PPP的发展、促进PPP项目的落地具有重要的作用。财政部表示,基金的设立,是中央财政和金融机构贯彻落实国务院办公厅转发财政部、发展改革委、人民银行"42号文"的重要举措,也是财政金融深化合作、共同支持PPP项目发展的重要探索,对创新财政金融支持方式、优化PPP项目融资环境、促进PPP模式发展具有积极意义。此外,各地产业基金入股PPP项目越来越多,许多地方政府正借力产业基金吸引社会资本投入PPP项目。重庆、河南、江苏、贵州、云南等地先后首次公布地方PPP基金方案。

6. 保险公司支持环保PPP

如上所述,PPP项目投资规模大、生命周期长,无论是在项目的设计、投资、融资以及建设阶段还是项目建成后的运营、维护阶段都面临着各种风险。对于环

---

❶ 10家机构分别为中国建设银行股份有限公司、中国邮政储蓄银行股份有限公司、中国农业银行股份有限公司、中国银行股份有限公司、中国光大集团股份公司、交通银行股份有限公司、中国工商银行股份有限公司、中国中信集团有限公司、全国社会保障基金理事会、中国人寿保险(集团)公司。

保项目而言更是如此，比如"邻避效应"、环境治理效果等都是二三十年合作期内可能出现的风险。因此，社会资本或PPP项目公司为降低风险，寻找与保险公司合作。公开资料显示，国际大型保险公司的投资组合中，在基础设施领域的资产配置少则近10%，多则超过20%。但我国保险资金在基础设施领域的配置很少。对于保险公司而言，其可以开发信用险种承保PPP项目履约和运营风险，以加快我国PPP项目的快速落地。

（五）绿色金融助力环保PPP

对于环境保护PPP领域而言，当下亟待建立PPP绿色金融❶体系。绿色金融体系已经成为国家战略。研究表明，未来我国每年绿色投资的需求将达2～4万亿元，其中财政每年约能投入绿色产业3000亿元，资金缺口巨大，八成以上资金需要来自于社会资本，建立我国的绿色金融体系迫在眉睫。

1. 绿色金融地位重要

发挥绿色金融的杠杆作用，在政府、社会资本和金融机构等多方主体的积极参与下，才能够满足我国大力发展环保产业的资金需求。作为一种制度创新，绿色金融在促进环境保护和生态建设方面发挥了重要的作用，在我国大力进行产业结构调整以及严峻的环保形势下，绿色金融被提到更高的位置。2015年9月，中共中央、国务院发布《生态文明体制改革总体方案》首次明确提出"要建立我国的绿色金融体系"。为让"绿色金融"有法可依、有章可循，我国借鉴发达国家在绿色金融政策方面的先进经验，出台绿色金融扶持政策。

2. 各类金融机构进行金融模式创新

（1）建立PPP模式绿色产业基金，是推动环保PPP项目快速落地的重要路径。PPP模式下的绿色产业基金与一般产业基金不同，其发挥着项目建设和运营的融资平台作用，既对冲了项目的风险，又降低了环保PPP项目的融资成本。PPP模式绿色产业基金既有政府与金融机构合作成立，也有社会资本和金融机构合作成

---

❶ 所谓"绿色金融"，是指金融部门把环境保护作为一项基本政策，在投融资决策中考虑潜在的环境影响。"绿色金融"的作用主要是引导资金流向节约资源技术开发和生态环境保护的产业，引导企业的生产，注重绿色环保。

立。实践表明,有政府参与的 PPP 模式绿色产业基金投资于环保 PPP 项目,可以促进社会资本投资的力度。

(2)绿色债券❶助力环保 PPP。2015 年 12 月,中国人民银行和绿色金融专业委员会发布《绿色金融债公告》和《绿色债券支持项目目录》,由此标志着我国绿色债券市场正式启动。2016 年 3 月 16 日,上海证券交易所正式发布《关于开展绿色公司债券试点的通知》(上证发 [2016]13 号,以下简称《通知》),开始尝试绿色公司债券业务,《通知》所称绿色公司债券是指依照《公司债券管理办法》及相关规则发行的、募集资金用于支持绿色产业的公司债券。绿色产业项目范围可参考中国金融学会绿色金融专业委员会编制的《绿色债券支持项目目录(2015年版)》(主要包括节能、污染防治、资源节约与循环利用等,见附录十三)及经上海证券交易所认可的相关机构确定的绿色产业项目。上海证券交易所将对绿色公司债券进行统一标识,以鼓励符合条件的各类机构投资者投资;同时鼓励政府相关部门和地方政府出台更多优惠政策,共同发展绿色债券市场。上海证券交易所将持续为绿色公司债券提供政策支持,并在时机成熟时编制发布绿色债券指数,建立绿色债券板块。继上海证券交易所发布《通知》仅一月,深圳证券交易所也发布《深圳证券交易所关于开展绿色公司债券业务试点的通知》(深证上 [2016]206号),明确将在深圳证券交易所开展绿色公司债券的试点,鼓励政府相关部门和地方政府出台优惠政策支持绿色公司债券发展,鼓励各类金融机构、证券投资基金及其他投资性产品、社会保障基金、企业年金、社会公益基金、企事业单位等机构投资者投资绿色公司债券。证券交易所开展绿色公司债券,将引导市场资金向绿色环保产业投资,有助于环保类的社会资本打通资本市场的"快车道"。

2015 年底,中国人民银行和国家发改委相继发布公告,分别对金融机构发行绿色金融债券和企业发行绿色债券进行引导和规范。2016 年 1 月,某银行发行境内首单绿色金融债券,发行规模 200 亿元,债券期限 3 年,年利率为固定利率 2.95%,并获得 2.02 倍的超额认购。某银行将基于发行前筛选确定的绿色信贷项目,首选与雾霾治理、污染防治、资源节约与循环利用相关的重大民生项目、

---

❶ 所谓绿色债券,是指募集资金主要用于支持节能减排技术改造、绿色城镇化、能源清洁高效利用、新能源开发利用等绿色循环低碳发展项目的企业债券。绿色债券起源于世界范围内投资者对气候变化和环境问题的持续关注,是近十年来兴起的绿色金融在国际债券市场上的应用。

具有重大社会影响力的环保项目，重点投放于京津冀、长三角、环渤海、珠三角等地区，项目类型将覆盖绿色债券目录六大类中的深绿项目。

3. 我国发展绿色债券有其现实的必要性

（1）解决环保投资资金缺口。随着"大气十条"、"水十条"以及"土十条"的先后出台，"十三五"期间，我国环保领域投资将大幅增长。据测算，"十三五"期间我国环保投资将达到17万亿元，这一数字是"十二五"的3倍以上。很显然，环保领域投资需求加大，相应的融资需求也会增加，发展绿色债券是解决我国环保投资资金缺口的关键所在。

（2）为企业解决融资难问题。国际上绿色债券发行主体以国际金融机构为主，目前，这一主体已经发展到企业，国内多家环保企业纷纷将视角瞄准绿色债券市场。2014年5月8日，中广核风电有限公司发行了国内第一单碳债券，发行额为10亿美元，票面利率为固定利率加浮动利率，浮动利率根据五个资源减排项目收益来确定。2015年7月18日，新疆金风科技股份有限公司在香港联交所发行了中国第一只真正的绿色债券，规模3亿美元，期限3年，票面利率2.5%，穆迪给予的信用等级为A1。2016年8月，国内某知名水务集团发行第二期7亿元绿色熊猫债券，该债券是8年期固定利率债券品种，发行规模为7亿元，最终票面利率为3.25%，附第5年末发行人调整票面利率选择权及投资者回售选择权。

（3）为银行开拓新的业务增长空间。目前，多家银行都在积极发行绿色金融债券，抢占这一新的业务市场。截至2015年末，中国工商银行在生态保护、清洁能源、节能环保和资源综合利用等绿色经济领域贷款余额约9153亿元，占公司贷款余额的13%，贷款增速高于同期公司贷款增速9.3%。

七 PPP模式助力环保产业

我国经济发展进入新常态，政府财政收支矛盾加剧。面对日益严峻的环保形势，在国家资金无法满足环保治理投入的大背景下，具有诸多优势的PPP模式成为治理环境污染、拉动地方经济增长、助力环保产业快速发展的主要模式。

（一）节能环保产业进入发展新阶段

大气污染、水污染、土壤污染……多年的粗放式发展后，我国环境污染面临严峻的形势。同时，这也意味着未来我国环保产业市场会非常广阔。

1. 节能环保产业❶地位逐年上升

2013 年，节能环保产业被定位为"战略新兴行业"。2014 年，国家要"把节能环保产业打造成生机勃勃的朝阳产业"。2015 年，国家要"把节能环保产业打造成新兴的支柱产业"。2016 年，国家要"把节能环保产业培育成我国发展的一大支柱产业"。从上述表述中可以发现，从战略新兴行业，到朝阳产业，到支柱产业，再到一大支柱产业，节能环保产业在我国经济发展中的地位日益提高，作用日益凸显。

2. 当前我国环保产业市场仍不够成熟

（1）通过对发达国家环保情况的研究，当一国环保投入占 GDP 的比重达到 2%～3%，该国的环境质量才能够得到明显的改善。就我国而言，由于起点低、历史欠账多，我国的环保投入占 GDP 的比重一直较低，此前 20 多年时间里，我国环保投入长期在 1% 以下。以"十二五"期间年环境治理投入为例，剔除园林投入后，这一数据仅为 4000～5000 亿元，相比发达国家远远落后❷。2013 年青

---

❶ 节能环保产业是指为节约能源资源、发展循环经济、保护环境提供技术基础和装备保障的产业，主要包括节能产业、资源循环利用产业和环保装备产业，涉及节能环保技术与装备、节能产品和服务等；其六大领域包括：节能技术和装备、高效节能产品、节能服务产业、先进环保技术和装备、环保产品与环保服务。"十二五"规划纲要提出，节能环保产业重点发展高效节能、先进环保、资源循环利用关键技术装备、产品和服务。

❷ 资料显示，美国、德国、日本等发达国家的环保产业规模庞大，发展迅速，如美国是世界上最大的环保技术生产和消费国，其节能环保产值约占全球的 1/3；德国节能环保产业有望在 2020 年超过传统的汽车和机械制造业成为主导产业；日本节能服务业每年以 30% 的速度高速增长。

岛国际脱盐大会指出，今后10年，我国应把环保投入占GDP比重迅速提高到2%~3%，工业污染控制投资占其固定资产投资比例提高到5%~7%。

（2）经过几十年的发展，目前我国环保产业从业机构达到2万多家，数量虽然不少，但从规模和整体实力来看参差不齐，主要体现在大型环保企业数量过低，占整个环保企业的比重不足5%，环保产业集中度过低。数据显示，2010年后我国新注册成立的环保企业占比近五成，其中规模50人以下的环保企业占比高达92%。从我国环保产业的区域布局看，我国环保产业总体分布特征呈现"一带一轴"的格局，即沿渤海、长三角、珠三角的环保产业"沿海产业带"，以及东起长三角西至中西部的环保产业"沿江发展轴"。主要集中在环渤海（环渤海地区环保产业总产值约占全国环保产业总产值的20%。环渤海地区环保产业主要聚集在北京、天津、辽宁、河北和山东等省市）、长江经济带（长三角地区是我国环保产业发展最好的地区，长三角地区环保产业总产值约占全国环保产业总产值的30%。其中江苏省和浙江省环保产业规模分别占全国的第一和第二）和珠三角三大区域。其中，江苏、浙江、山东、广东、上海、北京、天津等省市的环保产业产值占全国总产值的50%以上，而西部的广西、四川、贵州、云南、甘肃、青海、新疆、宁夏8省区的环保产业总产值还不及江苏省的1/2。

（3）从纵向看，我国环保行业各细分领域发展不均衡，如市政污水处理、生活垃圾处理的发展都比较成熟，市场化程度高，具体表现是资本青睐（社会资本对以PPP模式参与污水处理和生活垃圾处理非常热情，竞争非常激烈）、技术经过了几十年甚至上百年的积累后非常先进（如污水处理中的活性污泥法就有上百年历史）、管理经验丰富（尤其是一些大型环保企业深耕环保行业多年，管理非常先进）、合作模式多样（目前主要是以政府和社会资本PPP合作模式为主），而黑臭水体治理、土壤修复等细分领域尚未形成清晰的商业模式，市场还有待激活。从横向比较看，我国环保产业总体发展不足，主要体现在：整体规模小、技术水平有限、管理水平不够和人才结构不科学等，环保产业和其他产业还有相当大的差距。

（4）环保市场竞争激烈，但竞争机制不规范，低质低价、价格扭曲等恶性竞争现象仍很普遍。在国家利好政策导引下，不仅大量的非环保企业巨头纷纷涌进节能环保领域，意欲在节能环保大市场上分得一杯羹，而且大量的非环保中小企业也看好节能环保产业而大胆进入这个领域。在此背景下，环保市场竞争异常激烈，表现较为突出的是低价竞争、大企业通过资金优势、技术优势等不断挤压中小环保企业的生存空间。未来应引导环保企业在技术、质量和服务上竞争。

（5）由于我国节能环保产业起步较晚，既缺乏促进产业发展的制度体系，还缺乏核心的关键技术。

（6）近两年来，从中央到地方都在大力推广PPP，PPP模式发展较快。但实践中仍存在阻碍PPP项目落地难的诸多问题，如制度体系不够完善、部分地方政府缺少契约精神、社会资本投资回报低、融资风险大等，降低了社会资本参与PPP模式的积极性。作为PPP领域重点推广的环保行业，社会资本在参与环保PPP项目时遇到的困难很多，亟待各方共同努力解决。

3. 环保产业未来发展趋势

面临严峻的环保形势，近年来，国家和地方政府出台了一系列刺激环保行业发展的政策，不断加大对环保的投入，在此背景下，我国环保产业稳步发展。根据环保部等三部委的联合调查，2011年，全国环保行业从业单位23820个，从业人员319.5万人，年营业收入30752.5亿元，年营业利润2777亿元，与2000年相比，除从业人员数量基本持平外，其他三项指标则分别增长了0.31倍、17.2倍和15.7倍，产业总体规模显著扩大。2014年，我国环保从业单位25710个，从业人员328万人，年营业收入39810亿元，产业总体规模持续扩大（表7-1）。国家规划要求节能环保产业产值年均增速在15%以上，到2015年，总产值达到4.5万亿元，成为国民经济新的支柱产业。预计"十三五"期间社会环保总投资有望超过17万亿元。

我国环保产业发展概况　　　　　　　　　　表7-1

年份	从业单位数（个）	从业人员数（万人）	营业收入（亿元）
2014年	25710	328.0	39810
2013年	25000	325.0	35000
2011年	23820	319.5	30752.5
2004年	11623	159.5	4572.1
2000年	18144	317.6	1689.9

注：资料来源，环保部、中国产业信息网整理。

4. 环保产业进入新的发展阶段

（1）我国环保产业增速较快，近十年来年均增速超过 10%，高于全球环保市场 8% 的年均增长率。从企业规模来看，据中国节能服务网统计，截至 2012 年底，我国节能产业产值超过 10 亿元的有 6 家，超过 5 亿元的有 18 家，超过 1 亿元的有 83 家，行业诞生了一批龙头企业。我国环保行业取得长足进展的原因，主要有以下几方面：

1）从中央到地方都把环境保护作为重中之重的工作，中央从最高决策机制上保障环保行业的发展方向。政府还将环境保护作为促进经济增长、推动绿色转型的重要抓手。

2）有关环境保护的法律日趋完善，环境保护依法治理。新修订的《环保法》于 2015 年 1 月 1 日起正式实施，本次修订重点是加大环境污染惩罚力度❶。

3）2007 年—2013 年，我国用于节能环保的财政资金从 996 亿增加到 3435 亿元，年复合增长达到 22.92%；节能环保支出占全部财政收入的比例也从 2% 上升到 2.45%。平安证券研究中心报告，"十三五"期间节能环保方面的投入可能将是"十二五"期间的两倍以上，且国家在未来十三五期间将针对水资源和大气资源的环保领域投入更多的资金。《节能环保"十三五"规划纲要》指出，培育服务主体，推广节能环保产品，支持技术装备和服务模式创新，完善政策机制，促进节能环保产业发展壮大。

（2）我国已由环保产业 1.0 时代进入 3.0 时代。所谓环保产业 1.0，即环保的主要任务是通过末端治理，将工业和居民生活排放的污染物进行专业化治理，以实现达标排放或无害化、资源化利用；环保产业 2.0，即生产的绿色化，主要是环保公司帮助工业企业实现生产过程的绿色化；环保产业 3.0，即消费的绿色化，主要是环保公司帮助政府或个人消费者实现绿色消费。绿色消费引导绿色生产、

---

❶ 2013 年下半年，公安部门立案侦办的环境污染刑事案件达 247 起，是过去 10 年环境污染刑事案件的总和。2014 年上半年，全国环保部门累计已向公安机关移交涉嫌环境污染犯罪案件 861 件。2015 年，人民检察院起诉污染环境、非法采矿、乱砍滥伐林木等破坏环境资源犯罪 27101 人。人民法院审结污染环境、破坏资源等犯罪案件 1.9 万件，同比上升 18.8%。

绿色制造，环保将变成企业的基因，从工业设计、原料选择、生产过程、产品消费、废物处置等各环节，处处体现环保优先的原则。目前，我国正大力推行生态文明建设，并提出"绿色化"理念。2016年《政府工作报告》提出，要大力发展节能环保产业，扩大绿色环保标准覆盖面；开展全民节能、节水行动，推进垃圾分类处理，健全再生资源回收利用网络，把节能环保产业培育成我国发展的一大支柱产业。

（3）"十三五"期间，我国将深入推行"一带一路"、京津冀协同发展、长江经济带建设等国家重大战略，这给节能环保产业带来广阔的发展机遇，环保产业亦开始进入新的发展阶段。

（二）环保产业：蓝海还是红海？

近几年来，面对传统产业陷入低迷的状态，我国环保行业一片大热，无论是环保投资企业、运营企业还是产业链上游的环保制造企业，业务做得风生水起。

1. 环保产业快速发展

（1）面对雾霾、黑臭水体、土壤污染等事件不断爆发，国家相继出台了一系列严格的环保政策，"大气十条""水十条""土十条"相继发布，据估算，"十三五"期间大气污染防治领域投资1.84万亿元，水污染防治领域投资5.6万亿元，土壤修复拉动总规模达10万亿，三大领域的投资需求将达到17万亿元，再加上海绵城市、智慧城市、地下综合管廊、城镇化建设、美丽乡村建设等不断推进，我国环保产业增量不断提高。

（2）当下我国投资增长放缓、国际经济形势不景气导致我国出口增长下滑、内需拉动不足，再加上地方债风险加大（截至2014年末，地方政府总负债30.28万亿元，地方融资平台借债占较大比重），近两年我国开始大力推广PPP模式，全国掀起PPP的热潮。作为PPP模式的重点领域，环保行业是我国PPP项目落地最多的领域之一。可以说，吸引社会资本进入环保行业，大力推进PPP模式恰逢其时。

（3）就环保产业而言，PPP模式在发挥缓解政府财政压力、拉动经济增长、提高项目建设和运营效率、提高社会公众生活质量的同时，还有利于促进环保市场化、有利于非环保企业的成功转型、有利于环保企业延伸产业链。事实上，面对环保产业这个景气度高的新兴产业，无论是产业资本、财务投资者，还是金融机构都迅速向环保产业聚集，大大加速了我国的环保产业的投资。研究发现，目前国内央企30%～40%不同程度地进入了环保行业，包括金融、建筑、水利、重型机械、水泥、房地产等行业的大企业都开始介入环保市场。一时间，环保行业似乎是一片蓝海。

2. 环保产业竞争加剧

环保产业呈蓬勃发展之势，与此同时环保产业竞争不断加剧甚至白热化，由此导致了一系列的行业乱象。

（1）近年来，我国环境领域基础设施投资快速发展，如城镇污水处理、垃圾焚烧的处理率均已达到 90% 以上。而随着产业资本、财务投资、金融机构的大批涌入，直接导致市场上低价竞争大打价格战，市场不断传出业界匪夷所思的超低价中标现象，尤其是污水处理、垃圾处理等具有稳定现金流和收益的项目，竞争更是激烈。如某污水处理 PPP 项目中标方报价不到另两个竞争者报价的 1/4 和 1/6，超价低价竞争引发业内关于"劣币驱逐良币"的讨论。对此，环保行业人士指出，各类央企、国企、上市公司蜂拥而入环保行业，跑马圈地，低价血拼，好像又回到几十年前，只不过这次拼的不是技术、产品，而是资金成本和在资本市场的对价。

（2）有稳定经营性现金流的 PPP 项目，竞争异常激烈。以污水处理 PPP 项目为例，污水处理服务费价格是污水处理项目中极为敏感也极为重要的因素。当前不断爆出污水处理服务费创新低的案例：污水处理的报价已经从几年前一吨水 5 元钱，降到 2 元、1 元，最低的已经降到不足 0.4 元了。实际上，不用说日常的维修，0.4 元的吨水价格连污水处理厂日常运行费用都不够，更谈不上社会资本的投资回报和收益了。再以国家支持的生活垃圾处理行业为例。由于垃圾焚烧发电行业发展前景良好，众多的竞争者随之涌入，各地纷纷上马垃圾焚烧发电项目❶。然而，过度竞争❷导致垃圾处置费严重下滑。根据 E20 研究院统计，近 16 年来，垃圾处理的政府补贴费用呈现大幅下跌状态。1999 年上海江桥垃圾焚烧项目，垃圾处理服务费为 213 元 /t，2009 年为 90 元 /t，2012 年后，随着大量企

---

❶ 目前我国地级以上城市基本每个城市都有一座垃圾焚烧发电厂，几乎每个县都在建垃圾焚烧厂。据中国循环经济协会发电分会提供的数据显示，2015 年全国投产新建垃圾焚烧发电厂 17 座，建成投产后全年新增总装机容量将达到 345MW 之多，建成投产后全年新增处理量将接近 635 万 t。

❷ 过度竞争是指参与某个市场竞争的任何一家企业的期望利润都小于零的状态。过度竞争就是"没有赢家"的市场竞争状态。参与竞争的任何一家企业都不能盈利（包括未来的盈利希望）。

业进入，继续保持下降趋势。2015年5月山东新泰项目中标价48元/t，8月份安徽蚌埠项目26.8元/t，9月份江苏高邮项目26.5元/t，部分项目甚至降到惊人的10元/t。可以说，我国垃圾焚烧发电项目垃圾服务费与欧洲的约100欧元/t、美国约100美元/t形成巨大差异。进一步研究发现，由于我国经济发展程度和消费水平不能与欧美国家相比，导致生活垃圾处理呈现"一大一高一低"的特点，即处理难度大、含水率高、热值低（欧美垃圾热值约1500～2000Cal/kg，我国约1000Cal/kg，因为垃圾焚烧产生的热值不够，所以需要添加煤、生物质燃料等，而这又增加了垃圾发电的生产成本），过低的价格在扰乱环保市场的同时，对社会资本的运营来说也构成很大的挑战。

以江苏某市垃圾焚烧发电厂为例，项目以BOT模式运作，总投资规模10.5亿元。项目收益主要来自两部分，一部分是垃圾处理费用，由政府直接给予补贴，企业不另收费；另一部分来自于焚烧发电的收益。项目建成运行后，每天可接收约2800t生活垃圾，解决了某市1/3的垃圾处理问题；日均发电达90多万kW·h，可供4500户家庭使用一个月；污水实现"零排放"、废渣循环再造成砖、环保排放指标远远优于欧盟2000标准。投运一年多就累计焚烧处理约100万t生活垃圾，发电3亿多kW·h。尽管社会效果非常明显，但企业却有自己的苦衷：政府的补贴不能抵消企业运营成本，企业基本只能保持微利运营。

3. 蓝海还是红海

各方资本迅速集聚的环保行业，到底是红海还是蓝海？如果是红海，为何有那么多的资本看好环保行业？如果是蓝海，为什么出现令人看不懂的低价竞争现象？针对当下我国环保产业的投资热潮与发展趋势，环保行业权威人士指出，我国环保行业如果按传统方式做下去将难以持续，当下必须有新的技术和商业模式才能在竞争激烈的环保行业脱颖而出。我国环保产业既是蓝海也是红海。如果有新技术和新商业模式的突破就是蓝海，反之便是红海。

需要指出的是，近几年来，随着我国"一带一路"战略的深化，越来越多的大型环保企业"走出去"，在海外寻找环保项目，拓展国际市场，既开阔了企业的视野，又提高企业的综合实力。如2014年国内某环境投资并购丹麦的一家正渗透技术公司，在海外做项目的同时，把国外的一些先进技术和装备引进来。2014 年，某水务公司组成联合体中标新加坡樟宜项目，该项目是新加坡首个由国外公司主导的 PPP 项目，项目生产规模为 22.8 万 t/d 新生水，项目特许经营期为 25 年，自 2016 年末商业运营日起计算。

（三）PPP 模式助力环保产业快速发展

经过几年的快速发展之后，我国环保产业越来越成熟，增速也开始趋于平稳，目前主要有如下特征：

1. 行业毛利率存在整体下降趋势

大型的央企、国企、外资以及民企或凭借强大的资本或依靠领先的技术不断攻城掠地，市场竞争日趋激烈，再加上传统存量市场趋于饱和，行业毛利率呈现趋势性下降。以城市集中污水处理市场为例，截至 2013 年末，全国城市污水处理率为 89.21%。在国家经济增长速度放缓，加大落后产能淘汰力度的背景下，我国城镇污水排放量增长将趋于平稳。在污水处理行业毛利率方面，研究发现，2008 年前后，我国污水行业的毛利率高达 50%，目前行业整体已经降到 30% 左右。下表是西南某水务公司污水产业毛利率情况介绍，2008 年度该公司污水处理服务的毛利率高达 68.50%，与 A 股同行业样本公司比较情况如下（表 7-2）：

某水务公司与 A 股同行业样本公司毛利率情况比较　　　　表 7-2

代码	可比公司[1]	占主营业务收入的比例	毛利率
600008	首创股份	40.34%	45.16%
600874	创业环保	85.98%	57.05%
可比公司平均		63.16%	51.11%
公司		67.93%	68.50%

---

[1] 污水处理业务公司的选定范围为 A 股上市公司中供排水业务收入合计占主营业务收入 50% 以上，且污水处理业务收入占主营业务收入 20% 以上的公司；可比公司的各项基本数据均来源自各上市公司 2008 年年报，并按上述公式计算；为统一比较口径，公司污水业务之毛利率亦为 2008 年度数据。

2. 土壤修复、黑臭水体治理以及 VOCs 监测与治理行业仍处于起步阶段

虽然污水处理、垃圾处理行业起步较早，发展较为成熟，但土壤修复、黑臭水体治理以及 VOCs 监测与治理行业仍处于起步阶段，而这几个行业具有投资规模大、技术难度大、商业模式不清晰、社会资本参与意愿较差等现实难题。虽然土壤污染治理规模大、市场前景较好，且随着"土十条"的实施，土壤修复市场将进一步被拉动。但总体来说，我国土壤修复行业困难重重，还有诸多问题亟待解决。

3. 行业总体经济实力仍有待壮大

目前，我国环境保护企业大约 2 万多家。但总体来说实力不强，行业参差不齐，具有核心技术竞争力的企业并不多，中小环保企业尤其是市县一级企业实力较差，经营情况并不乐观。具体表现在提供环境服务的实力上，大部分环保企业资金实力和技术实力有限，难以满足规模大、技术要求高的项目需求。

4. 社会资本以 PPP 模式助力环保产业

目前，我国环境保护产业还没有形成成熟的市场机制，还存在着方方面面阻碍行业发展的困难，重点体现在资金不足和技术缺乏上，要大力推动我国的环境保护，仅靠国家资金投入难以满足，必须吸引包括国企、外资、民企、混合所有制在内的社会资本参与，发挥其资金优势、技术优势和管理优势。可以说，社会资本以 PPP 模式介入环保行业是必然趋势。

（1）目前国内 PPP 领域相关的法律法规诸多，据不完全统计，2013 年至今，国务院及相关部委一共下发有关 PPP 的指导意见或通知达 60 多个，各省级政府层面出台的 PPP 文件亦数以百计。特别是 2014 年底以来有关 PPP 的政策出台显著加速。2014 年 11 月，国务院印发了《国务院关于创新重点领域投融资机制

鼓励社会投资的指导意见》（国发 [2014]60 号），明确要求要建立健全 PPP 机制，就此正式拉开了 PPP 发展的序幕。为落实国务院推进 PPP 的文件精神，2014 年底国家发改委、财政部分别出台了《国家发改委关于开展政府和社会资本合作的指导意见》（发改投资 [2014]2724 号）、《关于印发政府和社会资本合作模式操作指南（试行）的通知》（财金 [2014]113 号），主要就 PPP 的适用范围、实施主体、联审机制、部门责任、实施流程等方面提出了明确指导意见。在诸多政策中，环保都是 PPP 模式下重要的领域。

（2）研究发现，以 PPP 模式推动我国基础设施建设和社会公益事业建设的行业主要包括交通、环保、水利、卫生、旅游等行业❶。PPP 项目多数属于公益事业，而环保亦属于民生工程，两者具有天然相似的属性。PPP 模式非常适合环境服务和环境治理领域。在环保领域引入 PPP 模式，既能减轻政府财政压力，又能为社会资本提供投资机会，还能提高环境治理效果，造福社会大众。

（3）作为 PPP 模式推广的重点领域环保行业，将迎来新一轮投资热潮。有研究机构表示，国家大力推广的 PPP 模式将给环保企业带来以往数十倍的订单数量，2015 年以来，国内多家环保上市公司的 PPP 项目纷纷落地。

社会资本对环保产业的投资从大气治理、水污染处理、垃圾处理等市场化程度较高的领域拓宽到更多的产业如土壤修复、环境监测等。不仅如此，我国正在大力建设的海绵城市、地下综合管廊等也是环保行业的重要领域，同样是各类社会资本投资的重点。财政部公布的第一批 30 个 PPP 示范项目中，环保类项目占据一半（具体业务包括污水处理、垃圾处理、环境综合整治，见表 7-3）；第二批 206 个示范项目中，环保类项目共 66 个，其中供排水项目 27 个，占比超过 40%。2015 年 5 月国家发改委公布的地方 PPP 项目库，共计 1043 个项目，总投资 1.97 万亿元，其中环保类 PPP 项目数量最多，总计能达到 370 个，数量上占比达到 35%，投资总额近 2000 亿元。此外，2014 年以来，各地陆续推出的 PPP

---

❶ 根据财政部 2014 年 11 月发布的《政府和社会资本合作模式操作指南（试行）》（财金 [2014]113 号，以下简称《指导意见》），PPP 模式包括委托运营、管理合同、建设－运营－移交（BOT）、建设－拥有－运营（BOO）、转让－运营－移交（TOT）和改建－运营－移交（ROT）等多种模式，这些模式可以广泛运用到市政行业的城市供水、供暖、供气、污水和垃圾处理、地下综合管廊和轨道交通等领域。而根据《指导意见》，PPP 共包括能源、交通运输、水利建设、生态建设和环境保护、市政工程、片区开发、农业、林业、科技、保障性安居工程、旅游、医疗卫生、养老、教育、文化、体育、社会保障、政府基础设施和其他等 19 个行业。

项目库,重点项目大多涉及环保领域。如 2015 年河北省首批 PPP 重点项目 32 个,投资总额达 1330 亿元,内容主要涉及垃圾、污水处理及城市轨道交通建设等。

财政部第一批 PPP 示范项目名单(环保行业)　　表 7-3

序号	项目名称	省份	类型	行业领域
1	抚顺市三宝屯污水处理厂项目	辽宁	存量	污水处理
2	嘉定南翔污水处理厂一期工程	上海	新建	污水处理
3	南京市城东污水处理厂和仙林污水处理厂项目	江苏	存量	污水处理
4	宿迁生态化工科技产业园污水处理项目		存量	污水处理
5	如皋市城市污水处理一、二期提标改造和三期扩建工程		存量	污水处理
6	南京市垃圾处理设施项目		存量	垃圾处理
7	池州市污水处理及市政排水设施购买服务	安徽	新建	污水处理
8	马鞍山市东部污水处理厂		存量	污水处理
9	安庆市城市污水处理项目		存量	污水处理
10	九江市柘林湖湖泊生态环境保护项目	江西	新建	环境综合治理
11	湘潭经济技术开发区污水处理一期工程	湖南	新建	污水处理
12	南明河水环境综合整治二期项目	贵州	新建	环境综合治理

八 解读环保 PPP 前景

截至 2016 年 6 月末,财政部 PPP 信息中心全部入库项目 9285 个,总投资额 10.6 万亿元。截至 2015 年底,国家发改委公布 PPP 项目 2522 个,计划总投资约 4.24 万亿元。"十三五"期间,我国的环保投入将超过 10 万亿元。

从我国加强环境污染治理以及加速海绵城市建设、智慧城市建设和综合管廊建设的力度来看,吸引社会资本进入,开展 PPP 模式合作将是未来我国环境保护的必由之路,环保 PPP 未来发展空间巨大。

（一）剖析环保行业未来趋势

经过多年粗放式发展，近年来我国生态环境污染事件猛增，范围广，影响大，持续时间长。再加上互联网时代信息传递速度快，一旦发生环境污染事件，消息会以极快的速度传播，造成公众的恐慌心理，面临严峻的环保形势，我国高度重视，强力推进环境污染治理工作，把环境保护放在十分重要的位置，加快建立、完善政策法规体系，包括人才、技术、管理等方面的资源向环保领域明显转移。

1. 顶层设计日渐形成

（1）党的十八大报告中提出，大力推进生态文明建设，坚持节约资源和保护环境的基本国策，坚持节约优先、保护优先、自然恢复为主的方针，着力推进绿色发展、循环发展、低碳发展，形成节约资源和保护环境的空间格局、产业结构、生产方式、生活方式，从源头上扭转生态环境恶化趋势，为人民创造良好生产生活环境，为全球生态安全作出贡献。2015年，党中央、国务院印发的《中共中央国务院关于加快推进生态文明建设的意见》中首次提出"绿色化"，位列"新五化"之一，并且将其定性为"政治任务"，要求我国经济社会发展各领域、各行业、各部门、各地方、各方面都要加快推进"绿色化"，坚定不移地走"绿水青山就是金山银山"的绿色生态发展之路。2016年全国两会，国务院总理李克强在《政府工作报告》中指出：大力发展节能环保产业，扩大绿色环保标准覆盖面。支持推广节能环保先进技术装备，广泛开展合同能源管理和环境污染第三方治理。加大建筑节能改造力度，加快传统制造业绿色改造。开展全民节能、节水行动，推进垃圾分类处理，健全再生资源回收利用网络，把节能环保产业培育成我国发展的一大支柱产业。

（2）"大气十条"、"水十条"、"土十条"等专项治理法规先后出台。2013年9月，"大气十条"首次明确提出了分区域的空气质量改善目标，要求到2017年，地级及以上城市 PM10 浓度比 2012 年下降 10% 以上，京津冀、长三角、珠三角等区域 PM2.5 浓度分别下降 25%、20%、15% 左右。2015 年 12 月，环保部等 3 个部委联合下发《全面实施燃煤电厂超低排放和节能改造工作方案》，提出到 2020 年全国所有具备改造条件的燃煤电厂力争实现超低排放。2015 年 4 月，"水十条"发布，"水十条"从全面控制污染物排放、推动经济结构转型升级、着力节约保护水资源、强化科技支撑、充分发挥市场机制作用、严格环境执法监管、切实加强水环境管理、全力保障水生态环境安全、明确和落实各方责任、强化公众参与和社会监督十个方面部署了水污染防治行动。2016 年 5 月，"土十条"提出了包括开展土壤污染状况详查、建立建设用地调查评估制度、严格管控受污染土壤环境风险等措施。

2. 管理创新，严格执法

（1）2015 年 3 月，环保部设置水、大气、土壤三个环境管理司，不再保留污染防治司、污染物排放总量控制司。"三司"管理改革后，我国环境管理模式将发生重大转变，有利于加强力量、整合有限资源。

（2）2014 年 9 月，国家发改委、财政部和环保部联合发布《关于调整排污费征收标准等有关问题的通知》（发改价格 [2014]2008 号，以下简称《通知》），《通知》指出 2015 年 6 月底前，各省（区、市）价格、财政和环保部门要将废气中的二氧化硫和氮氧化物排污费征收标准调整至不低于每污染当量 1.2 元，将污水中的化学需氧量、氨氮和五项主要重金属（铅、汞、铬、镉、类金属砷）污染物排污费征收标准调整至不低于每污染当量 1.4 元，相比于 2003 年的排污费标准上涨一倍。2014 年以来，国家加大水污染治理力度，有关水处理的政策接连出台。2015 年 1 月，国家发改委、财政部、住建部三部委联合下发《关于制定和调整污水处理收费标准等有关问题的通知》（发改价格 [2015]119 号，以下简称《通知》），《通知》指出 2016 年年底前，城市污水处理收费标准原则上每吨应调整至居民不低于 0.95 元，非居民不低于 1.4 元；县城、重点建制镇原则上每吨应调整至居民不低于 0.85 元，非居民不低于 1.2 元。2016 年 4 月，环保部出台《关于积极发挥环境保护作用促进供给侧结构性改革的指导意见》，提出企业超标或超总量排放污染物的，除依法实施其他处罚外，还要加一倍征收排污费。同时存在超标和超总量排污的，加两倍征收排污费。企业生产工艺装备或产品属于淘汰类的，要加一倍征收排污费。企业污染物排放浓度低于排放限值50%以上的，减半征收排污费。研究增加排污收费种类，推动对挥发性有机物和施工扬尘等征收排污费。加快建立企业环保守信激励、失信惩戒机制，强化部门协同监管、联合惩戒。

在提高排污费的同时，为加强环境质量，有关环境处罚的措施相继出台。自2015年底以来，多个省市先后出台环境空气质量考核办法，且对PM2.5浓度超过限定指标实行按微克计罚，每微克罚款金额从十几万元到几十万元不等。

3. 环境治理目标转变

如上所述，水、大气、土壤三个环境管理司的设置，表明我国环境管理模式将发生重大转变，有利于加强力量、整合有限资源，体现了我国从总量控制向环境质量改善转型的环境治理思路。"十二五"时期，我国单位国内生产总值能耗下降18.2%，主要污染物排放量减少12%以上。《"十三五"规划纲要》提出，要加快改善生态环境，并围绕这一目标在环境综合治理、生态安全保障机制、绿色环保产业发展等方面进行了总体部署。环境管理将从污染物总量控制单一目标向环境改善与总量控制双重目标转变。

4. "十三五"期间环保市场大

随着"大气十条"、"水十条"以及"土十条"的出台，"十三五"期间环保领域投资将大幅增长，蕴藏着巨大的投资机会。"十三五"期间，我国节能环保产业有望达到年增速20%以上，环保投入将增加到每年2万亿元左右，社会总投资有望超过17万亿元。如"水十条"将带动环保产业新增产值约1.9万亿元，其中，直接购买环保产业产品和服务约1.4万亿元，预计可拉动GDP增长约5.7万亿元。权威媒体梳理"十三五"投资新风口70个领域，其中环保产业占6席，包括煤炭清洁高效利用、燃煤机组超低排放和节能改造等。具体来说，"十三五"

期间环保产业投资新风口主要是：大力发展循环经济，加快建设城市餐厨废弃物、建筑垃圾和废旧纺织品等资源化利用和无害化处理系统；加快发展中东部及南方地区分散式风电、分布式光伏发电；煤炭清洁高效利用。实施煤电节能减排升级与改造行动计划，对燃煤机组全面实施超低排放和节能改造；推进重点城市"煤改气"工程，新增用气450亿 m^3，替代燃煤锅炉18.9万蒸吨❶；全国地级及以上城市建成区基本淘汰10蒸吨以下燃煤锅炉，完成35蒸吨及以上燃煤锅炉脱硫脱硝除尘改造、钢铁行业烧结机脱硫改造、水泥行业脱硝改造；实施大气污染防治重点地区气化工程。采用节能环保新技术是改善环境的重要途径，并且节能环保投资的社会效益和经济效益也非常高。

---

❶ 工程术语。是指锅炉的供热水平，一般用 t/h 来表示。例如我们常说的1t锅炉，并不是说锅炉的重量是1t，而是这台锅炉每小时所产生的蒸汽量。在国际单位中，经常用MW来计量热力单位，与蒸吨相对应是1t/h=0.7MW=2.5W/h=60万 kcal。1蒸吨介质供暖面积大约为 8000～10000m^2。

（二）水处理行业蕴藏大商机

2015年4月，"水十条"出台，此后相关细分领域政策很快推出，如2015年7月份推出"海绵城市"、9月份推出"黑臭水体"、10月份推出"污水处理厂提标"等，水环境综合整治市场正式开启。

1. "水十条"万亿投资目标

从"水十条"提出的目标来看，其规定了工业废水治理、城镇生活污水治理、农业污染治理、港口水环境治理、饮用水安全、城市黑臭水体治理、环境监管等方面的相应目标：到2020年，将完成环境保护建设资金投入4～5万亿元。万亿投资规模将带动我国环保产业及其水污染治理行业快速发展。

2. 三大水处理市场商机

专业研究显示，目前，我国水处理市场大致分为工业水处理、市政水处理和自然水体污染治理三大板块。

（1）目前，我国工业水处理领域存在排污成本与治污成本倒挂以及对工业水排放监管机制不健全等问题，导致部分工业企业的排水不达标，造成环境污染。面对严峻的形势，未来我国将通过立法逐步完善对工业排污的监管，提高排污收费标准。在治理模式上主要是引入专业的第三方环保公司，在降低工业污水处置成本的同时提高环保处置效果。权威预测显示，我国"十三五"时期废水治理投入将达1.39万亿元，其中工业污水达4355亿元。

（2）根据国家环保部统计，2003年—2013年，我国废水排放总量保持较快增长趋势，复合增长率达到4.22%。其中，生活污水排放量占废水排放总量的比重逐年提高，生活污水排放量持续增长并有加快的趋势。2013年全国城镇生活污水排放量达到 485.1 亿 t，占废水排放总量的比例达到 69.76%。为防治水污染，中央和各级地方政府不断加大对城镇污水处理设施建设的投资力度，同时创新合作模式，积极引入市场竞争机制。近年来，我国城镇污水处理能力不断提升，由 2003 年的 0.32 亿 t/d 提升到 2013 年 1.66 亿 t/d。截至 2014 年底，全国设市城市、县累计建成污水处理厂近 4000 座，污水处理能力 1.57 亿 t/d，较 2013 年新增约 800 万 t/d。

此外，随着污水排放标准收严，城镇污水处理厂掀起改造高潮。《国务院关于加强城市基础设施建设的意见》（国发 [2013]36 号）明确要加快污水和垃圾处理设施建设，并优先升级改造落后设施，确保城市污水处理厂出水达到国家新的环保排放要求或地表水 IV 类标准。根据环保部发布的《城镇污水处理厂污染物排放标准（征求意见稿）》，2017 年前敏感区域内 53% 污水处理厂需要提标改造到一级 A 标准，敏感区域外 30% 需要提标改造到一级 B 标准，全国 10% 污水处理厂需要提标改造到特别排放限制标准；今后新建污水处理厂均采用一级 A 标准。执行新标准后，COD 和氨氮将分别减排 31% 和 47%；若提高污水处理率到欧美发达国家的 90% 水平，2030 年 COD 和氨氮将分别减排 43% 和 60%。根据住建部数据，目前我国约有 3000 座城镇污水处理厂出水水质低于一级 A 标准。如果将一级 B 提升到一级 A 的标准，完成前述所有污水厂改造需投入近 1000 亿元（表 8-1）。

全国城镇污水处理状况　　　　　　　　　　　表 8-1

项目	数值
全国城镇污水处理厂（座）	3900
日处理能力（亿 m³）	1.55
其中：一级 A 污水厂（座）	860
日处理能力（亿 m³）	0.2925
一级 A 以下污水厂（座）	3040
日处理能力（亿 m³）	1.258
假设一级 B 改造为一级 A 成本 [元/(m³·d)]	750
全部污水厂改造投资需求（亿元）	943
敏感地区污水处理厂占比	50%
敏感地区改造市场规模（亿元）	472

（3）在自然水体治理领域，由于监管政策不健全以及监管措施不到位，各地均存在着不同程度的自然水体污染问题。2016年2月，住建部发布全国黑臭水体摸底排查的数据，全国295座地级市及以上城市中，有218座城市被排查出黑臭水体，占比为73.9%。218座被排查出黑臭水体的城市中，共排查出黑臭水体1861个，其中河流1595条，占85.7%；湖塘266个，占14.3%。分析发现，如果每条河投资2~3亿元，前述1861条黑臭河的市场空间为3700~5600亿元。根据中信证券的预测，要想实现2030年的黑臭水体治理目标，对应的投资需求或超过7000亿元。

3. 水处理行业经济政策优势

近年来，我国推出一系列加强水处理的经济政策，如国家加强生态文明建设、《水污染防治行动计划》的推出以及即将开始的环境税征收等。2016年8月，国家发展和改革委员会印发了《"十三五"重点流域水环境综合治理建设规划》。规划旨在进一步加快推进生态文明建设，落实国家"十三五"规划纲要和《水污染防治行动计划》提出的关于全面改善水环境质量的要求，充分发挥重点流域水污染防治中央预算内投资引导作用，推进"十三五"重点流域水环境综合治理重大工程建设，切实增加和改善环境基本公共服务供给，改善重点流域水环境质量、恢复水生态、保障水安全。规划范围涵盖长江、黄河、珠江、松花江、淮河、海河、辽河七大流域，近岸海域中的环渤海地区，以及千岛湖及新安江上游、闽江、九龙江、九洲江、洱海、艾比湖、呼伦湖、兴凯湖等其他流域。

国家关于水处理的政策不断出台，地方政府也相继发布加快水处理的方案。如2016年初，河北省委、省政府印发《河北省水污染防治工作方案》给出了全省治水时间表。河北省将采取50条措施，确保全省水环境安全、水资源清洁、水生态健康。方案确定的河北水污染治理总体目标是：到2020年，全省水环境质量得到总体改善。到2030年，全省水环境质量全面改善。到21世纪中叶，全省生态环境质量全面改善，生态系统实现良性循环。方案还明确了河北省水污染防治的各个阶段性目标。到2017年，全省海河、辽河流域水质优良比例分别达到42%以上和100%，海河流域丧失使用功能（劣于Ⅴ类）的水体断面比例较 2014 年下降 8% 以上，地下水质量考核点位水质级别保持稳定，近岸海域水质优良（一、二类）比例保持稳定不降，重要江河湖泊水功能区水质达标率达到 60%。各市城市建成区黑臭水体控制在 30% 以内，设区市集中式饮用水水源水质达到或优于 Ⅲ 类比例为 100%。按照方案确定的八大治理工程（抓节水、控污水、压采水、调客水、保饮水、净湖水、洁河水、治海水），河北预计将投入资金约 2400 亿元。其中工业水污染治理约 253 亿元，城镇生活污水处理及城市黑臭水体消除约 370 亿元，农业污染治理 380 亿元，水资源保护及利用 800 亿元，良好水体保护 323.8 亿元，北戴河及近岸海域水质提升项目 128 亿元，监管能力建设 3.5 亿元，其他项目 144 亿元。

（三）六万亿土壤修复市场探析

土壤污染治理是与大气、水治理并列的环保"三大战役"，在大气防治、水污染处理行业深入发展、市场不断释放的情况下，土壤修复行业也迎来了发展的良机。

1. 土壤污染严重，污染事件频发

2014年4月，环保部公布《全国土壤污染状况调查报告》，报告显示全国土壤总的超标率为16.1%，其中轻微、轻度、中度和重度污染点位比例分别为11.2%、2.3%、1.5%和1.1%。土壤污染危害极大，如危害人体健康、导致农作物减产及农产品品质降低、污染地表水和地下水等。近年来，国内土壤污染事件频发，公开报道的就有"镉大米"（2013年土壤重金属污染导致湖南省出产的大米镉含量严重超标，"镉大米"事件一时引发恐慌）、"宋家庄地铁站中毒"（2004年北京宋家庄地铁站施工过程中发生一起工人中毒事件。宋家庄地铁站所在地点原是北京一家农药厂厂址。该农药厂始建于20世纪70年代，虽已搬离多年，地下仍遗留部分有毒有害气体）等事件。

2. 土壤修复行业比较落后

相比国内大气污染防治、污水处理以及垃圾处理等发展较早、法律法规体系比较健全、治理模式比较成熟的环保行业，土壤修复行业发展还比较落后，无论社会资本的投资还是整个行业的产值都不高。

（1）我国土壤修复产业投入少（表8-2），产值不到环保产业总产值的1%，远远低于发达国家30%的比例。据统计，2013年我国各地启动的土壤修复试点项目总计42项，总体规模较小，仅2项资金总量超过亿元。

我国土壤修复投入与发达国家情况比较　　　　表 8-2

国家	时期	国土面积（万 km^2）	投入资金
中国	2013—2014	996	250 亿人民币
美国	20 世纪 90 年代	962.9	数千亿美元
荷兰	20 世纪 80 年代	4.1	15 亿美元
德国	1995	35	60 亿美元

注：资料来源，民生证券研究院。

（2）土壤修复的一大板块是棕地污染修复，数据显示，2015 年我国棕地污染修复投入 20 多亿元人民币，约占 GDP 的 0.03‰，同期美国的投入大约为 180 亿美元，占 GDP 的 1‰左右。无论是修复的投资额还是占 GDP 的比例，我国与美国还存在相当大的差距。

（3）土壤修复企业数量方面，我国环境服务业中涉及土壤治理的生态修复企业仅占 3.7%。资料显示，我国首例大规模工业厂区土壤污染修复项目是 2006 年在原沈阳冶炼厂由房地产开发商启动，不过该起土壤修复工作并未有专门的土壤修复公司参与。2007 年我国才出现第一家专门从事土壤修复的公司。近两年来，我国土壤修复公司数量才出现了较大幅度的增长。不过，从总体质量上看，高水平的土壤修复公司数量并不多。

3. 国家出台政策支持土壤修复行业

为改善土壤环境，近几年来，国家相继出台了扶持土壤修复行业发展的一系列政策、法规和标准（表 8-3）。如 2014 年 2 月，环保部批准发布了《场地环境调查技术导则》HJ 25.1—2014、《场地环境监测技术导则》HJ 25.2—2014、《污染场地风险评估技术导则》HJ 25.3—2014、《污染场地土壤修复技术导则》HJ 25.4—2014 和《污染场地术语》HJ 682—2014 等 5 项污染场地系列环保标准。2014 年 5 月国家环保部发布的《关于加强工业企业关停、搬迁及原址场地再开发利用过程中污染防治工作的通知》（环发 [2014]66 号），将场地环境调查评估和污染修复工作从土地流转和开发前移到了工业企业关停搬迁之后，并对工业企业搬迁过程中的环境污染防范提出了要求。

在土壤修复的标准方面，我国于 1995 年颁布了《土壤环境质量标准》GB 15618—1995，该标准针对不同的土壤 pH，列出了镉、汞、砷、铬、铅、铜、锌、镍、六六六和 DDT 的一级标准（自然背景）、二级标准（农业生产土壤限制值）和三级标准（土壤临界值），同时规定了土壤中污染物的最高允许浓度指标值及相应的监测方法，主要面向农田、蔬菜地、茶园、果园、牧场、林地、自然保护区等地的土壤。2015 年 1 月，环保部修订《土壤环境质量标准》GB 15618—1995，并对标准修订草案公开征求意见。目前已修改完成了《农用地土壤环境质量标准（二次征求意见稿）》和《建设用地土壤污染风险筛选指导值（二次征求意见稿）》，并完成了配套标准《土壤环境质量评价技术规范（征求意见稿）》。

土壤修复相关政策法规与具体导则 表 8-3

政策名称	发布时间	发布单位	主要内容
"土十条"	2016 年 5 月	国务院	总体目标定位为：到 2020 年，土壤污染恶化趋势得到遏制；农用地土壤得到有效保护；建设用地土壤安全得到有效保障；土壤污染防治示范得到明显成效，土壤环境管理体制机制基本健全
《湖北省土壤污染防治条例》	2016 年 2 月	湖北省人大	坚持预防为主、突出保护优先，在土壤环境保护标准、土壤污染防治规划、产业政策、环评等方面作出了具体规定，注重对土壤污染产生的源头控制
《建设用地土壤污染风险筛选指导值（征求意见稿）》	2015 年 1 月	环保部	规定了 118 种土壤污染的风险筛选指导值，适用于建设用地土壤污染风险的筛查和风险评估的启动
《农用地土壤环境质量标准（征求意见稿）》	2015 年 1 月	环保部	收严了铅、六六六、滴滴涕三项污染物限值，增加了总锰、总钴等 10 项污染物选测项目，更新了检测规范
《关于推行环境污染第三方治理的意见》	2015 年 1 月	国务院	首次提出把污染物场地修复纳入治理范围，建议采用环境绩效合同服务模式引入第三方治理
《工业企业场地环境调查评估与修复工作指南（试行）》	2014 年 12 月	环保部	1. 搬迁关停工业企业应当及时公布场地的土壤和地下水环境质量状况；2. 组织开展关停搬迁工业企业场地环境调查；3. 严控污染场地流转和开发建设审批；4. 加强场地调查评估及治理修复监管
2014 年 10 月，《土壤污染防治法》形成建议稿			
《土地整治蓝皮书》	2014 年 6 月	国土资源部	中国耕地受到中、重度污染的面积约 5000 万亩，很多地区土壤污染严重，工业污染、矿产开发成了农业土壤污染的主要原因，农业污染本身占比小
《关于加强工业企业关停、搬迁及原址场地再开发利用过程中污染防治工作的通知》	2014 年 5 月	环保部	1. 组织开展关停搬迁工业企业场地环境调查；2. 严控污染场地流转和开发建设审批；3. 加强场地调查评估及治理修复监管；4. 加大信息公开力度

续表

政策名称	发布时间	发布单位	主要内容
2014年4月通过的《环境保护法》修订案增加了土壤修复的内容,《土壤污染防治法》被列为全国人大第一类立法计划项目,《土壤污染防治行动计划》获环保部原则通过			
《土壤污染防治行动计划》	2014年3月	环保部	要实施重度污染耕地种植结构调整,开展污染地块土壤治理与修复试点、建设6个土壤环境保护和污染治理示范区。预计单个示范区用于土壤保护和污染治理的财政收入在10～15亿之间
《污染场地土壤修复技术导则》第5项标准	2014年2月	环保部	为各地开展场地环境状况调查、风险评估、修复治理提供技术指导与支持,为推进土壤和地下水污染防治法律法规体系建设提供基础支撑
《矿山地质环境恢复治理专项资金管理办法》	2013年3月	财政部、国土资源部	成立专项资金,用于矿山地质环境修复治理工程支出及其他相关支出
《近期土壤环境保护和综合治理工作安排》	2013年1月	国务院	到2015年全面摸清我国土壤环境状况,建立严格的耕地和集中式饮用水水源地土壤环境保护制度,初步遏制土壤污染上升势头,确保全国耕地土壤质量调查点位达标率不低于80%;建立土壤环境质量定期调查和例行监测制度,基本建成土壤环境质量检测网,对全国60%的耕地和服务人口50万以上的集中式饮用水水源地土壤环境开展例行监测;力争到2020年,建成国家土壤环境保护体系,使全国土壤环境质量得到明显改善
《关于保障工业企业场地再开发利用环境安全的通知》	2012年11月	环保部、工信部、国土资源部、住建部	提出了对城镇工业企业污染场地管理的基本任务,排查被污染场地;规范被污染场地土地用途;严控污染场地的土地流转;开展治理修复;严格进行环境风险评估和治理修复管理;防范场地污染,以"谁污染,谁负责"的原则确认责任主体;强化保障;加强组织领导等
《湘江流域重金属污染治理实施方案》	2012年6月	湘政办	"十二五"末,重金属企业数量及重金属排放量比2009年减少50%,经过治理,力求2015年后铅、汞、镉、砷等重金属排放总量在2008年基础上消减70%左右;"十二五"期间完成项目856个,总投资505亿元
《关于组织申报历史遗留重金属污染治理2012年中央预算内投资备选项目的通知》	2012年2月	国家发改委	对于原责任主体属于地方企业的项目给予最高不超过总投资30%的补助,对于原责任主体属于中央下放地方企业的项目给予最高不超过总投资45%的补助
《重金属污染综合防治"十二五"规划》	2011年12月	国务院	确定了内蒙古、江苏省等14个重金属污染综合防治重点省份、138个重点防治区域和4452家重点防控企业;规划到2015年,重点区域铅、汞、镉和类金属砷等重金属污染的排放比2007年削减15%
《土地复垦条例》	2011年3月	国务院	强调土地复垦过程中要保护土壤质量与生态环境,避免污染土壤和地下水
《污染场地土壤修复技术导则(征求意见稿)》	2009年12月	环保部	详细说明了污染场地修复工程程序和内容,特别对常用修复技术和施工方案的选择进行了说明

续表

政策名称	发布时间	发布单位	主要内容
《场地环境调查技术规范(征求意见稿)》	2009年8月	环保部	详细勾勒了场地环境调查三个阶段的工作程序和具体工作方法
《关于加强土壤污染防治工作的意见》	2008年6月	环保部	到2010年,全面完成土壤污染状况调查,初步建立土壤环境污染防治规划。初步构建土壤污染防治的政策法律法规等管理体系框架;到2015年,基本建立土壤污染防治监督管理体系,建立土壤污染事故应急预案。土壤环境监测网络进一步完善;以农田土壤和污染场地土壤特别是城市工业遗留污染问题为突出防治的重点领域

注:资料来源,中国产业信息网。

4. 我国土壤修复行业迎来大的发展机遇

随着国家和地方政策的大力扶持以及"土十条"的发布,我国土壤修复市场前景可期。据估计,我国有待修复的土壤污染面积为3.83亿亩,土壤修复市场在6万亿元以上。其中,农业耕地土壤修复投资需求在3万亿元以上、城市土壤修复投资需求在1万亿元以上、矿区土壤修复近2万亿元。此外,受政策和行业利好刺激,土壤修复企业如雨后春笋般不断涌现,从业人数亦不断增长。具体来说,在环境修复数量方面,2006年—2009年,我国每年环境修复项目少于20个。2010年—2013年,这一数字在20~60个之间。从2014年起,环境修复项目数量开始明显增加;在金额方面,2013年,我国土壤修复市场金额约15亿元,2014年,投资金额约为17亿元;2015年,金额27亿元,从业单位和从业者数据分别达到930家和8000人。随着国家和地方政策的大力扶持以及"土十条"的发布,在国家大力推广PPP模式的背景下,政府与社会资本合作的PPP模式将成为未来我国土壤修复市场的主要模式。

（四）社会资本抢占千亿 VOCs 市场

《大气中国 2016：中国大气污染防治进程》报告显示，2015 年，我国 74 个城市的 6 项标准污染物中的 4 项（PM2.5、PM10、SO_2、NO_2）年均浓度相对 2014 年总体继续呈现下降趋势，降幅分别为 14.1%、11.4%、21.9%、7.1%，CO 年均浓度与 2014 年持平，SO_2、NO_2、CO、O_3 年均浓度达到国家二级标准。我国环境质量恶化情况虽然得到一定程度的遏制，但 VOCs、O_3 等新的环境污染问题仍很严重❶。

1. 国家政策加大对 VOCs 排放的监测和处理

VOCs 学名挥发性有机物，是在一定条件下具有挥发性的有机物的总称，其具有排放源小而散、涉及行业广（包括有机化工、石油石化、包装印刷、表面涂装等 72 个大项，2000 多个小项）、排放量大、浓度高、种类多、成分复杂，污染严重等特点，与氮氧化物减排相比，VOCs 减排难度更大。随着国家加大大气污染治理力度尤其是加大城市雾霾治理，细分污染物如 VOCs 的监测和治理也被提上日程。

（1）2015 年 8 月，《大气污染防治法》正式修订通过，新修订法首次将 VOCs 纳入防治范围，为 VOCs 的治理和行业发展提供了法律保障。2015 年 6 月，财政部、国家发改委、环保部三部委联合印发《挥发性有机物排污收费试点办法》（财税 [2015]71 号），对石油化工行业和包装印刷行业征收 VOCs 排污费（见附

---

❶ 据统计，2005 年—2012 年，我国 VOCs 排放量逐年增长，工业源 VOCs 排放量增幅大，其中 2012 年排放量惊人，排放量约为 2088.7 万 t，预计 2020 年、2030 年工业源 VOCs 排放量将达 2147.22 万 t、3660.85 万 t。其重点区域集中在京津冀、长三角、珠江三角洲 19 个省市，排放总量、单位面积排放量东部地区均大于中西部地区；从排放总量上看，2010 年重点区域代表性行业 VOCs 排放量最大的 3 个区域为山东省、浙江省和江苏省，排放量分别达 79.6 万 t、52.7 万 t 和 51.3 万 t；从单位面积排放量看，2010 年重点区域代表型行业 VOCs 排放浓度最大的 3 个区域为上海市、天津市和广东省。

录十四）。当前我国已经制定颁布的《大气污染防治法》《大气污染防治行动计划》等法规、文件，都涉及VOCs污染防治的政策、制度以及措施。2010年5月—2015年6月，国家连续出台了一系列政策明确要对VOCs的排放进行监测和治理，并且对重点企业的VOCs排污进行排污费的收取（表8-4）。

国家关于VOCs治理的相关政策文件   表8-4

新环保法	成果：综合监督和公开约谈以落实地方政府环保责任；连续处罚落实企业环保责任；加强刑事司法；公益诉讼；开展大检查
监测监察执法垂直管理	目的：落实地方政府以及相关部门环保责任；解决地方保护主义对环境监测监察执法的干预；统筹跨区域、跨流域环境管理；规范和加强地方环保机构队伍的建设。 进度：17省提出试点，力争2018年完成改革
环保税	进度：全国人大正在起草。 目的：建立机制鼓励企业少排污染物
环保部总体工作	工作内容：抓好治理；抓好预防；抓好改革；抓好执法；抓整个环保队伍建设以及行业作风
三司设立	进度：形成可操作方案。 目的：强化以环境质量改善为环保工作核心

资料来源：中投证券研究总部

（2）许多地方政府尤其是经济发达地区的地方政府相继印发了本地相应的挥发性有机物管理细则，如北京制定了详细的排污收费标准，上海则对重点行业VOCs减排改造制定了一系列补贴政策（表8-5）。截至目前，北京、上海、江苏、安徽、湖南和四川等多个省市已进入实质性的VOCs排污费征收阶段。其中，北京市、上海市、江苏省、安徽省、湖南省、四川省、天津市、辽宁省、浙江省和河北省十省市VOCs排污费征收主要集中在石油化工、包装印刷行业。

地方对于VOCs治理的相关文件（部分）   表8-5

地区	主要内容
上海	补贴对象为256家重点企业和1744家一般性企业。 其中重点企业： （1）设备泄露检漏与修复（以下简称LDAR）项目按LDAR系统的实施规模统计，每个密封点补贴10元，单个密封点仅可补贴一次； （2）末端治理项目按末端治理装置的有效处理规模统计，单位处理规模（以标态 m^3/h 计）补贴20元； （3）VOCs在线监测项目按在线监测装置数量统计，每套装置一次性补贴20万元。对一般企业，一个企业一次性补贴20万元

续表

地区	主要内容
北京	规定了5个大类17个小类的排污费，基本收费标准为20元/kg；实行阶梯型收费标准，低于本市排放限制50%的，收费10元/kg；超标排放的，收费40元/kg
江苏	2016年1月1日—2017年12月31日，VOCs排污费征收标准为每污染当量3.6元；2018年1月1日起，VOCs排污费征收标准为每污染当量4.8元。 差别化收费：排放浓度在排放限值的80%~100%之间（含100%），按基准收费标准收费；在排放限制的50%~80%之间（含80%），按基准收费标准80%收费；低于排放限值的50%（含50%），按基准收费标准的50%收费。浓度超标或总量超标的，按基准收费标准的两倍收费，同时存在上述两种情况的，三倍征收排污费
安徽	VOCs排污费征收标准为每污染当量1.2元。 差别化收费：浓度超标或总量超标的，按基准收费标准的两倍收费；同时存在上述两种情况的，三倍征收排污费
湖南	VOCs排污费征收标准为每污染当量1.2元。 差别化收费：根据VOCs排放监测技术水平，浓度超标或总量超标的，按基准收费标准的两倍收费；同时存在上述两种情况的，三倍征收排污费。企业生产工艺、装备及产品，属于《产业结构调整指导目录（修正）》规定的淘汰类的，按收费标准加一倍征收排污费。浓度低于排放限值50%以上的，减半征收排污费

2. VOCs 市场空间大

此前我国大气污染治理的重点主要是脱硫、脱硝和除尘，对于 VOCs 的治理重视程度不够。此外，因政策法规以及制度管理体系等不健全，导致我国 VOCs 治理迟缓。随着政策的推进，VOCs 治理将加快展开。

根据中国环境保护产业协会的调查估算，2009 年—2013 年，我国 VOCs 治理行业总产值 15~40 亿元，年复合增长率 20% 左右。2014 年全国 VOCs 治理行业总产值约 70 多亿元。总体而言，目前我国 VOCs 治理行业正处于起步成长阶段。虽然如此，我国 VOCs 治理潜在市场空间每年有 1100 亿元，具有很大的投资空间。目前市场上专注于 VOCs 监测与治理的社会资本已经开始以 PPP 的模式抢占 VOCs 市场。2015 年 9 月，国内某环保公司公告称与某县人民政府签署包装印刷行业 VOCs 污染第三方治理及资源化利用项目合作框架协议，投资约 18 亿元，拟以 PPP 模式开展合作，项目建成后有望每年贡献营收 4~5 亿元，净利润 1 亿元。此项目是国内有机废气治理领域第一单 PPP 项目，有望成为标杆示范工程项目，加速行业 PPP 项目进展。

（五）美丽乡村建设中的环保 PPP 机遇

党的十八大提出："要努力建设美丽中国，实现中华民族永续发展"，第一次提出了城乡统筹协调发展共建"美丽中国"的全新概念，而美丽乡村建设是实现美丽中国的重要抓手，也是美丽中国建设的重要战略支撑。

1. 国家战略层面的"美丽乡村"

2013 年中央一号文件依据"美丽中国"的理念第一次提出了要建设"美丽乡村"的奋斗目标，新农村建设以"美丽乡村"建设的提法首次在国家层面明确提出。2013 年 11 月农业部发布《关于公布"美丽乡村"创建试点乡村名单的通知》，确定了 1100 个乡村为全国"美丽乡村"创建试点乡村。在此背景下，全国各地掀起了建设美丽乡村的热潮。

《"十三五"规划》指出，未来五年我国将加强"美丽乡村建设"，主要内容有：改造建设百万公里农村公路；继续加强农村公路建设，加强县乡道提级改造、农村公路安全防护设施建设和危桥改造；农村自来水普及率达到 80%；实施加快中西部教育发展行动计划，逐步实现未达标城乡义务教育公办学校的师资标准化配置和校舍、场地标准化。从 2016 年起，中央财政按照每村每年 150 万元的标准，连续支持两年，计划"十三五"期间在全国建成 6000 个左右美丽乡村。

2. "美丽乡村"建设需解决环保问题

环保部相关负责人此前指出，我国的环境污染正在进行一场"上山下乡"，即工业污染正由东部向中西部转移、由城市向农村转移。

中央明确提出要加强农村生态建设、环境保护和综合治理，努力建设美丽乡村。农村生活污水处理是建设社会主义美丽乡村的需要。目前，我国乡村污水治理的现状主要表现为卫生条件较差、基础设施落后、管网不健全、污水排放分散、无处理随意排放、来源多、浓度高、管理水平差以及支付能力弱,无法确保长期有效的运行管理。

研究显示,我国每年农村垃圾总量为1.2亿t,而许多地方环保基础设施不全或者根本没有,有的还处于垃圾自然堆放状态,农村垃圾现状被戏称为"垃圾靠风刮,污水靠蒸发"。由于我国农村垃圾处理晚于城市,受技术条件和处理机制的限制,处理情况不理想,突出问题主要表现在:农村垃圾量大、农户居住分散导致垃圾运输成本高、人们还没有形成垃圾分类的良好习惯等。其中,一个核心的要素是很多地方农村垃圾处理费用并没有列入财政预算,资金投入不足导致农村垃圾不能得到有效处理。因此,极易对土壤、水源地产生二次污染,严重影响农村的土壤、大气和水环境。不仅如此,部分城市还将生活垃圾、建筑垃圾运往远郊乡村地区,"垃圾围城"变为"垃圾围村",进一步恶化了农村的环保形势。针对越来越严峻的农村环保形势,中央和地方连续出台政策加强农村环境治理:2015年初,中央1号文件首次写入"农村垃圾治理";2015年11月,住建部等十部门联合发布《全面推进农村垃圾治理的指导意见》;《"十三五"规划》提出要"开展农村人居环境整治行动"。2016年5月,《河北省乡村环境保护和治理条例(草案)》二次审议稿提出"禁止将城市生活垃圾、建筑垃圾、医疗废弃物等向指定场所以外的乡村地区转移、倾倒或者填埋"。

3. PPP模式促进"美丽乡村"环保项目落地

(1)目前,从中央到地方积极推广PPP模式,全国掀起PPP的热潮。研究发现,在美丽乡村环保建设领域中引入包括国企、外资、民企、混合所有制企业在内的各类社会资本,可以发挥PPP模式的诸多优势:一是地方政府尤其是农村地区财政相对紧张,PPP模式可以缓解地方财政压力、平滑政府财政支出;二是发挥社会资本在技术和管理上的优势,节约污水处理设施、垃圾处理设施的建设成本,提高PPP项目的运营效率(如污水处理PPP项目的关键环节在于运维,由于农村污水处理运维权责主体模糊、监管不足、财政压力较大,许多项目建成后"晒太阳",效率不高,造成极大的浪费),实际上也是提高美丽乡村建设的效率;三是美丽乡村环保建设领域市场前景广阔,以农村污水处理市场为例,预测称未来5~10年,我国农村污水处理市场每年将新增投资规模在55亿元左右。在总产值方面,2020年我国农村污水处理市场产值将达到840亿元,2025年这一数字将达到1300亿元,2035年将达到2000亿元。

(2)美丽乡村建设与PPP模式具有一致的内涵,PPP模式的特点是投资大(动辄几亿、十几亿、几十亿甚至上百亿)、运维周期长(长达二三十年)、回报率不高(基于PPP大多是基建项目和公共服务项目,具有明显的公益性),而这些正好与美丽乡村环保建设项目契合:我国有4万个乡镇、60万个自然村,要建设环保项目需要大量的投资,美丽乡村建设投资周期长。此外,大多数农村地区经济欠发达,在社会资本的投资回报率上自然要考虑当地的实际经济情况。作为民生项目,美丽乡村建设环保项目符合国家的发展战略及政府部门相关文件的要求,适宜采用PPP模式(主要是针对社会公益项目)。分析认为,美丽乡村建设是一个长期过程,如果仅靠财政资金则不可持续,需要创新合作模式,以PPP模式吸引更多的社会资本投入到美丽乡村建设。

华东某地农村生活污水处理PPP项目是全国首个以县市整体打包的农村生活污水治理工程,工程涉及全市20多个乡镇街道、160多个行政村、14万户农户的生活污水治理工作,总投资约13亿元,建成后服务人口66万人,每天处理污水量约8.6万t,基本实现农村生活污水治理全覆盖。具体项目主要涉及农村生活污水治理工程管网及处理终端的建设和养护。项目将对农村生活污水进行统一收集、统一排放,使农村污水处理后达到《城镇污水处理厂污染物排放标准》GB 18918—2002的一级B标准(总氮除外)。该农村生活污水处理PPP项目建成后,对改善农村面貌、减少农村河道和地下水污染、优化农村环境以及提升当地农村人口生活品质发挥积极的作用。

2015年,华北某地农村通过PPP模式破解了农村环卫管理难题。一直以来,垃圾处理是困扰华北某地农村百姓的一大"顽疾",令当地政府十分头疼。为彻底清理农村垃圾,打造美丽乡村,该地通过PPP模式将农村垃圾处理推向市场,将48个试点村的生活垃圾处理交由专业的社会资本实施。根据合作协议,该村从村内街道保洁、垃圾收集、清运,以及人员管理到设备管护,由社会资本环卫公司全权负责,政府相关部门负责监管,对不符合要求的根据考核标准扣分及罚款，直接从托管费中扣除。本 PPP 案例中，政府与社会资本合作方由此前的"户分类、村收集、乡镇转运、区处理"四个管理主体变为"统一收集、统一清运、集中处理"一个管理主体，建立起农村垃圾处理"一杆到底"的管理制度，实现了农村生活垃圾减量化、无害化和资源化处理。

（六）"互联网+PPP"开启智慧环保

随着"互联网+"❶时代的来临，环保产业将借助这一"风口"迎来新的发展机遇。实践发现，目前，我国部分地方政府顺应国家发展战略，通过互联网、物联网等技术手段，采取"互联网+环保"模式，实施精细化管理，开拓智慧环保。

1．"互联网+"与 PPP 同时被列为国家战略

（1）早在 2015 年 3 月 5 日，李克强总理在政府工作报告上就提到，制定"互联网+"行动计划，国家将培育更多的新兴产业和新兴业态，形成新的经济增长点，促进经济社会各领域融合创新。2015 年 7 月 1 日国务院发布《国务院关于积极推进"互联网+"行动的指导意见》（国发 [2015]40 号），明确提出要推进"互联网+"，互联网要在促进制造业、农业、能源、环保等产业转型升级方面取得积极成效，劳动生产率进一步提高（见附录十五）。研究发现，中央在大力推广"互联网+"的同时，也在大力推广 PPP 模式。"互联网+"和 PPP 模式，无疑都是当下中国的热门经济形态。2015 年，"互联网+"和"PPP"模式更是同时被提升到国家战略的高度。

（2）事实上，"互联网+"和 PPP 模式两者已经产生了碰撞和融合。以"互联网+PPP"模式下的环保领域为例。近年来，我国环境问题日益凸显，作为 PPP 领域重要的环保行业，也在积极寻求与"互联网+"的亲密接触。所谓"互联网+PPP 环保"是指在环境保护领域将环境要素信息与互联网结合，利用互联网思维并借助互联网平台实现各种环境要素的信息共享，进而解决各类环境问题，这也是我国环保发展的大趋势。

（3）我国"互联网+"在环保 PPP 领域有了初步的发展和应用。目前，我国

---

❶ 所谓"互联网+"，即推动移动互联网、云计算、大数据、物联网等与现代制造业结合，促进电子商务、工业互联网和互联网金融健康发展，引导互联网企业拓展国际市场。我国要实施高端装备、信息网络、集成电路、新能源、新材料、生物医药、航空发动机、燃气轮机等重大项目，把一批新兴产业培育成主导产业。

多地环保部门正积极建设环境信息数据中心，多家环保企业通过 PPP 模式与政府在排污、垃圾处理等方面进行了合作。

2. 国家大力推动环境监测

（1）国家大力推进环境动态监测和智慧环保。《国务院关于积极推进"互联网+"行动的指导意见》指出要大力发展智慧环保，利用智能监测设备和移动互联网，完善污染物排放在线监测系统，增加监测污染物种类，扩大监测范围，形成全天候、多层次的智能多源感知体系。建立环境信息数据共享机制，统一数据交换标准，推进区域污染物排放、空气环境质量、水环境质量等信息公开，通过互联网实现面向公众的在线查询和定制推送。加强对企业环保信用数据的采集整理，将企业环保信用记录纳入全国统一的信用信息共享交换平台。完善环境预警和风险监测信息网络，提升重金属、危险废物、危险化学品等重点风险防范水平和应急处理能力。2016 年 1 月，国家发改委和环保部陆续出台《"互联网+"绿色生态三年行动实施方案》和《生态环境大数据建设总体方案》。政策的出台，一方面意味着政府对环境监测市场的需求，另一方面为发展环境监测行业市场提供了有力的保障。2016 年 7 月 26 日，中国环境保护产业协会发布《中国环境保护产业协会关于第七批中国环境保护产业行业企业信用等级评价初评结果公示的公告》（中环协 [2016]70 号），公告称，为促进环保产业行业诚信体系建设，提高行业企业诚信意识，增强行业自律水平，规范行业内部竞争秩序，促进行业健康发展，根据商务部信用工作办公室、国资委行业协会联系办公室《关于行业信用评价工作有关事项的通知》（商秩字 [2009]7 号）的文件要求，经商务部信用工作办公室、国资委行业协会联系办公室《关于公布第七批行业信用评价参与单位名单的通知》（商信用函 [2011]2 号）批准，中国环境保护产业协会自 2011 年起在全国范围内开展环保产业行业信用等级评价工作。根据《中国环境保护产业行业企业信用等级评价管理办法》，经中国环境保护产业协会信用评价办公室和信用评价专家委员会严格评价，并通过协会信用评价工作委员会审核，向社会进行公示。2016 年 8 月 9 日，中国环境保护产业协会发布《第七批中国环境保护产业行业企业信用等级评价初评结果公示的公告》（表 8-6）。

第七批中国环境保护产业行业企业信用等级评价初评结果名单　　表 8-6

序号	企业名称（相同等级排名不分先后）	信用等级
1	上海格林曼环境技术有限公司	AAA
2	上海新华净环保工程有限公司	AAA
3	山西尚风科技股份有限公司	AAA
4	广东中联兴环保科技有限公司	AAA
5	广东贝源检测技术股份有限公司	AAA
6	广东长天思源环保科技股份有限公司	AAA
7	广州紫科环保科技股份有限公司	AAA
8	广州市环境保护工程设计院有限公司	AAA
9	广州市怡文环境科技股份有限公司	AAA
10	飞翼股份有限公司	AAA
11	中山环保产业股份有限公司	AAA
12	中科天融（北京）科技有限公司	AAA
13	中绿环保科技股份有限公司	AAA
14	开源环保（集团）有限公司	AAA
15	长沙华时捷环保科技发展股份有限公司	AAA
16	北京万讯达声学设备有限公司	AAA
17	北京国环建邦环保科技有限公司	AAA
18	北京航天益来电子科技有限公司	AAA
19	北京雪迪龙科技股份有限公司	AAA
20	同方环境股份有限公司	AAA
21	宇星科技发展（深圳）有限公司	AAA
22	安徽盛运环保工程有限公司	AAA
23	江西金达莱环保股份有限公司	AAA
24	江西夏氏春秋环境投资有限公司	AAA
25	西安西矿环保科技有限公司	AAA
26	启迪桑德环境资源股份有限公司	AAA
27	凯天环保科技股份有限公司	AAA
28	武汉旭日华科技发展有限公司	AAA
29	武汉都市环保工程技术股份有限公司	AAA
30	河南金谷实业发展有限公司	AAA
31	青岛佳明测控科技股份有限公司	AAA
32	青岛路博宏业环保技术开发有限公司	AAA

续表

序号	企业名称（相同等级排名不分先后）	信用等级
33	信开水环境投资有限公司	AAA
34	南京常荣声学股份有限公司	AAA
35	威士邦（厦门）环境科技有限公司	AAA
36	泉州市天龙环境工程有限公司	AAA
37	重庆财信环境资源股份有限公司	AAA
38	浙江天蓝环保技术股份有限公司	AAA
39	浙江富春紫光环保股份有限公司	AAA
40	浩蓝环保股份有限公司	AAA
41	深圳市朗坤环保股份有限公司	AAA
42	厦门隆力德环境技术开发有限公司	AAA
43	湖南先瑞环境技术有限公司	AAA
44	福建龙净环保股份有限公司	AAA
45	福建鑫泽环保设备工程有限公司	AAA
46	陕西蔚蓝节能环境科技集团有限责任公司	AA
47	西安华诺环保股份有限公司	AA
48	山西同煤电力环保科技有限公司	AA
49	广东绿园环保科技有限公司	AA
50	霍普科技（天津）股份有限公司	AA
51	北京华科仪科技股份有限公司	AA
52	四川三元环境治理股份有限公司	AA
53	四川宇阳环境工程有限公司	AA
54	四川蜀望生态环保科技有限公司	AA
55	成都环美园林生态股份有限公司	AA
56	江苏远大信息股份有限公司	AA
57	江苏远东环保工程有限公司	AA
58	江苏朗逸环保科技有限公司	AA
59	哈尔滨北方环保工程有限公司	AA
60	浙江竟成环保科技有限公司	AA
61	湖南清之源环保科技有限公司	AA
62	宁波国谱环保科技有限公司	A
63	河北白晶环境科技有限公司	A
64	天津市红旗环保科技有限公司	A
65	太原市泓源环境工程有限公司	A

续表

序号	企业名称（相同等级排名不分先后）	信用等级
66	江西弘毅环境工程有限公司	A
67	厦门新禹环保科技有限公司	A

（2）与"十二五"相比，我国"十三五"环保规划以改善环境质量为核心，各地将加快速度建设基于环境保护的环境监测平台。互联网技术为重点污染源监控提供了新的手段，目前，我国有一万多家国家重点环境监控企业，基本上都装有在线监测设备，实时监测四大类需减排的污染物排放量。如某县政府针对该县企业间歇性锅炉烟尘超标问题，在相关企业废气处理设施建设完成之后，要求安装监控设施用于监控烟尘排放情况，并在相关负责人手机上安装在线监控 APP 视频软件，确保实时在线监控。

（3）2015年8月，国务院发布的《生态环境监测网络建设方案》指出，到2020年，我国将基本实现环境质量和重点污染源监测全覆盖。环保部数据显示，目前我国已经建成超过1400个环境空气自动监测站点，338个地级城市可实时发布空气污染物数据。据专业机构研究，"十三五"期间，我国环境监测市场空间达千亿以上，行业增速在25%～30%之间。其中，2016年—2020年，室外空气环境市场规模每年约500亿元，年均翻几番；工业污染源市场规模未来保持25%左右复合增速；电厂烟气流量监测设备规模将达200亿元。

（4）在环境监测的实操中，有"互联网+PPP"的成功典范。见案例【8-1】。

【8-1】2015年，我国某环保公司通过开发无人机项目，与某省在PPP环保领域进行深度合作。具体来说，某环保公司借助先进的无人机技术与互联网大数据平台，对某省大气、水、土壤以及矿山进行环境在线监测，取得了良好的效果。2016年，上述某环保公司应用卫星遥感技术，开展"向城市环境资源管理的物联网数据综合服务平台建设"项目的研发工作，主要面向水质监测、绿地管理、尾矿监察、国土资源监控、林业管理、城市管理、防灾减灾等行业精准业务需求，开发满足高分辨率卫星遥感应用需求的示范业务应用服务平台，实现智能化数据管理、集成化综合应用服务等功能。

3. 互联网时代下再生资源转型

（1）根据国外行业发展经验，垃圾处理一般都经历了三个阶段，即卫生填埋、垃圾焚烧、资源回收利用。根据商务部统计，2013年包括废纸在内的8大类别的主要再生资源回收总值为4817.1亿元。2014年新加入废玻璃、废电池两大类别，共计10大类别的再生资源回收总值为6446.9亿元。2015年2月，国家发改委等六部委发布《废弃电器电子产品处理目录（2014年版）》，目录新增电热水器、燃气热水器、打印机、复印机、传真机、吸油烟机、监视器、移动通信手持机、电话单机等电子废弃物，大大扩大了电子废弃物收费处置的范围，为资源回收利用行业提供了广阔的市场空间。

（2）近年来，随着再生资源行业的不断发展，暴露出盈利模式单一以及资金短缺等问题。在"互联网+"的时代潮流中，一些再生资源行业开始利用信息技术进行转型升级。

4. 垃圾清扫、收运环节市场空间大

（1）如上所述，垃圾处理分为卫生填埋、焚烧及资源回收三个阶段。目前，我国企业在垃圾处理的前端即清扫和收运环节的投入远远落后于后端即垃圾处理环节。研究发现，垃圾处理的前端环节对处理环节的高效运行起着至关重要的作用。对环保企业而言，垃圾处理的前端环节还蕴藏着上千亿的市场空间。具体来说：在清扫环节，我国每年产生生活垃圾约3.6亿吨，每年垃圾清扫市场达500亿元左右；在收运环节，相关统计显示，2014年全国环卫机械保有量约14.14万台，价值约180~200亿元。按目前约100万t/d的生活垃圾产生量、100~150元/t运输费计算，收运运营市场约350~550亿元/年。换句话说，我国垃圾处理的前端环节（清扫、收运）每年市场规模达上千亿元。

（2）进军垃圾清扫收运环节将成为垃圾处理企业今后的发展方向。研究发现，国外成熟的废物管理公司50%的垃圾处理收入来源于垃圾收运。2014年初，某环保公司以9.5亿新西兰元买入新西兰最大的固废处理公司Trans-Pacific New

Zealand。这家固废处理公司在新西兰市场占有率超过 30%，业务贯穿垃圾处理的整个产业链。其中，垃圾收集占这家固废公司所有业务 51% 的利润。

5. PPP 模式在垃圾收运环节的应用

我国垃圾清扫、收运行业技术门槛不高，资金缺乏，效率较低，管理也较为粗放，急需科学化、规范化、信息化管理手段，以提高盈利空间。而如果采取 PPP 模式，则可以发挥 PPP 模式在资金、技术、管理方面的优势。在互联网时代下，以 PPP 模式推动我国的垃圾清扫、收运环节的发展，显得非常现实和迫切。2015 年 4 月，国家发改委印发的《2015 年循环经济推进计划》（发改环资 [2015] 769 号）明确提出，鼓励利用互联网、大数据、物联网、信息管理公共平台等现代信息手段，开展信息采集、数据分析、流向监测，优化网点布局，实现线上回收、线下物流的融合，搭建科学高效的逆向物流体系。国内某环保公司以 PPP 模式和政府合作，主要是解决垃圾的清扫和收运。在具体的操作上，该公司运用互联网技术和大数据分析，与相关物流公司、广告公司合作。如环卫车辆既可运送垃圾和再生资源，又可运输包裹等实现"最后一公里物流"。此外，该公司还与广告公司合作，将运输车辆作为流动的广告载体。总的来说，在互联网信息技术不断发展的背景下，社会资本通过 PPP 模式从事垃圾收运环节，可以实现"多赢"：作为政府一方，财政压力既得到了缓解，又达到了环境治理的目的；作为社会资本一方，既占领了垃圾清运环节这个大市场，又通过先进的技术、科学的管理方式、市场化的运作模式大大节约了成本，实现了投资回报；作为社会公众一方，享受到了干净整洁的生活环境，提高了生活质量。

附录一：全国土壤污染状况调查公报

（2014年4月17日）
环保部 国土资源部

根据国务院决定，2005年4月—2013年12月，我国开展了首次全国土壤污染状况调查。调查范围为中华人民共和国境内（未含香港特别行政区、澳门特别行政区和台湾地区）的陆地国土，调查点位覆盖全部耕地，部分林地、草地、未利用地和建设用地，实际调查面积约630万平方公里。调查采用统一的方法、标准，基本掌握了全国土壤环境质量的总体状况。

现将主要数据成果公布如下：

一、总体情况

全国土壤环境状况总体不容乐观，部分地区土壤污染较重，耕地土壤环境质量堪忧，工矿业废弃地土壤环境问题突出。工矿业、农业等人为活动以及土壤环境背景值高是造成土壤污染或超标的主要原因。

全国土壤总的超标率为16.1%，其中轻微、轻度、中度和重度污染点位比例分别为11.2%、2.3%、1.5%和1.1%。污染类型以无机型为主，有机型次之，复合型污染比重较小，无机污染物超标点位数占全部超标点位的82.8%。

从污染分布情况看，南方土壤污染重于北方；长江三角洲、珠江三角洲、东北老工业基地等部分区域土壤污染问题较为突出，西南、中南地区土壤重金属超标范围较大；镉、汞、砷、铅4种无机污染物含量分布呈现从西北到东南、从东北到西南方向逐渐升高的态势。

二、污染物超标情况

（一）无机污染物

镉、汞、砷、铜、铅、铬、锌、镍8种无机污染物点位超标率分别为7.0%、

1.6%、2.7%、2.1%、1.5%、1.1%、0.9%、4.8%，见附表1-1。

无机污染物超标情况 附表1-1

污染物类型	点位超标率（%）	不同程度污染点位比例（%）			
		轻微	轻度	中度	重度
镉	7.0	5.2	0.8	0.5	0.5
汞	1.6	1.2	0.2	0.1	0.1
砷	2.7	2.0	0.4	0.2	0.1
铜	2.1	1.6	0.3	0.15	0.05
铅	1.5	1.1	0.2	0.1	0.1
铬	1.1	0.9	0.15	0.04	0.01
锌	0.9	0.75	0.08	0.05	0.02
镍	4.8	3.9	0.5	0.3	0.1

（二）有机污染物

六六六、滴滴涕、多环芳烃3类有机污染物点位超标率分别为0.5%、1.9%、1.4%，见附表1-2。

有机污染物超标情况 附表1-2

污染物类型	点位超标率（%）	不同程度污染点位比例（%）			
		轻微	轻度	中度	重度
六六六	0.5	0.3	0.1	0.06	0.04
滴滴涕	1.9	1.1	0.3	0.25	0.25
多环芳烃	1.4	0.8	0.2	0.2	0.2

三、不同土地利用类型土壤的环境质量状况

耕地：土壤点位超标率为19.4%，其中轻微、轻度、中度和重度污染点位比例分别为13.7%、2.8%、1.8%和1.1%，主要污染物为镉、镍、铜、砷、汞、铅、滴滴涕和多环芳烃。

林地：土壤点位超标率为10.0%，其中轻微、轻度、中度和重度污染点位比

例分别为5.9％、1.6％、1.2％和1.3％，主要污染物为砷、镉、六六六和滴滴涕。

草地：土壤点位超标率为10.4％，其中轻微、轻度、中度和重度污染点位比例分别为7.6％、1.2％、0.9％和0.7％，主要污染物为镍、镉和砷。

未利用地：土壤点位超标率为11.4％，其中轻微、轻度、中度和重度污染点位比例分别为8.4％、1.1％、0.9％和1.0％，主要污染物为镍和镉。

四、典型地块及其周边土壤污染状况

（一）重污染企业用地

在调查的690家重污染企业用地及周边的5846个土壤点位中，超标点位占36.3％，主要涉及黑色金属、有色金属、皮革制品、造纸、石油煤炭、化工医药、化纤橡塑、矿物制品、金属制品、电力等行业。

（二）工业废弃地

在调查的81块工业废弃地的775个土壤点位中，超标点位占34.9％，主要污染物为锌、汞、铅、铬、砷和多环芳烃，主要涉及化工业、矿业、冶金业等行业。

（三）工业园区

在调查的146家工业园区的2523个土壤点位中，超标点位占29.4％。其中，金属冶炼类工业园区及其周边土壤主要污染物为镉、铅、铜、砷和锌，化工类园区及周边土壤的主要污染物为多环芳烃。

（四）固体废物集中处理处置场地

在调查的188处固体废物处理处置场地的1351个土壤点位中，超标点位占21.3％，以无机污染为主，垃圾焚烧和填埋场有机污染严重。

（五）采油区

在调查的13个采油区的494个土壤点位中，超标点位占23.6％，主要污染物为石油烃和多环芳烃。

（六）采矿区

在调查的70个矿区的1672个土壤点位中，超标点位占33.4％，主要污染物为镉、铅、砷和多环芳烃。有色金属矿区周边土壤镉、砷、铅等污染较为严重。

（七）污水灌溉区

在调查的 55 个污水灌溉区中,有 39 个存在土壤污染。在 1378 个土壤点位中,超标点位占 26.4%,主要污染物为镉、砷和多环芳烃。

(八)干线公路两侧

在调查的 267 条干线公路两侧的 1578 个土壤点位中,超标点位占 20.3%,主要污染物为铅、锌、砷和多环芳烃,一般集中在公路两侧 150 米范围内。

注释:

[1] 本公报中点位超标率是指土壤超标点位的数量占调查点位总数量的比例。

[2] 本次调查土壤污染程度分为 5 级:污染物含量未超过评价标准的,为无污染;在 1 倍至 2 倍(含)之间的,为轻微污染;2 倍至 3 倍(含)之间的,为轻度污染;3 倍至 5 倍(含)之间的,为中度污染;5 倍以上的,为重度污染。

附录二：关于制定和调整污水处理收费标准等有关问题的通知

发改价格 [2015]119 号

各省、自治区、直辖市发展改革委、物价局、财政厅（局）、住房城乡建设厅（建委、市政管委、水务厅、水务局）：

为深入贯彻党的十八届三中全会精神，落实国务院《城镇排水与污水处理条例》等规定，促进水污染防治，改善水环境质量，现就合理制定和调整污水处理收费标准，加大污水处理收费力度有关问题通知如下：

一、合理制定和调整收费标准。污水处理收费标准应按照"污染付费、公平负担、补偿成本、合理盈利"的原则，综合考虑本地区水污染防治形势和经济社会承受能力等因素制定和调整。收费标准要补偿污水处理和污泥处置设施的运营成本并合理盈利。2016年底前，设市城市污水处理收费标准原则上每吨应调整至居民不低于0.95元，非居民不低于1.4元；县城、重点建制镇原则上每吨应调整至居民不低于0.85元，非居民不低于1.2元。已经达到最低收费标准但尚未补偿成本并合理盈利的，应当结合污染防治形势等进一步提高污水处理收费标准。未征收污水处理费的市、县和重点建制镇，最迟应于2015年底前开征，并在3年内建成污水处理厂投入运行。

各地制定和调整污水处理收费标准，应依法履行污水处理企业成本监审、专家论证、集体审议等定价程序，确保政府制定污水处理收费标准的科学性、公正性和透明度，广泛接受社会监督，保护消费者和经营者的合法权益。

二、加大污水处理费收缴力度。对排水量明显低于用水量且排水口已经安装自动在线监测设施等计量装置的火力发电、钢铁等少数企业用户，经城镇排水与污水处理主管部门（以下简称"排水主管部门"）认定并公示后，按实际排水量计征；未安装自动在线监测设施等计量装置的，按用水量计征。要重点加强自备水源用户污水处理费的征缴，对取水设施已安装计量装置的自备水源用户，其用水量按照计量值计算；对未安装计量装置的用户，其用水量按照取水设施额定流量每日运转 24 小时计算。自备水源污水处理费由排水主管部门或其委托的单位负责征收。

三、实行差别化收费政策。各地可结合水污染防治形势和当地经济社会发展水平，制定差别化的污水处理收费标准。对企业排放污水符合国家或地方规定标准的，执行正常的企业污水处理收费标准。对企业排放污水超过国家或地方规定标准的，依据有关法律法规进行处罚，并对超标排放的污水实行更高的收费标准。各地可根据超标排放污水中主要污染物排放情况，制定差别化的收费标准。

四、鼓励社会资本投入。各地应充分发挥价格杠杆作用，合理制定和调整污水处理收费标准，形成合理预期，吸引更多社会资本通过特许经营、政府购买服务、股权合作等方式，积极参与污水处理设施的投资建设和运营服务，提高污水处理能力和运营效率。政府应严格按照运营维护合同约定，及时足额拨付污水处理运营服务费，确保收取的污水处理费专项用于城镇污水处理设施建设、运行和污泥处理处置。鼓励工业园区（开发区）内污水处理单位与污水排放企业协商确定污水处理收费，提高污水处理市场化程度和处理效率。

五、确保配套措施落实到位。一是加大政府投入。各地要将加快城镇污水处理设施建设作为公用事业的重要内容，切实加大投入力度。国家通过中央预算内投资以及其他财政专项等现有渠道支持城市污水处理等基础设施建设。二是强化行业监管。严格排水许可制度，监督污水排放企业达标排放。加强污水处理企业监管，保证出水水质和污泥处置符合国家和地方规定的排放标准；对城镇污水处理企业超标排放化学需氧量、氨氮等主要污染物的，应依法依规予以处罚。限期关闭城镇公共供水管网覆盖区域内的自备水井，防止偷采偷排。三是做好低收入保障。要提高对低收入家庭补贴标准，确保其基本生活水平不因调整污水处理收费标准而降低。

六、做好信息公开和宣传。各地要向社会公开污水处理费收取、使用情况；制定或调整污水处理收费标准要公开污水处理企业成本监审结果；重点排污单位要公开污水排放等指标；污水处理企业要定期公开污水处理量、主要污染物削减量、出水主要指标和企业运营情况等信息。要加强污水处理和收费的宣传解释，通过报纸、电视和网络等媒体，宣传我国水环境污染的状况，征收和调整污水处理费、促进污水处理和水污染防治的必要性，争取社会各界的理解和支持。

各省、自治区、直辖市价格、财政和排水主管部门要加强协调配合，形成工作合力，在调查研究的基础上，尽快提出本省、自治区、直辖市提高污水处理收费力度的实施方案，并于每年底前将工作进展情况报国家发展改革委、财政部和住房城乡建设部。国家发展改革委、财政部和住房城乡建设部将对各地政策落实情况进行检查督导，对不按规定落实相关政策的，将予以通报。

国家发展改革委

财政部

住房城乡建设部

2015年1月21日

附录三：政府采购竞争性磋商采购方式管理暂行办法

第一章 总则

第一条 为了规范政府采购行为，维护国家利益、社会公共利益和政府采购当事人的合法权益，依据《中华人民共和国政府采购法》（以下简称政府采购法）第二十六条第一款第六项规定，制定本办法。

第二条 本办法所称竞争性磋商采购方式，是指采购人、政府采购代理机构通过组建竞争性磋商小组（以下简称磋商小组）与符合条件的供应商就采购货物、工程和服务事宜进行磋商，供应商按照磋商文件的要求提交响应文件和报价，采购人从磋商小组评审后提出的候选供应商名单中确定成交供应商的采购方式。

第三条 符合下列情形的项目，可以采用竞争性磋商方式开展采购：

（一）政府购买服务项目；

（二）技术复杂或者性质特殊，不能确定详细规格或者具体要求的；

（三）因艺术品采购、专利、专有技术或者服务的时间、数量事先不能确定等原因不能事先计算出价格总额的；

（四）市场竞争不充分的科研项目，以及需要扶持的科技成果转化项目；

（五）按照招标投标法及其实施条例必须进行招标的工程建设项目以外的工程建设项目。

第二章 磋商程序

第四条 达到公开招标数额标准的货物、服务采购项目，拟采用竞争性磋商采购方式的，采购人应当在采购活动开始前，报经主管预算单位同意后，依法向设区的市、自治州以上人民政府财政部门申请批准。

第五条 采购人、采购代理机构应当按照政府采购法和本办法的规定组织开展竞争性磋商，并采取必要措施，保证磋商在严格保密的情况下进行。

任何单位和个人不得非法干预、影响磋商过程和结果。

第六条　采购人、采购代理机构应当通过发布公告、从省级以上财政部门建立的供应商库中随机抽取或者采购人和评审专家分别书面推荐的方式邀请不少于3家符合相应资格条件的供应商参与竞争性磋商采购活动。

符合政府采购法第二十二条第一款规定条件的供应商可以在采购活动开始前加入供应商库。财政部门不得对供应商申请入库收取任何费用，不得利用供应商库进行地区和行业封锁。

采取采购人和评审专家书面推荐方式选择供应商的，采购人和评审专家应当各自出具书面推荐意见。采购人推荐供应商的比例不得高于推荐供应商总数的50%。

第七条　采用公告方式邀请供应商的，采购人、采购代理机构应当在省级以上人民政府财政部门指定的政府采购信息发布媒体发布竞争性磋商公告。竞争性磋商公告应当包括以下主要内容：

（一）采购人、采购代理机构的名称、地点和联系方法；

（二）采购项目的名称、数量、简要规格描述或项目基本概况介绍；

（三）采购项目的预算；

（四）供应商资格条件；

（五）获取磋商文件的时间、地点、方式及磋商文件售价；

（六）响应文件提交的截止时间、开启时间及地点；

（七）采购项目联系人姓名和电话。

第八条　竞争性磋商文件（以下简称磋商文件）应当根据采购项目的特点和采购人的实际需求制定，并经采购人书面同意。采购人应当以满足实际需求为原则，不得擅自提高经费预算和资产配置等采购标准。

磋商文件不得要求或者标明供应商名称或者特定货物的品牌，不得含有指向特定供应商的技术、服务等条件。

第九条　磋商文件应当包括供应商资格条件、采购邀请、采购方式、采购预算、采购需求、政府采购政策要求、评审程序、评审方法、评审标准、价格构成或者报价要求、响应文件编制要求、保证金交纳数额和形式以及不予退还保证金的情形、磋商过程中可能实质性变动的内容、响应文件提交的截止时间、开启时间及地点以及合同草案条款等。

第十条　从磋商文件发出之日起至供应商提交首次响应文件截止之日止不得少于 10 日。

磋商文件售价应当按照弥补磋商文件制作成本费用的原则确定，不得以营利为目的，不得以项目预算金额作为确定磋商文件售价依据。磋商文件的发售期限自开始之日起不得少于 5 个工作日。

提交首次响应文件截止之日前，采购人、采购代理机构或者磋商小组可以对已发出的磋商文件进行必要的澄清或者修改，澄清或者修改的内容作为磋商文件的组成部分。澄清或者修改的内容可能影响响应文件编制的，采购人、采购代理机构应当在提交首次响应文件截止时间至少 5 日前，以书面形式通知所有获取磋商文件的供应商；不足 5 日的，采购人、采购代理机构应当顺延提交首次响应文件截止时间。

第十一条　供应商应当按照磋商文件的要求编制响应文件，并对其提交的响应文件的真实性、合法性承担法律责任。

第十二条　采购人、采购代理机构可以要求供应商在提交响应文件截止时间之前交纳磋商保证金。磋商保证金应当采用支票、汇票、本票或者金融机构、担保机构出具的保函等非现金形式交纳。磋商保证金数额应当不超过采购项目预算的 2%。供应商未按照磋商文件要求提交磋商保证金的，响应无效。

供应商为联合体的，可以由联合体中的一方或者多方共同交纳磋商保证金，其交纳的保证金对联合体各方均具有约束力。

第十三条　供应商应当在磋商文件要求的截止时间前，将响应文件密封送达指定地点。在截止时间后送达的响应文件为无效文件，采购人、采购代理机构或者磋商小组应当拒收。

供应商在提交响应文件截止时间前，可以对所提交的响应文件进行补充、修改或者撤回，并书面通知采购人、采购代理机构。补充、修改的内容作为响应文件的组成部分。补充、修改的内容与响应文件不一致的，以补充、修改的内容为准。

第十四条　磋商小组由采购人代表和评审专家共 3 人以上单数组成，其中评审专家人数不得少于磋商小组成员总数的 2/3。采购人代表不得以评审专家身份参加本部门或本单位采购项目的评审。采购代理机构人员不得参加本机构代理的采购项目的评审。

采用竞争性磋商方式的政府采购项目,评审专家应当从政府采购评审专家库内相关专业的专家名单中随机抽取。符合本办法第三条第四项规定情形的项目,以及情况特殊、通过随机方式难以确定合适的评审专家的项目,经主管预算单位同意,可以自行选定评审专家。技术复杂、专业性强的采购项目,评审专家中应当包含1名法律专家。

第十五条　评审专家应当遵守评审工作纪律,不得泄露评审情况和评审中获悉的商业秘密。

磋商小组在评审过程中发现供应商有行贿、提供虚假材料或者串通等违法行为的,应当及时向财政部门报告。

评审专家在评审过程中受到非法干涉的,应当及时向财政、监察等部门举报。

第十六条　磋商小组成员应当按照客观、公正、审慎的原则,根据磋商文件规定的评审程序、评审方法和评审标准进行独立评审。未实质性响应磋商文件的响应文件按无效响应处理,磋商小组应当告知提交响应文件的供应商。

磋商文件内容违反国家有关强制性规定的,磋商小组应当停止评审并向采购人或者采购代理机构说明情况。

第十七条　采购人、采购代理机构不得向磋商小组中的评审专家作倾向性、误导性的解释或者说明。

采购人、采购代理机构可以视采购项目的具体情况,组织供应商进行现场考察或召开磋商前答疑会,但不得单独或分别组织只有一个供应商参加的现场考察和答疑会。

第十八条　磋商小组在对响应文件的有效性、完整性和响应程度进行审查时,可以要求供应商对响应文件中含义不明确、同类问题表述不一致或者有明显文字和计算错误的内容等作出必要的澄清、说明或者更正。供应商的澄清、说明或者更正不得超出响应文件的范围或者改变响应文件的实质性内容。

磋商小组要求供应商澄清、说明或者更正响应文件应当以书面形式作出。供应商的澄清、说明或者更正应当由法定代表人或其授权代表签字或者加盖公章。由授权代表签字的,应当附法定代表人授权书。供应商为自然人的,应当由本人签字并附身份证明。

第十九条　磋商小组所有成员应当集中与单一供应商分别进行磋商,并给予所有参加磋商的供应商平等的磋商机会。

第二十条　在磋商过程中，磋商小组可以根据磋商文件和磋商情况实质性变动采购需求中的技术、服务要求以及合同草案条款，但不得变动磋商文件中的其他内容。实质性变动的内容，须经采购人代表确认。

对磋商文件作出的实质性变动是磋商文件的有效组成部分，磋商小组应当及时以书面形式同时通知所有参加磋商的供应商。

供应商应当按照磋商文件的变动情况和磋商小组的要求重新提交响应文件，并由其法定代表人或授权代表签字或者加盖公章。由授权代表签字的，应当附法定代表人授权书。供应商为自然人的，应当由本人签字并附身份证明。

第二十一条　磋商文件能够详细列明采购标的的技术、服务要求的，磋商结束后，磋商小组应当要求所有实质性响应的供应商在规定时间内提交最后报价，提交最后报价的供应商不得少于3家。

磋商文件不能详细列明采购标的的技术、服务要求，需经磋商由供应商提供最终设计方案或解决方案的，磋商结束后，磋商小组应当按照少数服从多数的原则投票推荐3家以上供应商的设计方案或者解决方案，并要求其在规定时间内提交最后报价。

最后报价是供应商响应文件的有效组成部分。符合本办法第三条第四项情形的，提交最后报价的供应商可以为2家。

第二十二条　已提交响应文件的供应商，在提交最后报价之前，可以根据磋商情况退出磋商。采购人、采购代理机构应当退还退出磋商的供应商的磋商保证金。

第二十三条　经磋商确定最终采购需求和提交最后报价的供应商后，由磋商小组采用综合评分法对提交最后报价的供应商的响应文件和最后报价进行综合评分。

综合评分法，是指响应文件满足磋商文件全部实质性要求且按评审因素的量化指标评审得分最高的供应商为成交候选供应商的评审方法。

第二十四条　综合评分法评审标准中的分值设置应当与评审因素的量化指标相对应。磋商文件中没有规定的评审标准不得作为评审依据。

评审时，磋商小组各成员应当独立对每个有效响应的文件进行评价、打分，然后汇总每个供应商每项评分因素的得分。

综合评分法货物项目的价格分值占总分值的比重（即权值）为30%～60%，

服务项目的价格分值占总分值的比重（即权值）为10%~30%。采购项目中含不同采购对象的，以占项目资金比例最高的采购对象确定其项目属性。符合本办法第三条第三项的规定和执行统一价格标准的项目，其价格不列为评分因素。有特殊情况需要在上述规定范围外设定价格分权重的，应当经本级人民政府财政部门审核同意。

综合评分法中的价格分统一采用低价优先法计算，即满足磋商文件要求且最后报价最低的供应商的价格为磋商基准价，其价格分为满分。其他供应商的价格分统一按照下列公式计算：

磋商报价得分＝（磋商基准价／最后磋商报价）× 价格权值 ×100

项目评审过程中，不得去掉最后报价中的最高报价和最低报价。

第二十五条 磋商小组应当根据综合评分情况，按照评审得分由高到低顺序推荐3名以上成交候选供应商，并编写评审报告。符合本办法第二十一条第三款情形的，可以推荐2家成交候选供应商。评审得分相同的，按照最后报价由低到高的顺序推荐。评审得分且最后报价相同的，按照技术指标优劣顺序推荐。

第二十六条 评审报告应当包括以下主要内容：

（一）邀请供应商参加采购活动的具体方式和相关情况；

（二）响应文件开启日期和地点；

（三）获取磋商文件的供应商名单和磋商小组成员名单；

（四）评审情况记录和说明，包括对供应商的资格审查情况、供应商响应文件评审情况、磋商情况、报价情况等；

（五）提出的成交候选供应商的排序名单及理由。

第二十七条 评审报告应当由磋商小组全体人员签字认可。磋商小组成员对评审报告有异议的，磋商小组按照少数服从多数的原则推荐成交候选供应商，采购程序继续进行。对评审报告有异议的磋商小组成员，应当在报告上签署不同意见并说明理由，由磋商小组书面记录相关情况。磋商小组成员拒绝在报告上签字又不书面说明其不同意见和理由的，视为同意评审报告。

第二十八条 采购代理机构应当在评审结束后2个工作日内将评审报告送采购人确认。

采购人应当在收到评审报告后5个工作日内，从评审报告提出的成交候选供应商中，按照排序由高到低的原则确定成交供应商，也可以书面授权磋商小组直接确定成交供应商。采购人逾期未确定成交供应商且不提出异议的，视为确定评审报告提出的排序第一的供应商为成交供应商。

第二十九条 采购人或者采购代理机构应当在成交供应商确定后 2 个工作日内，在省级以上财政部门指定的政府采购信息发布媒体上公告成交结果，同时向成交供应商发出成交通知书，并将磋商文件随成交结果同时公告。成交结果公告应当包括以下内容：

（一）采购人和采购代理机构的名称、地址和联系方式；

（二）项目名称和项目编号；

（三）成交供应商名称、地址和成交金额；

（四）主要成交标的的名称、规格型号、数量、单价、服务要求；

（五）磋商小组成员名单。

采用书面推荐供应商参加采购活动的，还应当公告采购人和评审专家的推荐意见。

第三十条 采购人与成交供应商应当在成交通知书发出之日起 30 日内，按照磋商文件确定的合同文本以及采购标的、规格型号、采购金额、采购数量、技术和服务要求等事项签订政府采购合同。

采购人不得向成交供应商提出超出磋商文件以外的任何要求作为签订合同的条件，不得与成交供应商订立背离磋商文件确定的合同文本以及采购标的、规格型号、采购金额、采购数量、技术和服务要求等实质性内容的协议。

第三十一条 采购人或者采购代理机构应当在采购活动结束后及时退还供应商的磋商保证金，但因供应商自身原因导致无法及时退还的除外。未成交供应商的磋商保证金应当在成交通知书发出后 5 个工作日内退还，成交供应商的磋商保证金应当在采购合同签订后 5 个工作日内退还。

有下列情形之一的，磋商保证金不予退还：

（一）供应商在提交响应文件截止时间后撤回响应文件的；

（二）供应商在响应文件中提供虚假材料的；

（三）除因不可抗力或磋商文件认可的情形以外，成交供应商不与采购人签订合同的；

（四）供应商与采购人、其他供应商或者采购代理机构恶意串通的；

（五）磋商文件规定的其他情形。

第三十二条　除资格性检查认定错误、分值汇总计算错误、分项评分超出评分标准范围、客观分评分不一致、经磋商小组一致认定评分畸高、畸低的情形外，采购人或者采购代理机构不得以任何理由组织重新评审。采购人、采购代理机构发现磋商小组未按照磋商文件规定的评审标准进行评审的，应当重新开展采购活动，并同时书面报告本级财政部门。

采购人或者采购代理机构不得通过对样品进行检测、对供应商进行考察等方式改变评审结果。

第三十三条　成交供应商拒绝签订政府采购合同的，采购人可以按照本办法第二十八条第二款规定的原则确定其他供应商作为成交供应商并签订政府采购合同，也可以重新开展采购活动。拒绝签订政府采购合同的成交供应商不得参加对该项目重新开展的采购活动。

第三十四条　出现下列情形之一的，采购人或者采购代理机构应当终止竞争性磋商采购活动，发布项目终止公告并说明原因，重新开展采购活动：

（一）因情况变化，不再符合规定的竞争性磋商采购方式适用情形的；

（二）出现影响采购公正的违法、违规行为的；

（三）除本办法第二十一条第三款规定的情形外，在采购过程中符合要求的供应商或者报价未超过采购预算的供应商不足3家的。

第三十五条　在采购活动中因重大变故，采购任务取消的，采购人或者采购代理机构应当终止采购活动，通知所有参加采购活动的供应商，并将项目实施情况和采购任务取消原因报送本级财政部门。

第三章　附则

第三十六条　相关法律制度对政府和社会资本合作项目采用竞争性磋商采购方式另有规定的，从其规定。

第三十七条　本办法所称主管预算单位是指负有编制部门预算职责，向同级财政部门申报预算的国家机关、事业单位和团体组织。

第三十八条　本办法自发布之日起施行。

附录四：关于推进水污染防治领域政府和社会资本合作的实施意见

财建 [2015] 90 号

各省、自治区、直辖市、计划单列市财政厅（局）、环境保护厅（局），新疆生产兵团财务局、环境保护局：

　　切实加强水污染防治力度，保障国家水安全，关系国计民生，是环境保护重点工作。在水污染防治领域大力推广运用政府和社会资本合作（PPP）模式，对提高环境公共产品与服务供给质量，提升水污染防治能力与效率具有重要意义。为深入贯彻落实党中央和国务院精神，积极实施水污染防治行动计划，规范水污染防治领域 PPP 项目操作流程，完善投融资环境，引导社会资本积极参与、加大投入，根据《关于推广运用政府和社会资本合作模式有关问题的通知》（财金 [2014] 76 号），就扎实推进水污染防治领域 PPP 工作提出如下意见。

一、总体目标

　　（一）完善制度规范，优化机制设计。

　　在水污染防治领域形成以合同约束、信息公开、过程监管、绩效考核等为主要内容，多层次、一体化、综合性的 PPP 工作规范体系，实现合作双方风险分担、利益共享、权益融合。建立和完善水污染防治领域稳定、长效的社会资本投资回报机制。

　　（二）转变供给方式，改进管理模式。

　　加强水污染防治专项资金等政策引导，建立公平公正的社会资本投资环境。转变政府职能，拓宽环境基本公共服务供给渠道，改变政府单一供给格局。创新项目管理模式，强化社会整体水污染防治能力，提高水污染防治服务质量与管理效率。

　　（三）推进水污染防治，提高水环境质量。

　　优化水资源综合开发途径，创新水环境综合治理模式。充分发挥市场机制作用，鼓励和引导社会资本参与水污染防治项目建设和运营。拓宽投融资渠道，加大资金投入，切实改善水环境质量。

二、基本原则

（一）坚持存量为主原则。

水污染防治领域推广运用 PPP 模式，以费价机制透明合理、现金流支撑能力相对较强的存量项目为主。经充分论证的新建项目可采取 PPP 模式。坚持物有所值原则转化存量项目、遴选新建项目。鼓励结合项目自然条件和技术特点，创新融资模式，盘活存量资产，形成改进项目运营管理的有效途径，构建社会资本全程参与、全面责任、全生命周期管理的规范化 PPP 模式。

（二）坚持因地制宜原则。

充分考虑不同地区、不同流域和湖泊、不同领域项目特点，因地制宜，采取差异化的合作模式与推进策略，分类、分批推进水污染防治领域政府和社会资本合作。

（三）坚持突出重点原则。

纳入国家重点支持江河湖泊动态名录或水污染防治专项资金等相关资金支持的地区，率先推进 PPP 模式。纳入国家一般引导江河湖泊动态目录的江河湖泊，按照逐步推进、务求实效思路，积极推广运用 PPP 模式。

三、总体要求

（一）明晰项目边界。

逐步将水污染防治领域全面向社会资本开放，推广运用 PPP 模式，以饮用水水源地环境综合整治、湖泊水体保育、河流环境生态修复与综合整治、湖滨河滨缓冲带建设、湿地建设、水源涵养林建设、地下水环境修复、污染场地修复、城市黑臭水体治理、重点河口海湾环境综合整治、入海排污口清理整治、畜禽养殖污染防治、农业面源污染治理、农村环境综合整治、工业园区污染集中治理（含工业废水毒性减排）、城镇污水处理（含再生水利用、污泥处置）及管网建设、城镇生活垃圾收运及处置、环境监测与突发环境事件应急处置等为重点。鼓励对项目有效整合，打包实施 PPP 模式，提升整体收益能力，扩展外部效益。

（二）健全回报机制。

综合采用使用者付费、政府可行性缺口补助、政府付费等方式，分类支持经营性、准公益性和公益性项目。积极发掘水污染防治相关周边土地开发、供水、林下经济、生态农业、生态渔业、生态旅游等收益创造能力较强的配套项目资源，鼓励实施城乡供排水一体、厂网一体和行业"打包"，实现组合开发，吸引社会资本参与。完善市政污水处理、垃圾处理等水污染防治领域价格形成机制，建立基于保障合理收益原则的收费标准动态调整机制。优化政府补贴体系，探索水污染防治领域市场化风险规避与补偿机制。

（三）规范操作流程。

在项目识别、准备、采购、执行和移交等操作过程中，以及物有所值评价、财政承受能力论证、合作伙伴选择、收益补偿机制确立、项目公司组建、合作合同签署、绩效评价等方面，应根据财政部关于 PPP 工作的统一指导和管理办法规范推进，地方各级财政部门会同环境保护部门抓紧研究制定符合当地实际情况的操作办法，实现规范化管理。

四、组织实施

（一）鼓励水污染防治领域推进 PPP 工作。

各级环境保护、财政部门组织实施多层次推介工作，积极从国民经济和社会发展规划、水污染防治行动计划、主要污染物减排计划、水污染防治领域专项规划等既定规划中遴选潜在项目，及时筛选评估社会资本发起 PPP 项目建议，推进水污染防治领域 PPP 工作。

（二）定期组织评选。

对拟采用 PPP 模式的水污染防治项目，由当地环境保护、财政部门组织编制或委托第三方机构编制实施方案。实施方案具体应包含项目实施内容、产品及服务质量和标准、投融资结构、财务测算与风险分析、技术及经济可行性论证、合作伙伴要求、合同结构、权益分配和风险分担、政府支持方式、配套措施等。财政部、环境保护部每半年在全国范围内组织一次水污染防治领域 PPP 项目评选工作，从中选择部分优质项目予以推介。各地可自愿上报。

（三）加大评价及监管力度。

地方各级财政、环境保护部门要加强组织实施，积极统筹协调，研究建立议事协调及联审机制，有力有序推进。省级财政、环境保护部门建立对PPP项目的实施监督机制。

五、保障机制

（一）市场环境建设。

建立公平、开放、透明的市场环境，维护市场机制基础性作用。规范项目合作伙伴选择程序，建立合理的风险分担、收益共享机制。健全风险防范机制，加强行业监管和质、价监督。培育第三方专业机构，完善咨询中介市场。完善付费机制，鼓励采用第三方支付体系。

（二）资金支持。

地方各级财政部门要统筹运用水污染防治专项等相关资金，优化调整使用方向，扩大资金来源渠道，对PPP项目予以适度政策倾斜。水污染防治PPP项目有关财政资金纳入中期财政规划管理。综合采用财政奖励、投资补助、融资费用补贴、政府付费等方式，支持水污染防治领域PPP项目实施落实。逐步从"补建设"向"补运营"、"前补助"向"后奖励"转变。鼓励社会资本建立环境保护基金，重点支持水污染防治领域PPP项目。

（三）融资支持。

地方财政、环境保护部门应积极协调相关部门，着力支持PPP项目融资能力提升，尽快建立向金融机构推介PPP项目的常态化渠道，鼓励金融机构为相关项目提高授信额度、增进信用等级。健全社会资本投入市场激励机制，推行排污权有偿使用，完善排污权交易市场。鼓励环境金融服务创新，支持开展排污权、收费权、政府购买服务协议及特许权协议项下收益质押担保融资，探索开展污水垃圾处理服务项目预期收益质押融资。

（四）配套措施。

各级财政、环境保护部门要加强组织实施，统筹协调，履行责任，加强监管，切实提高水污染防治能力水平,实现水环境质量改善。建立独立、透明、可问责、专业化的 PPP 项目监管体系,实行信息公开,鼓励公众参与,接受公众监督。建立政府、服务使用者共同参与的综合性评价体系,推广第三方绩效评价,形成评价结果应用机制和项目后评价机制。环境保护部门要进一步完善水污染防治领域特许经营管理制度,降低准入门槛,清理审批限制,拓宽社会资本进入渠道。

财政部 环境保护部
2015 年 4 月 9 日

附录五：水污染防治专项资金管理办法

第一条 为规范和加强水污染防治专项资金管理，提高财政资金使用效益，根据《中华人民共和国预算法》、《水污染防治行动计划》有关规定，制定本办法。

第二条 本办法所称水污染防治专项资金（以下简称专项资金），是指中央财政安排，专门用于支持水污染防治和水生态环境保护方面的资金。

第三条 专项资金实行专款专用，专项管理。

第四条 专项资金由财政部会同环境保护部负责管理。

第五条 专项资金重点支持范围包括：

（一）重点流域水污染防治；

（二）水质较好江河湖泊生态环境保护；

（三）饮用水水源地环境保护；

（四）地下水环境保护及污染修复；

（五）城市黑臭水体整治；

（六）跨界、跨省河流水环境保护和治理；

（七）国土江河综合整治试点；

（八）其他需要支持的有关事项。

第六条 专项资金根据各项水污染防治工作性质，主要采取因素法、竞争性等方式分配，采用奖励等方式予以支持。采用因素法分配的，主要为目标考核类工作，考核结果作为专项资金分配的参考依据；采用竞争方式分配的，主要为试点示范类工作，通过竞争审定工作方案，财政部会同环境保护部按照工作通知确定的程序组织竞争性评审。

第七条 对于试点示范类工作，财政部会同环境保护部根据国家有关部署及要求确定专项资金年度支持重点领域，组织地方申报实施方案，并择优支持。

第八条 地方财政及环境保护部门要按规定管理和使用中央拨付的专项资金，组织实施相关工作，落实工作任务，对采用政府和社会资本合作（PPP）模式的项目予以倾斜支持。

第九条 专项资金支付应当按照国库集中支付制度有关规定执行。涉及政府采购的，应当按照政府采购有关法律规定执行。涉及引入社会资本的，应当按照政府和社会资本合作有关规定执行。

第十条　财政部会同环境保护部组织对水污染防治专项工作开展绩效评价，并依据绩效评价结果奖优罚劣。对于绩效评价结果较好、达到既定目标的，给予奖励；对于绩效评价结果较差、无法达到既定目标的，予以清退，并收回专项资金。

第十一条　地方财政部门会同同级环境保护部门按照职责分工，加强对方案组织实施和资金使用管理的监督检查。

第十二条　任何单位或个人不得骗取、截留、挪用专项资金。对违反规定，骗取、截留、挪用专项资金的，依照《财政违法行为处罚处分条例》等有关规定追究法律责任。

第十三条　本办法由财政部会同环境保护部负责解释。

第十四条　本办法自发布之日起施行。2013年11月12日印发的《财政部环境保护部关于印发〈江河湖泊生态环境保护项目资金管理办法〉的通知》（财建[2013] 788号）同时废止。

附录六：北京市进一步加快推进污水治理和再生水利用工作三年行动方案

(2016年7月—2019年6月)

为深入贯彻落实《中共中央国务院关于加快推进生态文明建设的意见》(中发[2015]12号)和《国务院关于印发水污染防治行动计划的通知》(国发[2015]17号)精神，进一步提升本市污水处理能力和水资源循环利用水平，有效保障首都水环境安全，特制定本方案。

一、指导思想

全面落实党的十八大和十八届三中、四中、五中全会精神，深入学习贯彻习近平总书记系列重要讲话和对北京工作的重要指示精神，认真落实中央城镇化工作会议、中央城市工作会议精神，牢固树立创新、协调、绿色、开放、共享的发展理念，严格遵循"节水优先、空间均衡、系统治理、两手发力"的新时期治水方针，以生态文明建设为统领，以改善水环境质量为核心，以中心城区、北京城市副中心、城乡结合部地区、重要水源地村庄和民俗旅游村庄等为重点，坚持点面结合、建管并重、政策集成、政企协同、创新驱动的工作原则，强化各区主体责任，加快推进污水治理和再生水利用工作，全面提升水环境质量，为建设国际一流的和谐宜居之都提供有力支撑。

二、工作目标

在黑臭水体治理方面，到2017年底，基本消除中心城区、北京城市副中心及其上游地区、其他新城建成区黑臭水体；到2018年底，基本消除全市范围内的黑臭水体。

在污水治理和再生水利用工作方面，到2019年底，全市污水处理率达到94%，中心城区和北京城市副中心的建成区基本实现污水全处理，其他新城污水处理率达到93%，2019北京世园会园区、环球主题公园、北京新机场、北京2022年冬奥会场馆等重点区域以及城乡结合部地区、重要水源地村庄和民俗旅游村庄基本实现污水处理设施全覆盖；全市再生水利用量达到11亿立方米；全市污泥无害化处理和资源化利用水平得到进一步提升。

三、主要任务

利用三年时间，全市新建、改造污水管线1081公里，新建再生水管线472公里，升级改造污水处理厂14座，新建再生水厂27座，解决760个村庄的污水收集、处理问题，治理141条黑臭水体河段。

（一）加强中心城区污水处理和再生水利用设施建设

实施东坝、垡头、五里坨、丰台河西等污水处理厂升级改造工程，主要出水指标达到地表水Ⅳ类标准；新建上庄再生水厂，实现中心城区污水处理设施全覆盖。结合棚户区、老旧小区、道路微循环等改造工程，综合施策，改造中心城区雨污合流管线256公里。中心城区及周边的城乡结合部地区新建污水管线272公里，新建、改造污水处理站和再生水站共21座，该地区污水处理能力得到有效提高。

（二）加快北京城市副中心污水处理和再生水利用设施建设

在通州区新建污水管线222公里、再生水厂8座，升级改造污水处理厂2座，加快污水处理站和再生水站建设，基本实现北京城市副中心建成区污水全处理，解决320个村庄的污水收集、处理问题。

（三）加强其他城镇地区污水处理和再生水利用设施建设

新建、改造污水管线331公里，新建再生水厂18座，升级改造污水处理厂8座，新增再生水生产能力39万立方米/日。

（四）加强其他农村地区污水处理和再生水利用设施建设

各有关区政府要结合实际制定农村污水治理规划及实施方案，采用"城带村"、"镇带村"、"联村"、"单村"等方式，加快推进污水处理和再生水利用设施建设和既有设施的修复改造,实现重要水源地村庄和民俗旅游村庄污水处理设施全覆盖。

(五)全面治理黑臭水体

对全市范围内141条、共665公里黑臭水体河段进行治理,其中治理建成区黑臭水体河段57条、共241公里。各区政府要按照"一河一策"的原则制定具体工作方案,采取控源截污、垃圾清理、清淤疏浚、水系连通、生态修复等措施,扎实推进黑臭水体治理工作。

(六)扩大再生水利用范围

努力解决再生水从生产到利用"最后一公里"问题,全市新建再生水管线472公里。对全市再生水进行统一调度,逐步增加城乡结合部地区河湖、湿地的再生水补水量,进一步扩大全市生态环境、市政市容、工业生产、居民生活等领域的再生水利用量。

(七)推广污泥资源化利用

加快推进污泥资源化利用工作,鼓励将污泥衍生产品用于沙地荒地治理、园林绿化、土壤改良、生态修复、能源利用等项目;加大与周边省区市的合作力度,拓展污泥资源化利用空间。

(八)加强其他污染源监督管理

认真落实《北京市水污染防治工作方案》(京政发[2015]66号),强化源头减污、控污、治污。加强对全市工业园区及污水排放企业的排污管理和环境执法工作,依法取缔不符合本市产业政策的项目;加强畜禽养殖场、垃圾渗滤液处理设施、粪便消纳站配套污水处理设施建设及监管,确保设施正常运行、污染物排放稳定达标。

四、工作路径及支持政策

(一)建设路径

坚持集中处理与分散处理相结合,科学规划设计,探索建立符合首都特点、城乡统筹的污水处理和再生水利用设施体系,切实保障首都水环境安全。

在城镇地区,要加大污水管线建设和截污纳管力度,积极做好污水处理和再生水利用设施升级改造工作，进一步提高污水处理和再生水利用工作水平。

在农村地区，要通过以下四种方式开展建设：

"城带村"建设方式。充分发挥现有大中型污水处理和再生水厂的骨干作用，通过扩大管网覆盖范围，接纳处理其周边村庄产生的污水。

"镇带村"建设方式。着力增强城镇污水处理和再生水厂的处理能力，通过修建镇与村相连的污水管线，接纳处理其周边村庄产生的污水。

"联村"建设方式。对于地理位置临近的村庄，要通过修建村与村相连的污水管线，实现污水适度集中处理。

"单村"建设方式。对于不具备"城带村"、"镇带村"、"联村"建设条件的村庄，人口规模较大的，可建设污水处理站或再生水站；人口规模较小的，可采用建设人工湿地、污水净化槽等方式处理污水，也可建设污水临时贮存池，定期进行收集、处理。

（二）建设、运营及投融资模式

深入推进污水处理和再生水利用设施市场化建设、专业化运营改革。中心城区继续采用现行的特许经营模式，进一步完善污水处理和再生水利用设施体系。在其他区积极推行分区授权的特许经营模式，即各有关区政府按照流域和区域相结合的原则，将本区划分为若干区域，通过公开招标、竞争性谈判等方式确定各区域特许经营主体，采用政府与社会资本合作（PPP）等模式开展污水处理和再生水利用设施建设、运营；各区域特许经营主体在设施建设和运营管护工作中，应当优先聘用符合条件的当地村民，充分调动其参与污水治理的积极性。

1. 中心城区

中心城区污水处理和再生水利用设施建设项目沿用《北京市加快污水处理和再生水利用设施建设三年行动方案（2013—2015年）》（京政发[2013]14号，以下简称第一个三年行动方案）确定的投融资模式，即由市政府固定资产投资和特许经营主体筹资共同解决项目征地、工程建设资金及50%的拆迁资金，其中，50%的征地资金和25%的拆迁资金由市政府固定资产投资安排，并作为特许经营主体的融资资本金；其余50%的拆迁资金由项目所在地区政府承担。市财政部门要将相关区政府开展征地拆迁工作和拆迁资金落实情况与市财政转移支付挂钩，对落实情况较好的给予一定补贴。

2. 北京城市副中心及通州区其他区域

实行政府建网、企业建厂、市级补贴、考核付费的工作模式。

政府建网。北京城市副中心的污水、再生水管线建设资金全部由市政府固定资产投资安排，相关拆迁资金由通州区政府承担。通州区其他城镇地区由市政府固定资产投资安排建设资金的90%，拆迁资金和其余建设资金由通州区政府承担；通州区其他农村地区由市政府固定资产投资安排建设资金的30%，拆迁资金和其余建设资金由通州区政府承担。

企业建厂。北京城市副中心的污水处理和再生水厂建设项目，与中心城区投融资模式保持一致；通州区其他区域的污水处理和再生水厂（站）建设资金由特许经营主体承担，征地拆迁资金由通州区政府及有关乡镇政府统筹解决。

市级补贴。北京城市副中心的污水处理费全部上缴市级财政，由市级财政统筹安排该区域污水处理和再生水利用设施运营经费；通州区其他城镇地区在全面征收污水处理费的基础上，运营经费不足部分由区、镇政府统筹解决；其他农村地区按照生态涵养发展区相关标准进行补贴。

考核付费。通州区政府要按照特许经营协议，对各区域特许经营主体的服务质量进行考核，并根据考核结果支付服务费用。

3. 其他城镇地区

其他城镇地区实行政府建网、企业建厂、区镇付费的工作模式。

政府建网。其他城镇地区的污水和再生水管线建设项目（包括采用"城带村"、"镇带村"方式建设的农村污水和再生水管线建设项目）沿用第一个三年行动方案确定的有关政策，即生态涵养发展区城镇地区的污水和再生水管线建设项目，由市政府固定资产投资安排建设资金的90%，城市发展新区为70%，其余建设资金及拆迁资金由相关区、镇政府统筹解决。海淀山后地区和丰台河西地区继续执行现行政策。

企业建厂。污水处理和再生水厂（站）建设资金由特许经营主体承担，征地拆迁资金由相关区、镇政府统筹解决。

区镇付费。在全面征收污水处理费的基础上，设施运营经费不足部分由区、镇政府统筹解决。

4. 其他农村地区

其他农村地区实行厂网共建、市区补贴、考核付费的工作模式。

厂网共建。污水处理和再生水厂（站）建设资金由相关特许经营主体承担；污水处理和再生水管线建设项目，由市政府固定资产投资安排建设资金的30%，其余建设资金及拆迁资金由相关区、乡镇政府承担或与区域特许经营主体共同承担。鼓励由区域特许经营主体统一负责污水处理和再生水利用设施的建设、运营工作。

市区补贴。市级财政对生态涵养发展区农村地区的污水处理和再生水厂（站）运营经费给予70%的补贴，城市发展新区为60%，城市功能拓展区为50%，补贴基数为3元/立方米，不足部分由相关区、乡镇政府统筹解决。

考核付费。各有关区政府要按照特许经营协议，对各特许经营主体的服务质量进行考核，并根据考核结果支付服务费用。

（三）相关支持政策

1. 优化项目审批流程

将污水处理和再生水利用设施建设项目相关审批权限由市级下放至区级，即由各区发展改革部门出具建设项目前期工作函或立项批复，相关审批部门根据该函（批复）并联办理审批手续，不互为前置条件；经规划部门批复同意的项目选址方案，具备施工条件的，要加快开工建设。市有关部门要加强对各区审批工作的政策指导，确需市级审批的，要按照"绿色通道"项目有关政策加快办理。

2. 创新用地方式

在符合土地利用规划和土地用途管制的前提下，积极探索利用农村集体建设用地开展污水处理和再生水利用设施建设的新模式，规划、国土部门要给予政策支持。

3. 加强黑臭水体治理资金保障

各有关区政府要切实落实主体责任，建立黑臭水体治理专项资金保障机制；市级财政要采取以奖代补的方式，对黑臭水体治理中涉及的清淤工程给予全额资金补贴。

4. 完善污水处理费征收政策

做好全市污水处理费征收管理相关工作，逐步调整城镇污水处理费征收标准，启动农村地区污水处理费征收试点相关工作。

5. 建立自建设施运营经费保障机制

市有关部门和各区政府要研究制定自建污水处理和再生水利用设施运营经费

补贴政策，保障设施运营需求。按照保本微利的原则，鼓励自建污水处理和再生水利用设施运营单位在再生水利用指导价格范围内，与用户协商确定再生水供水价格。

五、保障措施

（一）加强组织领导

继续设立由分管副市长任组长的污水治理和再生水利用工作协调小组（以下简称市协调小组）。市水务局、市发展改革委、市财政局、市规划委、市环保局、市国土局、市住房城乡建设委等部门为协调小组成员单位。市协调小组办公室设在市水务局，负责具体协调推进工作，办公室主任由市水务局局长担任。各区政府要继续建立相应的工作机制，切实抓好本区工作任务的落实。

（二）严格落实责任

市政府每年与市有关单位和区政府签订污水治理和再生水利用工作目标责任书，并将完成情况纳入市政府绩效考核。各区政府作为本行政区水环境治理的责任主体，要依据本方案制定具体实施方案，将任务分解到区有关部门和各乡镇政府，明确标准、责任人和完成时限，于2016年5月中旬报送市协调小组办公室备案，并于2016年6月底前，出台本区污水处理和再生水利用设施市场化建设、专业化运营改革方案。各区政府要于每年10月底前，向市协调小组办公室报送下一年度工作计划；市协调小组办公室要汇总编制本市下一年度工作计划，报请市协调小组审定后印发实施。各特许经营主体要按照特许经营协议的规定，认真履行设施建设、运营责任。市政府督查室要加强对年度任务落实情况的督查考核。

（三）加强联合执法

水行政主管部门要认真履行行业监管责任，加大对违法排放污水行为的查处力度，并在市、区两级牵头建立水环境监管执法部门联动机制，切实增强执法效果。环保部门要在做好水环境质量监督性监管工作的同时，加大对污染源及自建污水处理和再生水利用设施的监管力度，并将垃圾渗滤液处理、粪便消纳等设施纳入重点排污户监管范围，依法查处违法违规行为。住房城乡建设部门要严格开发建设项目配套污水处理设施建设和验收管理，全市在建、新建住宅项目和其他排放污水的建设项目必须配套建设污水处理设施，并实现达标排放；配套建设的污水处理设施应与主体工程同步竣工验收，水污染防治设施未建成、未经工程验收或未达到工程验收标准的住宅项目和其他排放污水的建设项目，一律不得投入使用。其他各有关部门、单位要积极配合监管执法工作。监察部门要加强监督，依法依规查处监管执法过程中的失职渎职等行为。

（四）强化技术支撑

充分发挥本市在水环境治理方面的技术和产业优势，积极引导污水处理和再生水利用、污泥无害化处理和资源化利用、设施运行监控等领域的科技创新，加快成果推广应用，提高治理能力和水平。市水务局要组织编制《污水处理和再生水利用工作技术导则》，指导项目实施主体根据不同区域的生态地理特征和受纳水体要求，采用符合当地实际的污水处理技术。各区政府要积极邀请有关科研和设计单位参与污水治理和再生水利用规划设计、技术咨询等工作，不断提高设施建设、运营的科学化水平。市、区水行政主管部门要建立市、区两级污水处理和再生水利用设施在线监控系统，实现对污水处理量、出水水质、运行状态的在线监控。

（五）引导社会共治

主动接受人大依法监督和政协民主监督；支持公众、社会组织依法有序监督水环境治理工作，并组织志愿者开展相关公益活动；加强对水环境治理工作的宣传报道，定期向社会公布本方案的推进落实情况，营造全社会共同参与治理的良好氛围。

附录七：住建部第一批《海绵城市建设先进适用技术与产品目录》

住建部公示了《海绵城市建设先进适用技术与产品目录（第一批）》，包括收集与渗透、调蓄、转输、截污净化、黑臭水体治理、设计与管理六类技术，共计 6 大类 36 项，为各地推进海绵城市建设提供技术支撑。

1 收集与渗透技术

1.1 雨水收集

序号	项目名称	主要技术内容	适用范围
1	种植屋面虹吸排水收集系统	该排水系统是将种植屋面的渗透水经排水异型片、虹吸排水槽排至集水井，实现种植屋面有组织零坡度排放，达到集水和二次利用目的	种植屋面雨水收集
2	雨水收集利用系统	该系统由截污弃流装置、油污分离过滤装置、储水池及相关管道（件）等组成，具有截污弃流、净化等功能。系统设计与施工应符合《建筑与小区雨水利用工程技术规范》GB 50400 标准要求	建筑与小区雨水收集利用
3	硅砂雨水收集利用系统	该系统由硅砂砖、集水管等设施构成，对雨水有渗透、净化、存储作用。其中，硅砂砖应符合《砂基透水砖》JG/T 376—2012 标准要求，设计施工应符合《硅砂雨水利用工程技术规程》CECS 381—2014 要求	建筑与小区、广场、公园等区域的雨水收集利用

1.2 透水铺装

序号	项目名称	主要技术内容	适用范围
4	透水路面砖（板）	以骨料、水泥为主要原料，经振动加压或其他成型工艺制成；或以废陶瓷片等块状无机非金属材料为主要原料与水泥浆等搅拌，经压制成型、坯体干燥、高温烧成等工艺制成；也可采用沙漠风积沙与胶结剂，组成表面致密、微米级渗水的滤水层。产品具有多孔自透水功能，其技术性能指标应符合《透水路面砖和透水路面板》GB/T 25993 标准要求	建筑与小区、广场、公园人行道及非重载路面等场合
5	透水型多功能混凝土植草砖	以干硬性混凝土为主要原料，采用二次布料成型技术，经压制而成，铺装时可实现四角互锁，或具有球面承压凸台。除了砖体的竖向开孔结构形成路面雨水下渗的主要通道外，砖体混凝土自身也具有一定的透水能力，透水率 $\geq 1.0 \times 10^{-2}$ cm/s（试验方法《透水路面砖和透水路面板》GB/T 25993）。植草砖基体混凝土可使用部分固废材料生产。产品相关技术性能指标应符合《植草砖》NY/T 1253 标准要求	有透水要求的停车场、公园步道等场合。当路面荷载较高时，可选用普通混凝土成型的四角互锁开孔植草砖

续表

6	透水水泥混凝土路面	在透水性路基上现场浇注透水性水泥混凝土,形成透水性水泥混凝土路面。透水性水泥混凝土系指采用特殊级配集料、水泥、化学外加剂、增强剂等制成的非封闭型多孔混凝土。因集料级配特殊,混凝土结构中含有大量连通孔隙,降雨时,雨水将沿这些贯通的"路线"透过路面,进入路基,渗入地下。当在透水性水泥混凝土中掺加适量比例颜料,则可修筑彩色透水性水泥混凝土路面。透水水泥混凝土路面设计与施工应执行《透水水泥混凝土路面技术规程》CJJ/T 135。透水性水泥混凝土集料可采用满足相关技术标准要求,性能稳定的天然或人工集料,如碎石、卵石、钢渣、建筑垃圾再生骨料等。增强剂可采用活性混合材、聚合物乳液等。透水性水泥混凝土路面须有与之相配套的开放式透水性路基,以利透过路面的雨水暂时储存,然后进一步渗透。主要技术指标:孔隙率15%~25%、抗压强度15~30MPa、抗折强度3~5MPa、表观密度1700~2200kg/m³、透水系数≥1.0×10^{-2}cm/s	建筑小区、公园人行道、广场、停车场等路面,轻型车辆车行道以及各种体育设施的地面
7	透水沥青混凝土路面	在透水性路基上现场浇注透水性沥青混凝土,形成透水性沥青混凝土路面。透水性沥青混凝土系指采用单一级配粗集料或特殊级配集料、沥青、改性剂等配制而成的透水性混凝土。因集料级配特殊,混凝土结构中含有大量连通孔隙,降雨时,雨水将沿这些贯通的"路线"透过路面,进入路基,渗入地下。透水沥青混凝土路面设计与施工应执行《透水沥青路面技术规程》CJJ/T 190—2012。透水性沥青混凝土路面吸音降噪效果显著,与透水性水泥混凝土相比,透水性沥青混凝土强度较高,但成本也高。主要技术指标:孔隙率15%~25%、抗压强度20~40MPa、渗透系数≥800ml/15s	建筑小区、公园人行道、广场、停车场等路面,轻型车辆车行道以及各种体育设施的地面
8	透水沥青路面综合养护技术与装备	采用渗水系数残留率CR作为功能衰减评价指标,研究制定了透水性沥青路面功能性分级标准,研发了透水性沥青混凝土路面机能恢复技术装备。透水性沥青混凝土路面机能恢复装备以高压水为介质,利用车载动力单元将高压水喷射到路面,通过气穴发生装置产生的水泡发生气穴效应,冲压出路面空隙中的脏污物,再通过负压抽取、回收杂物和水,可使透水性沥青混凝土路面的透水系数恢复60%	透水性沥青混凝土路面养护与透水性恢复

1.3 绿色屋顶

9	绿地贴成套生态工程技术	该技术是利用屋顶本土野生植物和防塞排水装置,根据创可贴原理研发而成。防塞排水装置利用进水孔与排水孔之间设置的缓冲装置,有效防止水流中的杂物堵塞下水道入口及减缓屋面径流。草坪基本无需管理(无需浇水、施肥、洒药、修剪),并可起到隔热降温、净化空气及屋面雨水的作用	适用于既有建筑、新建建筑屋顶、工业棚房等城市硬质地块绿化
10	容器式屋顶绿化	该容器主要由保温隔热层、蓄水排水层、阻根层、过滤层组成。所有容器使用PP材料,保证容器使用寿命。容器底部设有蓄水槽,雨水进入种植容器,渗入介质吸收饱和后储存于蓄水槽内。当蓄水槽内水位超过其侧壁的溢水口时,水自行溢出,排入通风排水槽,再被排出。因此,该种植容器的底部始终蓄有水分,即使储存在介质中的水分蒸发,蓄水槽内的水也会向上蒸腾,为植物补充水分,从而保证植物的正常生长	适用于建筑屋顶绿化工程

		续表
11	轻质屋面绿化系统	该技术包括了蓄排水层、过滤层、基质层和植被层,其中蓄排水层为双面有凹凸感的蓄排水板,可将多余的水量储存起来,并具有对植物阻根功能,在美化屋面景观的同时,对屋顶有保护作用,并可有效截留雨水,减少地表径流,将多余的雨水引流收集再利用	适用于地下室顶板、裙房屋面、架空层屋面和其他有种植要求的建筑屋面绿化工程

2 调蓄技术

12	硅砂蜂巢结构净化蓄水池	该产品由硅砂定型设计的砌体拼装成六边形井室,形成蜂窝状储水空间,实现砌块净水与结构储水有机结合,结构稳定,储水率可达90%。砌块本体具有净化功能,可提高水体溶解氧,延长雨水储存时间。池顶的覆土深度不宜超过2m	可用于城市广场、建筑小区、绿地与湿地
13	玻璃钢雨水调蓄装置	该产品由筒体和封头两部分组成。筒体由玻璃纤维增强不饱和树脂经缠绕成型,封头由不饱和树脂灌入模具中成型,经专用设备进行拼装及隔仓,可制成雨水储存罐(池)或调节池。产品初始环刚度 5000~10000N/m²,单个产品容积最大100m³。产品应符合国家或行业相关标准	适用于一般工业和民用建筑雨水传输和调节系统

3 转输技术

3.1 渗透管道

14	塑料雨水渗透管	该渗透管是采用专用设备,在PVC-U、HDPE、PP实壁管或双壁波纹管等管材圆周上开出多排窄条形渗水孔制成,可以通过控制开孔率,满足不同环刚度和渗透率要求。在管外包土工布,既能起到渗透水作用,又能避免泥沙进入管道造成堵塞。管材规格尺寸和物理力学性能符合相应国家塑料管材标准要求(打孔前),容易与各种管件及配件配套。该产品卫生无毒、质量轻、耐腐蚀、刚度好、抗冲击,便于施工安装。环刚度等级:SN4~SN12	适用于城市渗透排水管网和绿地建设等
15	渗透排放一体化系统	该系统由树脂混凝土线性排水沟、雨水井、渗透式PE穿孔管及配套管件等组成,其中雨水井、排水沟壁及底部开孔。雨水经雨水井井箅或排水沟箅子过滤后,进入雨水井和穿孔管,一部分渗入地下,多余雨水从出水管排出。该系统具备雨水收集、储存、输送和入渗功能,能减少雨水排出量,具有调蓄排放、削减洪峰、减轻排水管网排水压力等作用。同时该系统可容纳和入渗初期雨水,降低径流污染	适用于人行路面、公园绿地及广场等场所渗水排水。适用条件:与建筑基础边缘距离应不小于3m;渗透设施周边土壤渗透系数大于$5×10^{-6}$m/s;渗透设施底面距地下水不小于1.5m

3.2 输送管道

16	树脂混凝土线性排水沟	该排水沟主要以高分子树脂、颗粒填充材料、固化剂等为原料，工厂化预制生产；以线状进水方式取代传统雨水口点式进水方式，减小汇水找坡长度；沟体断面采用 U 型构造，排水沟底部可形成较大的流速，具有良好的自净能力。该产品还具有抗压强度高、抗冲击性能好、吸水率低、耐腐蚀性强、使用寿命长等特点	适用于公共交通路面、人行道、广场、公园等区域的地面或侧墙排水
17	排水管道闭路电视（CCTV）检测系统	该排水管道闭路电视（CCTV）检测系统由爬行器、摄像头、控制器、电缆盘和数据处理软件等组成，爬行器在管道内爬行，摄像头在管道内采集图像，并通过线缆传输管外显示，检测人员根据显示的图像和录制的视频文件判断管道的缺陷类别和等级，为管道评价等提供依据。	适用于管径 300～1000mm 管道缺陷检测
18	管道内部障碍软切割施工技术	该技术在高压水射流冲淤法的基础上进行改进，根据管道堵塞状况以及管径和管道材质配置不同喷射铣头，利用高压水流对障碍物进行切割，疏通被凝固混凝土块或树根等固体障碍物堵塞的管道，具有快速、高效、安全等优点	适用于被固体堵塞物（混凝土块、砖块、树根等）堵塞的排水管道的疏通

3.3 附属设施

19	城镇排水一体化预制泵站	该泵站由潜水泵、筒体和远程监控系统组成，筒体采用玻璃钢（GRP）预制而成，配套泵站专用监测系统和远程管理系统，具有体积小、流态好、集成度高、使用安全、在线监控、安装维护方便、清洗方便等特点。主要部件均为工厂预制，安装便捷、集成度高，抗渗漏性能好。工作温度为 -20～40℃，相对湿度宜为 25%～85%；输送介质温度应为 0～40℃，pH 值应为 4～10。产品性能应符合国家或行业标准要求	可用于市政排水和工业废水管道的提升与输送
20	塑料检查井	该 HDPE 检查井利用热态缠绕结构壁管设备，采用缠绕成型方法制得，由井座、井筒和支管等组成。开孔型塑料检查井可用于雨水渗透系统。检查井井盖可采用铸铁检查井盖、复合材料检查井盖、钢纤混凝土检查井盖，质量符合现行行业标准《建筑小区排水用塑料检查井》CJ/T 233—2006 的要求	适用于市政或建筑小区给排水管道系统检查
21	雨水口自动截污装置	该装置是雨水口截污辅助装置，由截污槽和滤袋组成。截污槽设置在井篦子下方，当截污槽内积水和垃圾重量达到设定重量时，翻板打开使垃圾落入滤袋内。具有雨水径流量与垃圾积累量溢流的自动调节功能，以便保证雨水口排水通畅	适用于标准尺寸雨水口。非标准雨水口可根据实际情况定制
22	智能井盖式遥测终端机	该产品是一种基于物联网技术，采用 ARM 处理器，利用超声波工作原理进行液位、流量等的实时测量的非接触式液位测量仪器。主要性能指标：主液位传感器量程 0.8～8m，辅助液位传感器量程 0～2m，适用温度为 -40～80℃	适用于城镇排水管道（渠）水位实时监控

4 截污净化技术

4.1 植被缓冲带

23	多级结构生态岸带渗滤净化技术	该技术主要是利用植物等天然材料与其他工程材料相结合在岸带上构建缓冲带等生态修复系统，一般采用有生命力植物的根（茎）或整体作为结构的主体元素，按一定的方式、方向插扦或种植在岸带的不同位置，通过植物群落加固和稳定岸带，弥补硬化河道的不足，可提高雨水的截流能力，减少水土流失，有效控制径流污染，并具有一定的水质净化作用，有利于促进土壤水循环、恢复岸带生态和景观功能	适用于缓流水系或封闭水体的驳岸带新建或生态化改造

4.2 截污设施

24	雨水截污装置	该装置是一种具有雨污合流管道截流作用或雨水（初次）管道截污作用的水力涡流分离设备，且具有水头损失小、结构紧凑等特点，对沉积物、油污和悬浮物有较好的截除效果；可设在雨污合流管道和雨水管道检查井或截留井内	可用于道路两侧、城镇街道排水管道或小区绿地雨水管道的井室截污处置

4.3 雨污水净化

25	城市雨水生态净化技术	该技术将传统技术和生态净化技术相结合，采用渗滤系统处理面源污染，采用生物滤池与过滤滤池相结合的方式处理点源污染，采用由截水沟、沉沙井、沉淀池组成的多级过滤系统处理分散式污染的地表雨水径流，形成面源污染生态净化技术、点源污染生物净化技术、分散式地表雨水径流回收利用技术和集成净化技术，实现污染雨水收集、处理和利用的目的	适用于点源、面源及分散式污染的雨水收集净化和回用
26	人工湿地垂直流生态滤床	人工湿地垂直流生态滤床主要包括垂直流生态滤床、沉淀池（塘）、粗滤床等预处理设施，根据需要设有深度处理塘、污泥生态干化床。采用PLC控制技术，达到均匀配水、充分氧气；生态滤料无需清洗、更换；可以采用水位控制和时间控制两种方式。对COD、TN、TP、氨氮去除率可达85%以上	可用于建筑、道路、停车场、公园等汇水面的雨水处理或污水处理厂的出水深度处理
27	小区分散式雨污水处理技术	该技术通过对小区生活污水和雨水采用景观型组合生态技术、节地型污水生态处理、多级景观污水处理、地下渗滤及屋顶垂直绿化与雨水花园等多种技术组合，实现了小区及建筑的雨污水有效拦截处理和资源化利用。技术特点：雨污水协同处理，生态景观利用与处理相结合，实现雨污水源头处理	适用于建筑小区及公用设施生活污水和雨水净化处理

5 黑臭水体治理技术

5.1 内源治理

28	基于超磁分离的复合水体净化技术	该技术基于磁性物种与物化技术的耦合，与水体颗粒物相互作用，通过超磁分离进行固液分离净化水体。对分离后的水体进一步进行高效生化处理，达到深度净化，实现污水的达标排放。该技术具有出水水质优、占地面积小、使用灵活、耐有机负荷高、投资少等特点，磁种与泥渣分离后可循环使用	可用于市政污水、雨污合流污水及黑臭河湖水的治理、净化与修复

5.2 生态修复

29	柔性生态护坡技术	该产品是以聚酰胺（PA6）为原材料，采用干拉工艺一次性加工制成的呈倒金字塔状弹性均匀构形、孔隙率大于95%的土工合成材料。利用该土工合成材料制成水土保持毯，可为植物生长提供额外的加筋立体护坡体系。产品铺设后，将被植物根系缠绕，使土壤得以整体性的锚固，为植物提供地面保护，减少水土流失。且在工程使用中可抵御3～7m/s的水流冲刷；并具有耐极端温度、耐化学腐蚀、抗紫外线耐老化等特点，满足各类工程需要	适用于水土保护与景观工程、防洪工程和裸露山体的绿化
30	干垒混凝土挡土墙	以多孔蜂窝状结构的混凝土砌块为材料，采用挡墙砌块+土工格栅、利用砌块间互锁作用或增设不锈钢丝绳缆（或有机材料绳缆）进行串联等方式加固。挡墙背面应设有碎石滤水层，挡墙结构应设计排水减压措施。多孔混凝土砌块具有多种块型，厚度不小于400mm，其技术性能指标应符合《干垒挡土墙用混凝土砌块》JC/T 2094—2011的要求	适用于具有生态修复或生态景观要求的河道护坡工程
31	多孔质生态环境修复技术	该技术将透水混凝土、凝胶材料和添加剂制成的多孔质基材砌筑至堤坝坡面，具备面层植被缓冲、多孔质骨架防护、植物根系加固三重防护功能，具有强度高、构造利于植物生长、低碱环境和适用范围广的特点	适用于老旧硬质边坡改造修复及新建边坡防护
32	基于"仿生态系统"的城市河道治理技术	该技术采用河水自净原理建造仿生态系统对水环境进行修复，包含曝气、过滤与生态岛三大单元：(1)采用多类型曝气法向被污染的水体进行人工充氧，满足水体中动物和好氧微生物对水中氧的需求，增加水体的自净能力；(2)水循环过滤，滤除水中固体颗粒；(3)生态岛系统包括水生植物浮岛和附着微生物的水下生态基。该水处理技术可做成景观形式，增强河道景观效果，同时进行水质处理	适用于城市河湖水体的水质治理。适用条件：能有效控制外源和内源污染物为前提，生态净化措施不得与水体的其他功能冲突

6 设计与管理技术

6.1 规划设计

33	基于面源污染控制的年径流总量控制率指标分解方法	该方法从面源污染控制角度，分解年径流总量控制率指标，确保全年径流污染物排放浓度在受纳水体水质要求范围以内，从而实现改善面源污染物削减的目标。针对Ⅱ、Ⅲ类水质可削减面源污染物达70%，水质目标为Ⅳ类的湖泊汇水区，其面源污染物削减率可达到60%；其他湖泊及江河、港渠汇水区，其面源污染物削减率可达到50%	适用于水系发达、湖泊较多，以面源污染控制为主要目的的城市海绵城市建设
34	城市暴雨排水和低影响开发模拟系统	采用数学模型对海绵城市建设和内涝规划相关的雨水地表径流产生过程和管内水流过程进行模拟计算，计算降雨地表产流、地表汇流情况，模拟径流和外来水流在管道、渠道、蓄水和处理单元以及分水建筑物等在排水管道中的流动，预测系统中各部分的水流状况，辅助低影响开发方案的设计、效能评估、模拟情景方案和低影响开发方案对比优选和设计，同时便于对排水系统进行管理和控制	适用于低影响开发建模分析，辅助排水系统、地表滞留设施设计和验算等

6.2 监测与管理

35	城市排水防涝设施普查信息平台	该平台针对国内排水防涝普查管理中存在的排水防涝设施管理不统一、防涝设施维护效率偏低和防涝预警预判能力弱等突出问题设计开发，实现了排水防涝设施数据的标准化，通过可视化且简单快捷的操作，完成数据的存储和管理工作，最终实现构建排水设施普查数据库的目的。排水设施普查数据库应符合《城市排水防涝设施普查数据采集与管理技术导则》（建城[2013]88号）的要求	适用于城市排水防涝工作数据采集及查找工作
36	智能在线排水监测系统（Smart Water）	该系统采用软硬一体、智能在线、云端管理、分体式安装的智能设计，施工简单便捷，具有逐分钟持续监测、软硬件一体、智能互联、报警信息全方位推送等特点。不但可通过手机监测与校核数据，而且能远程实现设备操作，可实现对排水长期实时监测和积水、溢流的预警报警	适用于城市管网、河流明渠排水口或调蓄池等排水设施的在线监测

附录八：关于开展中央财政支持海绵城市建设试点工作的通知

财建 [2014]838 号

各省、自治区财政厅（局）、住房城乡建设厅（局、委）、水利厅（局），直辖市财政局、建委（交通委、园林局、市容园林委、绿化市容局、市政管委）、水利（水务）局，计划单列市财政局、城建局（城管局、市政公用局、园林局）、水利（水务）局：

根据习近平总书记关于"加强海绵城市建设"的讲话精神和近期中央经济工作会要求，经研究，财政部、住房城乡建设部、水利部决定开展中央财政支持海绵城市建设试点工作。现将有关事项通知如下：

一、中央财政对海绵城市建设试点给予专项资金补助，一定三年，具体补助数额按城市规模分档确定，直辖市每年6亿元，省会城市每年5亿元，其他城市每年4亿元。对采用PPP模式达到一定比例的，将按上述补助基数奖励10%。

二、试点城市由省级财政、住房城乡建设、水利部门联合申报。试点城市应将城市建设成具有吸水、蓄水、净水和释水功能的海绵体，提高城市防洪排涝减灾能力。试点城市年径流总量目标控制率应达到住房城乡建设部《海绵城市建设技术指南》要求。试点城市按三年滚动预算要求编制实施方案，实施方案编制指南另行印发。

三、采取竞争性评审方式选择试点城市。财政部、住房城乡建设部、水利部将对申报城市进行资格审核。对通过资格审核的城市，财政部、住房城乡建设部、水利部将组织城市公开答辩，由专家进行现场评审，现场公布评审结果。

四、对试点工作开展绩效评价。财政部、住房城乡建设部、水利部定期组织绩效评价，并根据绩效评价结果进行奖罚。评价结果好的，按中央财政补助资金基数10%给予奖励；评价结果差的，扣回中央财政补助资金。具体绩效评价办法另行制订。

五、各地财政、住房城乡建设、水利部门应高度重视此项工作，积极谋划，组织有关城市做好实施方案编制工作，研究制定配套政策。具体申报工作另行通知。

2014 年 12 月 31 日

附录九：关于印发《城市管网专项资金管理暂行办法》的通知

财建 [2015]201 号

各省、自治区、直辖市、计划单列市财政厅（局）、住房城乡建设厅（委），新疆生产建设兵团财务局、建设局：

为贯彻落实党的十八大以来关于城市建设和新型城镇化的战略部署，推进污水处理设施配套管网、海绵城市和地下综合管廊项目建设，构建城市生态空间，增强城市综合承载能力，提高资金使用效益，根据《中华人民共和国预算法》和《国务院关于加强城市基础设施建设的意见》（国发 [2013]36 号），我们制定了《城市管网专项资金管理暂行办法》。现予印发，请遵照执行。

附件：城市管网专项资金管理暂行办法

财政部 住房城乡建设部
2015 年 6 月 1 日

附件：

城市管网专项资金管理暂行办法

第一条 为了规范和加强城市管网专项资金管理，提高财政资金使用效益，根据《中华人民共和国预算法》和《国务院关于加强城市基础设施建设的意见》（国发〔2013〕36 号），制定本办法。

第二条 本办法所称城市管网专项资金（以下简称专项资金），是指通过中央财政预算安排，支持城市管网建设、城市地下空间集约利用、城市排水防涝及水生态修复等城市生态空间建设的专项资金。

第三条 专项资金实行专款专用，专项管理。

第四条 专项资金由财政部会同住房城乡建设部负责管理。

第五条 专项资金用于支持以下事项：

（一）城镇污水处理设施配套管网及污水泵站建设；

（二）海绵城市建设试点；

（三）地下综合管廊建设试点；

（四）城市生态空间建设其他需要支持的事项。

第六条 专项资金根据不同的支持事项采取不同方式进行分配。

支持城镇污水处理设施配套管网及污水泵站建设事项的，根据年度资金规模和建设任务完成情况等对相关地区进行奖励。

用于海绵城市、地下综合管廊建设等试点示范类事项的，通过竞争性评审等方式，确定支持范围，在支持期内安排奖补资金。

第七条 财政部会同住房城乡建设部等相关部门根据国家确定的年度支持重点领域，组织地方申报，并评审各地申报方案。

第八条 地方财政和住房城乡建设等相关部门主要职责包括：

（一）负责落实地方扶持政策措施及应承担的资金；

（二）按规定组织专项资金申报，核实并提供相关材料；

（三）按规定管理和使用中央拨付的专项资金，组织实施相关工作，落实工作任务。

第九条 专项资金采用奖励、补助等方式予以支持。对按规定采用政府和社会资本合作（PPP）模式的项目予以倾斜支持。

第十条 专项资金的支付应当按照国家有关财政管理制度的规定执行。属于政府采购管理范围的，应当按照国家有关政府采购的规定执行。属于引入社会资本管理范围的，应当按照国家有关政府和社会资本合作的规定执行。

第十一条 财政部会同住房城乡建设部等相关部门制定绩效评价办法，组织实施对地方的绩效考核，并依据绩效评价结果奖优罚劣。对于绩效评价结果较好、达到既定目标的，给予奖励；对于绩效评价结果较差，无法达到既定目标的，建立退出机制，并收回中央财政资金。

第十二条 地方财政部门会同住房城乡建设等相关部门按照职责分工，对有关工作组织实施和资金使用情况进行监督检查。

第十三条 任何单位或个人不得骗取、截留、挪用专项资金，不得将专项资金用于偿还既有债务。违反规定的，依照《财政违法行为处罚处分条例》等有关规定追究法律责任。

第十四条 本办法由财政部会同住房城乡建设部负责解释。

第十五条 本办法自发布之日起施行。2011年5月23日印发的《财政部 住房城乡建设部关于印发〈"十二五"期间城镇污水处理设施配套管网建设项目资金管理办法〉的通知》（财建[2011]266号）同时废止。

附录十：住房城乡建设部 国家开发银行关于推进开发性金融支持海绵城市建设的通知

建城[2015]208号

各省、自治区住房城乡建设厅，直辖市建委（市政管委、水务局）、规委（规划局），新疆生产建设兵团建设局，国家开发银行各分行：

为贯彻落实《国务院办公厅关于推进海绵城市建设的指导意见》（国办发[2015]75号），充分发挥开发性金融对海绵城市建设的支持作用，现就有关事项通知如下：

一、充分认识开发性金融支持海绵城市建设的重要意义

（一）建设海绵城市是国务院近期启动的一项重大民生工程，是推进生态文明建设和新型城镇化发展的重要举措，是今后一个时期我国城市建设的重点工作。推进海绵城市建设，有利于转变城市发展理念和建设方式，修复城市水生态，改善城市水环境，涵养城市水资源，保障城市水安全，复兴城市水文化；有利于增加公共产品有效投资，拉动社会资本投入，打造经济发展新动力。按照国办发[2015]75号文件要求，到2020年，城市建成区20%以上的面积达到海绵城市建设目标要求；到2030年，城市建成区80%以上的面积达到目标要求。海绵城市建设任务艰巨，资金需求量大，迫切需要综合运用财政和金融政策，引导银行业金融机构加大对海绵城市建设的支持。

（二）国家开发银行作为开发性金融机构，要充分发挥在重点领域、薄弱环节、关键时期对重大建设项目的金融支持作用，把海绵城市建设作为信贷支持的重点领域，更好地服务国家经济社会发展战略。各级住房城乡建设部门要把国家开发银行作为重点合作银行，加强合作，增强海绵城市建设项目资金保障，用好用足信贷资金，为海绵城市建设助力。

二、建立健全海绵城市建设项目储备制度

（三）确定建设项目。各城市要按照海绵城市建设的要求，结合城市总体规划、控制性详细规划和道路、绿地、水等相关专项规划修编，以城市黑臭水体整

治、城市排水防涝、雨水资源化利用为突破口，以海绵型建筑与小区、海绵型道路与广场、海绵型公园与绿地、水体治理与修复、排水与调蓄设施等为建设重点，合理确定海绵城市建设项目。大力推广政府和社会资本合作（PPP）模式，鼓励具备综合业务能力的企业采取总承包方式，将海绵城市建设项目整体打包运作。

（四）建立项目储备库。各城市要尽快建立海绵城市建设项目储备库，并明确项目滚动规划和年度建设计划。2016年3月底前，各城市要完成项目滚动规划和2016年度建设计划编制工作，并将年度建设计划确定的项目信息报住房城乡建设部。此后，要在每年10月底前报送下一年度建设计划确定的项目信息。项目滚动规划要明确未来一段时期内海绵城市建设的区域面积、建设规模、建设时序、投资总额等。年度建设计划要确定当年的建设项目、建设期限、建设内容、投资计划、建设主体、融资方式等。纳入项目储备库的项目应体现整体打包运作的原则，并符合城市规划要求。

（五）推荐备选项目。各省级住房城乡建设部门要加强对本地区各城市项目储备制度建设工作的指导，组织好项目信息上报工作，督促尽快完成项目可研等前期准备工作，确定项目投资建设主体、投融资和建设运营模式，做好与国家开发银行各分行的项目对接和推荐工作。住房城乡建设部海绵城市建设技术指导专家委员会将对各地上报的项目进行评估，并把评估结果好且采用PPP模式整体打包运作的海绵城市建设项目作为优先推荐项目。

三、加大对海绵城市建设项目的信贷支持力度

（六）做好融资规划。国家开发银行各分行要根据海绵城市建设项目滚动规划，积极协助当地住房城乡建设等部门做好项目融资安排，针对具体项目的属性和融资需求，统筹安排融资方式和融资总量，编制相应的系统性融资规划，从源头上促进资金和其他资源的合理配置。

（七）创新融资模式。加大对具备综合业务能力、以总承包方式整体打包运作海绵城市建设项目企业的信贷支持，打造大型专业化建设运营主体；在风险可控、商业可持续的前提下，积极开展以购买服务协议预期收益等为担保的贷款业务；对符合条件的海绵城市建设项目实施主体提供专项建设基金，用于补充项目资本金不足部分。

（八）加强信贷支持。国家开发银行各分行要会同各地住房城乡建设部门，

合理确定拟纳入海绵城市建设项目储备库项目的投资建设主体、融资方案等，共同做好入库项目的前期准备工作。优先支持与棚户区改造、危房改造、老旧小区有机更新相结合的海绵城市建设项目。对纳入海绵城市建设项目储备库并采用PPP模式整体打包运作的项目，在符合贷款条件的情况下给予贷款规模倾斜，优先提供中长期信贷支持。

（九）开展综合营销。积极发挥投资、贷款、债券、租赁、证券的协同支持作用，为海绵城市建设提供综合金融服务，努力拓宽海绵城市建设的融资渠道。同时，积极协助海绵城市项目实施主体发行可续期项目收益债券和项目收益票据，并为项目实施提供财务顾问服务。

四、建立高效顺畅的工作协调机制

（十）加强部行合作。住房城乡建设部和国家开发银行建立部行工作会商制度，积极开展合作。发挥各自优势，共同开展海绵城市建设相关研究，共同培育孵化大型专业化的建设运营主体，打造海绵城市建设示范城市。

（十一）建立协调机制。各省级住房城乡建设部门、国家开发银行各分行要建立协调工作机制，加强沟通、密切合作，及时共享海绵城市建设项目信息及调度情况，协调解决项目融资、建设中存在的问题和困难；及时将各地海绵城市建设项目进展情况、存在问题及有关建议分别报住房城乡建设部和国家开发银行总行。

中华人民共和国住房和城乡建设部
国家开发银行股份有限公司
2015 年 12 月 10 日

附录十一：关于推进政策性金融支持海绵城市建设的通知

建城 [2015]240 号

各省、自治区住房城乡建设厅，直辖市建委（市政管委、水务局）、规委（规划局），新疆生产建设兵团建设局，中国农业发展银行各省、自治区、直辖市分行，总行营业部：

为贯彻落实《国务院办公厅关于推进海绵城市建设的指导意见》（国办发[2015]75 号），加大政策性金融机构对海绵城市建设的支持力度，现就有关工作通知如下：

一、地方各级住房城乡建设部门要高度重视推进政策性金融支持海绵城市建设工作，把中国农业发展银行（以下简称农发行）作为重点合作银行，加强合作。积极与农发行各分行对接，沟通协商好政策性金融贷款的申请和使用，最大限度发挥政策性金融的支持作用，切实增强信贷资金对海绵城市建设的支撑保障能力。

二、地方各级住房城乡建设部门要尽快建立健全海绵城市建设项目储备制度，以城市黑臭水体整治、城市排水防涝、雨水资源化利用为突破口，以城市供排水设施、再生水与污泥资源化利用、绿色蓄排与净化利用设施、水体治理与生态修复、海绵型建筑与小区、海绵型道路与广场、海绵型公园与绿地等为建设重点，统筹规划、系统实施，合理确定建设项目，落实承贷主体，并组织承贷主体积极向农发行各分行提供项目情况及资金需求情况。住房城乡建设部海绵城市建设技术指导专家委员会对各地上报的海绵城市建设项目进行评估，并把评估结果好且采用"技术＋资本"整体运作模式的海绵城市建设项目作为优先推荐项目。

三、农发行各分行要把海绵城市建设作为信贷支持的重点领域，积极统筹调配信贷规模，在符合贷款条件的情况下，优先对海绵城市建设项目给予贷款支持，贷款期限最长可达 30 年，贷款利率可适当优惠。符合使用抵押补充贷款资金条件的贷款项目可执行人民银行确定的优惠利率。在风险可控、商业可持续的前提下，海绵城市建设项目的购买服务协议预期收益等可作为农发行贷款的质押担保。

四、农发行各分行要积极创新运用政府购买服务、政府与社会资本合作（PPP）等融资模式，为海绵城市建设提供综合性金融服务，并联合其他银行、保险公司等金融机构以银团贷款、委托贷款等方式，努力拓宽海绵城市建设的融资渠道。农发行系统要积极支持具备"技术+资本"综合业务能力的企业参与海绵城市建设，打造大型专业化海绵城市建设运营企业。对符合条件的海绵城市建设项目实施主体提供专项建设基金，用于补充项目资本金不足部分。

五、地方各级住房城乡建设部门、农发行各分行要建立协调工作机制，及时共享海绵城市建设项目信息及调度情况，协调解决项目融资、建设中存在的问题和困难。各省级住房城乡建设部门和农发行各省级分行要及时将各地海绵城市建设项目进展情况、存在问题及有关建议分别报送至住房城乡建设部和农发行总行。

中华人民共和国住房和城乡建设部
中国农业发展银行
2015年12月30日

附录十二：2015年新三板环保行业企业一览表

2015年新三板环保行业企业一览表　　　　附表12-1

代码	名称	价格（元）	总市值	流通市值	挂牌日期	行业
430135.OC	三益能环	5.0000	1.0000	0.3250	2012-09-05	环保工程及服务
430136.OC	安普能			0.0000	2012-09-07	环保工程及服务
430144.OC	煦联得	7.4700	2.4530	1.3016	2012-09-07	环保工程及服务
430186.OC	国承瑞泰	14.5200	2.1780	0.6382	2012-12-20	环保工程及服务
430206.OC	尚远环保	3.0000	1.2600	0.9960	2012-12-28	环保工程及服务
430266.OC	联动设计	23.5200	3.7632	1.3336	2013-07-23	环保工程及服务
430275.OC	新冠亿碳			0.0000	2013-08-08	环保工程及服务
430283.OC	景弘环保	8.4400	9.1338	5.8983	2013-08-08	环保工程及服务
430319.OC	欧萨咨询	7.2500	1.7498	0.9876	2013-10-16	环保工程及服务
430355.OC	沃特能源			0.0000	2013-12-09	环保工程及服务
430360.OC	竹邦能源	1.3000	3.9000	1.2905	2013-12-25	环保工程及服务
430380.OC	成明节能			0.0000	2014-01-24	环保工程及服务
430385.OC	中一检测	4.7100	1.2246	0.2485	2014-01-24	环保工程及服务
430405.OC	星火环境	1.0000	0.1300	0.1019	2014-01-24	环保工程及服务
430412.OC	晓沃环保			0.0000	2014-01-24	环保工程及服务
430424.OC	联合创业			0.0000	2014-01-24	环保工程及服务
430430.OC	普滤得	27.0000	12.2310	4.6372	2014-01-24	环保工程及服务
430454.OC	百大能源	19.2000	3.8400	0.9557	2014-01-24	环保工程及服务
430470.OC	哲达科技	12.2400	6.1200	4.1211	2014-01-24	环保工程及服务
430534.OC	天涌科技	3.0000	0.3900	0.1740	2014-01-24	环保工程及服务
430550.OC	沃克斯			0.0000	2014-01-24	环保工程及服务
430724.OC	芳笛环保			0.0000	2014-05-05	环保工程及服务
430761.OC	升禾环保			0.0000	2014-05-30	环保工程及服务
830768.OC	耀通科技			0.0000	2014-05-30	环保工程及服务
830918.OC	银发环保	7.0000	1.6611	0.6647	2014-08-11	环保工程及服务
831058.OC	天颖环境			0.0000	2014-08-21	环保工程及服务

续表

代码	名称	价格（元）	总市值	流通市值	挂牌日期	行业
831068.OC	凌志环保	2.4800	22.2600	13.6870	2014-09-12	环保工程及服务
831100.OC	玉宇环保	2.6000	0.7813	0.2928	2014-08-19	环保工程及服务
831146.OC	建科节能			0.0000	2014-09-19	环保工程及服务
831154.OC	益方田园	4.0000	0.6360	0.1590	2014-09-19	环保工程及服务
831157.OC	信合节能			0.0000	2014-09-19	环保工程及服务
831183.OC	可视化			0.0000	2014-10-08	环保工程及服务
831210.OC	圣海林			0.0000	2014-10-17	环保工程及服务
831295.OC	川东环能			0.0000	2014-11-06	环保工程及服务
831370.OC	新安洁	19.8000	8.4150	3.8395	2014-11-25	环保工程及服务
831502.OC	东都节能			0.0000	2014-12-15	环保工程及服务
831507.OC	博广热能			0.0000	2014-12-15	环保工程及服务
831511.OC	水治理	31.7900	11.6290	6.9859	2014-12-17	环保工程及服务
831516.OC	金科环保			0.0000	2014-12-16	环保工程及服务
831588.OC	山川秀美			0.0000	2014-12-31	环保工程及服务
831638.OC	天物生态			0.0000	2015-01-13	环保工程及服务
831646.OC	汉能碳			0.0000	2015-01-23	环保工程及服务
831713.OC	天源环保	13.7000	6.9295	2.2959	2015-01-14	环保工程及服务
831744.OC	万信达			0.0000	2015-01-19	环保工程及服务
831843.OC	汇能科技			0.0000	2015-01-22	环保工程及服务
831847.OC	中兵环保			0.0000	2015-01-23	环保工程及服务
831917.OC	中电红石			0.0000	2015-01-28	环保工程及服务
831950.OC	亚太能源			0.0000	2015-02-26	环保工程及服务
831968.OC	德润环保			0.0000	2015-02-12	环保工程及服务
831988.OC	乐普四方	—	—	—	—	环保工程及服务
831999.OC	仟亿达			0.0000	2015-02-13	环保工程及服务
832001.OC	黑碳节能			0.0000	2015-02-16	环保工程及服务
832002.OC	赛文节能	4.0000	1.3636	0.4320	2015-02-16	环保工程及服务
832034.OC	正阳生物			0.0000	2015-02-12	环保工程及服务
832049.OC	广德环保			0.0000	2015-03-05	环保工程及服务
430320.OC	江扬环境	15.3200	4.6879	0.8898	2013-10-16	环保设备
430365.OC	赫宸环境	6.9800	2.9316	1.4779	2014-01-24	环保设备

续表

代码	名称	价格（元）	总市值	流通市值	挂牌日期	行业
430409.OC	天泉鑫膜	17.3000	2.2836	1.0541	2014-01-24	环保设备
430501.OC	超宇环保	22.0000	3.8000	0.8698	2014-01-24	环保设备
430603.OC	回水科技	7.5000	1.6923	0.7218	2014-01-24	环保设备
430665.OC	高衡力	14.8400	1.8420	0.6014	2014-03-13	环保设备
430687.OC	华瑞核安			0.0000	2014-04-14	环保设备
830777.OC	金达莱	89.0000	71.2000	34.3319	2014-06-05	环保设备
830797.OC	易之景和			0.0000	2014-06-18	环保设备
830998.OC	大铭新材			0.0000	2014-08-13	环保设备
831149.OC	奥美环境			0.0000	2014-09-18	环保设备
831169.OC	百特莱德			0.0000	2014-09-26	环保设备
831208.OC	洁昊环保	44.6500	12.8592	1.2725	2014-10-21	环保设备
831281.OC	天悦实业			0.0000	2014-11-06	环保设备
831291.OC	恒博科技			0.0000	2014-11-06	环保设备
831353.OC	海盐力源			0.0000	2014-11-13	环保设备
831386.OC	风华环保			0.0000	2014-12-02	环保设备
831393.OC	中碧环保			0.0000	2014-12-04	环保设备
831418.OC	三合盛			0.0000	2014-12-05	环保设备
831512.OC	环创科技			0.0000	2014-12-16	环保设备
831540.OC	京源环保			0.0000	2014-12-19	环保设备
831623.OC	金汇膜			0.0000	2015-01-05	环保设备
831686.OC	正大环保			0.0000	2015-01-19	环保设备
831704.OC	九如环境			0.0000	2015-01-12	环保设备
831714.OC	福航环保			0.0000	2015-01-08	环保设备
831770.OC	同智科技			0.0000	2015-01-22	环保设备
831785.OC	恒远利废			0.0000	2015-01-16	环保设备
831824.OC	东方滤袋			0.0000	2015-01-19	环保设备
831846.OC	飞驰环保			0.0000	2015-01-21	环保设备
831919.OC	科菲科技			0.0000	2015-01-28	环保设备
831992.OC	嘉得力			0.0000	2015-02-05	环保设备
832018.OC	固特超声			0.0000	2015-02-16	环保设备
832043.OC	卫东实业	7.5000	1.2930	5.6186	2015-02-17	环保设备

续表

代码	名称	价格（元）	总市值	流通市值	挂牌日期	行业
832095.OC	爱芯环保			0.0000	2015-03-10	环保设备
832145.OC	恒合股份			0.0000	2015-03-12	环保设备

注：资料来源，中商情报网。

附录十三：绿色债券支持项目目录（2015年版）

绿色债券支持项目目录（2015年版）

附表13-1

一级分类	二级分类	三级分类	说明或界定条件	国民经济行业分类名称和代码
1.节能	1.1 工业节能	1.1.1 装置/设施建设运营	1.国家颁布单位产品/工序能源消耗标准的行业，装置/设施（不含燃煤火力发电）产品能耗或工序能耗≤国家单位产品能源消耗限额标准先进值；2.燃煤火力发电机组限定为容量≥300MW超超临界或超超临界（冷）联产机组和特定高效低耗技术直接认定（背压式供热机组按特定技术直接认定；4.生物质、热发电等项目，按项目消费生物质或热值低热值燃料原料属性认定；5.LED照明等高能效产品利用项目按技术直接认定	E建筑业-48 土木工程建筑业
		1.1.2 节能技术改造	含采用《国家重点节能低碳技术推广目录（2014年本、节能部分）》节能技术的改造项目，"上大压小、等量替换"集中供热改造项目，以及工业、交通、通讯等领域其他类型节能技术改造项目，被改造装置/设施/设备节能改造后满足如下标准之一：1.装置/设施/设备产品能源消耗≤国家单位产品能源消耗限额标准先进值；2.改造后装置/设施/设备节能率≥相应行业/领域节能应用推广技术平均节能率/节能能力	E建筑业-48 土木工程建筑业-4840 工矿工程建筑或-49 建筑安装业
	1.2 可持续建筑	1.2.1 新建绿色建筑	指新建符合以下标准的建筑：1.新建工业建筑：达到《绿色工业建筑评价标准》GB/T 50878—2013 二星级及以上标准；2.新建住宅建筑和公共建筑：达到《绿色建筑评价标准》GB/T 50378—2014 二星级及以上标准	E建筑业-47 房屋建筑业
		1.2.2 既有建筑节能改造	包含但不限于以下类别建筑节能改造：建筑围护结构节能改造、供热系统、采暖制冷系统、照明设备和热水供应设施节能改造	E建筑业-49 建筑安装业；-50 建筑装饰和其他建筑业

续表

一级分类	二级分类	三级分类	说明或界定条件	国民经济行业分类名称和代码
1. 节能	1.3 能源管理中心	1.3.1 设施建设运营	指采用自动化、信息化技术和集中管理模式，对企业能源系统生产、输配和消耗各环节（不限定包含所有环节）实施集中扁平化动态监控和数字化管理，改进和优化能源平衡，走向系统性能降耗的能源管理管控一体化系统。包括系统硬件设施设备购置安装和配套软件系统开发运用	I 信息传输、软件和信息技术服务业 -65 软件和信息技术服务业 -6510 软件开发及 -6520 信息系统集成服务
	1.4 具有节能效益的城乡基础设施建设	1.4.1 设施建设	包括但不限于综合管廊项目：1. 城市地下综合管廊项目；2. 按照城市内涝及热岛效应状况，调整完善地下管线布局，走向以及埋藏深度的建设及改造项目；3. 根据气温变化调整城市分区供暖、供水调度方案，提高地下管线的隔热防潮标准的建设及改造项目	E 建筑业 -48 土木工程建筑业 -4819 其他道路、隧道和桥梁工程建筑 -485 架线和管道工程建筑
2. 污染防治	2.1 污染防治	2.1.1 设施建设运营	包括但不限于以下类别污染物处理处置设施建设运营：污水、污水处理副产污泥、大气污染物、城镇生活垃圾处置、医疗垃圾等处置、工业废物（含危险废物）处置、综合治理等污水处理、治理设施及最终处置等配套设施建设运营（含管网、收集中转储存设施建设运营）	D 电力、热力、燃气及水生产和供应业 -46 水的生产和供应业 -4620 污水处理及再生利用；-7340 海洋服务；N 水利、环境和公共设施管理业 -77 生态保护和环境治理业
	2.2 环境修复工程	2.2.1 项目实施	包括但不限于以下类别环境治理项目：城市黑臭水体综合整治项目、矿山土地复垦与生态修复项目及相关修复项目等	N 水利、环境和公共设施管理业 -77 生态保护和环境治理业
	2.3 煤炭清洁利用	2.3.1 装置/设施建设运营	指对煤炭进行洗选加工、分质分级利用，以及采用便于污染物处理的装置/设施建设运营等技术对传统煤炭消费替代进行的装置/设施建设运营项目	B 采矿业 -06 煤炭开采和洗选业 -48 土木工程建筑业 -4840 工矿工程建筑；C 制造业 -25 石油加工、炼焦和核燃料加工业；-7340 海洋服务 -2520 炼焦；33 金属制品业 -3311 金属结构制造
3. 资源节约与循环利用	3.1 节水及非常规水源利用	3.1.1 设施建设运营	包括但不限于：工业节水技术改造、农牧业节水灌溉工程、城市供水管网改造以及水资源综合利用和非常规水资源利用（含海水淡化、苦咸水、微咸水、再生水和矿井水利用等）设施建设运营；以及海绵城市配套设施建设运营项目	D 电力、热力、燃气及水生产和供应业 -46 水的生产和供应业 -4690 其他水的处理、利用与分配；N 水利、环境和公共设施管理业 -76 水利管理业 -7620 水资源管理；-7630 天然水收集与分配

续表

一级分类	二级分类	三级分类	说明或界定条件	国民经济行业分类名称和代码
3. 资源节约与循环利用	3.2 尾矿、伴生矿开发及综合利用	3.2.1 装置/设施建设运营	指以提高资源利用率为目的的矿产资源尾矿、伴生矿再开发利用、回灌及综合利用装置/设施建设运营	B 采矿业 -06 煤炭开采和洗选业；-07 石油和天然气开采业；-08 黑色金属矿采选业；-09 有色金属矿采选业；-10 非金属矿采选业；-12 其他采矿业
	3.3 工业废固废、废气、废液回收和资源化利用	3.3.1 装置/设施建设运营	指工业固体废弃物、废气、废液回收和资源化利用装置/设施建设运营	B 采矿业 -06 煤炭开采和洗选业；C 制造业 -14 食品制造业 -146 调味品、发酵制品制造；-17 纺织业；-19 皮革、毛皮、羽毛及其制品和制鞋业；-22 造纸和纸制品业 -25 石油加工、炼焦和核燃料加工业；-29 橡胶和塑料制品业 -30 非金属矿物制品业；D 电力、热力、燃气及水生产和供应业 -4411 火力发电；C 制造业 -31 黑色金属冶炼和压延加工业；-32 有色金属冶炼和压延加工业；-3360 金属表面处理及热处理加工
	3.4 再生资源回收加工及循环利用	3.4.1 回收、分拣、拆解体系设施建设运营	指工业等领域金属、非金属生产加工废料、废弃电器电子产品、废塑料、废钢铁、废有色金属等"城市矿产"资源回收、分拣、拆解体系设施建设运营	C 制造业 -42 废弃资源综合利用业
		3.4.2 加工装置/设施建设运营	指工业等领域金属、非金属生产加工废料、废弃电器电子产品、废塑料、废钢铁、废有色金属等"城市矿产"资源加工处理再利用设施建设运营	C 制造业 -42 废弃资源综合利用业
	3.5 机电产品再制造	3.5.1 装置/设施建设运营	指汽车零部件、工程机械、机床等机电产品再制造装置/设施建设运营	C 制造业 -38 汽车制造业 -3660 汽车零部件及配件制造；-34 通用设备制造业；-33 金属制品业

续表

一级分类	二级分类	三级分类	说明或界定条件	国民经济行业分类名称和代码
3.资源节约与循环利用	3.6生物质资源回收利用	3.6.1装置/设施建设运营	指农业秸秆、林业废弃物、城乡生活垃圾等生物质废弃物资源化利用装置/设施建设运营，包含但不限于以下类别：非粮生物质液体燃料生产装置/设施，农林生物质发电、生物燃气、热力生产和供应装置/设施，城乡生活垃圾资源化利用装置/设施等	N水利、环境和公共设施管理业-78公共设施管理业-7820环境卫生管理，A农、林、牧、渔业-05农、林、牧、渔服务业-0519其他农业服务-0529畜牧服务业，D电力、热力、燃气及水的生产和供应业-44电力、热力生产和供应业-4419其他电力生产
4.清洁交通	4.1铁路交通	4.1.1设施建设运营	指铁路线路及场站、专用供电变电站等设施建设运营（含技术升级改造项目）	分属于E建筑业-48土木工程建筑业-481铁路、道路、隧道和桥梁工程建筑-4811铁路工程建筑和G交通运输、仓储和邮政业-53铁路运输业
	4.2城市轨道交通	4.2.1设施建设运营	指城市地铁、轻轨等轨道交通设施建设运营	分属于E建筑业-48土木工程建筑业-481铁路、道路、隧道和桥梁工程建筑-4811铁路工程建筑、-4819其他道路、隧道工程建筑和G交通运输、仓储和邮政业-54道路运输业-5412城市公共交通
	4.3城乡公路运输公共客运	4.3.1车辆购置	指公共客运营所需的公共汽车、电车等公共交通车辆购置	G交通运输、仓储和邮政业-54道路运输业-5411公共交通客运
		4.3.2设施建设运营	指公共交通体系所需的站点、BRT线路以及其他相关配套设施的建设运营，以及线路养护	G交通运输、仓储和邮政业-54道路运输业-5411公共交通客运
	4.4水路交通	4.4.1船舶购置	指更新淘汰老旧船舶，购置内河标准化船舶以及全面满足国际新规范、新标准沿海和远洋运输船舶；LNG燃料动力内河船舶、海船、客船、货船等	G交通运输、仓储和邮政业-55水上运输业
		4.4.2航道整治	指内河高等级航道航政液、整治工程项目	E建筑业-48土木工程建筑业-4823港口及航运设施施工建筑
	4.5清洁燃油	4.5.1装置/设施建设运营	指建设运营满足国Ⅴ汽油生产工艺要求的高清洁性标准燃油生产装置/设施或既有汽油、柴油生产装置清洁性标准提升技术改造项目（升级改造后满足国Ⅴ汽油、国Ⅳ柴油生产工艺要求）	C制造业-35专用设备制造业-3521炼油、化工生产专用设备制造

续表

一级分类	二级分类	三级分类	说明或界定条件	国民经济行业分类名称和代码
4.清洁交通	4.5 清洁燃油	4.5.2 车用燃油产品生产	指生产符合国 V 汽油标准的汽油产品和符合国 IV 柴油标准的柴油产品；以及抗爆剂、助燃剂等清洁燃油添加剂产品生产	C 制造业 -25 石油加工、炼焦和核燃料加工业 -2511 原油加工及石油制品制造
	4.6 新能源汽车	4.6.1 零部件生产及整车制造	指电动汽车、燃料电池汽车、天然气燃料汽车等新能源汽车整车制造，电动机械和储能装置制造以及其他零部件、配件制造	C 制造业 -36 汽车制造 -38 电气机械和器材制造业 -381 电机制造 -384 电池制造
		4.6.2 配套设施建设运营	指新能源车配套充电、供能等服务设施建设运营	E 建筑业 -48 土木工程建筑
	4.7 交通领域互联网应用	4.7.1 设施建设运营	指以移动通讯终端、通讯基站、卫星定位设备、互联网等设备，应用物联网感知、大数据等技术开发建设的实现信息全面沟通、共享互通的，设施为依托，统筹管理，直接以物流和交通设施为服务对象，提升现有交通、物流等设施服务能力和运营效率的软硬件设施和系统。包括如下设施的建设运营：物流信息服务平台、智能仓储系统、智能物流配送调配体系、交通运输（车、船）资源信息在线集成系统、决策在线集成管理、交通运输智能化监控系统	G 交通运输、仓储和邮政业及其他相应行业；I 信息传输、软件和信息技术服务业
5.清洁能源	5.1 风力发电	5.1.1 设施建设运营	指风力发电场建设运营（含配套风能监测、风电场功率预测预测系统、风电场群区集控系统等）	D 电力、热力、燃气及水的生产和供应业 -44 电力、热力生产和供应业 -4414 风力发电
	5.2 太阳能光伏发电	5.2.1 设施建设运营	太阳能光伏发电站、太阳能高温热发电站（不含分布式太阳能光伏发电系统）需满足如下界定条件：1. 多晶硅电池组件光电转化效率≥15.5%，组件自项目投产运行之日起，组件自项目投产运行之日起，一年内衰减率≤2.5%，组件自项目投产运行之日起，一年内衰减率≤3%，项目全生命周期内衰减率≤10%；4. 硅基薄膜电池组件光电转化效率≥8%，铜铟镓硒（CIGS）薄膜电池组件光电转化效率≥11%，其他薄膜电池组件光电转化效率≥10%；5. 多晶硅、单晶硅和薄膜电池项目全生命周期内衰减率≤20%	D 电力、热力、燃气及水的生产和供应业 -44 电力、热力生产和供应业 -4415 太阳能发电

228

续表

一级分类	二级分类	三级分类	说明或界定条件	国民经济行业分类名称和代码
5. 清洁能源	5.3 智能电网及能源互联网	5.3.1 设施建设运营/升级改造	指能够提高供、需负荷平衡和响应能力，显著改善电网综合能效，降低输变电损耗及增强可再生能源接入能力电网建设运营项目及电网智能化升级改造项目：1. 智能电网：指采用智能型电气设备和实时、双向、集成通信技术以及其他先进技术的电网建设运营项目及电网智能化升级改造项目。2. 能源互联网：指综合应用电力电子、信息和智能管理技术，连接分布式能源（含分布式可再生能源）、分布式储能装置及各类型负荷，实现能量双向流动和对等交换与共享的电网、微电网及其他能源（燃气等）网络建设运营项目	D 电力、热力、燃气及水生产和供应业 -44 电力生产 -4420 电力供应 -45 燃气生产和供应业
	5.4 分布式能源	5.4.1 设施建设运营	指区域能源站（包括自然气区域能源站、分布式光伏发电系统等分布式能源设施建设运营以及分布式能源接入及峰谷调节系统、分布式电力交易平台等能源管理系统建设运营	D 电力、热力、燃气及水生产和供应业 -44 电力生产 -4420 电力供应
	5.5 太阳能热利用	5.5.1 装置/设施建设运营	指太阳能利用装置、设施建设运营。包括但不限于：太阳能热水器安装运营；太阳能中高温集热系统；太阳能空调制冷系统、热泵空调系统；太阳能空气源热水系统，兆瓦级太阳能高温光热发电装置/设施等建设运营	D 电力、热力、燃气及水生产和供应业 -44 电力、热力生产和供应业
	5.6 水力发电	5.6.1 设施建设运营	指以水力发电为目的的水库大坝、水工隧洞、电站厂房、发电机组等水利发电设施建设运营	D 电力、热力、燃气及水生产和供应业 -44 电力、热力生产和供应业 - 水力发电
	5.7 其他新能源利用	5.7.1 设施建设运营	指利用地热能、海洋能及其他可再生能源发电的工程设施建设运营	D 电力、热力、燃气及水生产和供应业 -4419 其他电力生产
6. 生态保护和适应气候变化	6.1 自然生态保护及旅游资源保护性开发	6.1.1 设施建设运营	指自然保护区建设运营；生态修复植被保护工程；以及自然生态保护前提下的旅游资源开发建设运营。包括但不限于以下项目：国家公园、国家地质公园、自然遗产所在地保护运营项目；国家级和省级自然保护区建设运营；维护；特定野生动植物栖息地、湿地、荒漠、草原等生态功能区建设、维护；沿海生态修复植被保护工程；以及生态脆弱地区环境压力释放（如生态移民工程）等类型项目；城镇园林绿化、土地复垦项目	N 水利、环境和公共设施管理业 -77 生态保护和环境治理业 -771 生态保护 -78 公共设施管理业 -785 公园和游览景区管理 -7852 游览景区管理

229

续表

一级分类	二级分类	三级分类	说明或界定条件	国民经济行业分类名称和代码
6.生态保护和适应气候变化	6.2生态农牧渔业	6.2.1项目实施及设施建设运营	包括农牧渔良种繁推一体化项目、农牧渔业有机产品生产项目（含设施建设运营），项目产出产品符合如下标准或政策要求：1.符合有机产品国家标准GB/T 19630.1—2011；2.符合农业部环境质量标准和农药、肥料、饲料及饲料添加剂、兽药、食品添加剂、动物卫生等7项通用准则性标准，及45项产品质量标准，产品标注符合农业部《绿色食品标志管理办法》	A农、林、牧、渔业-01农业；-03畜牧业；-04渔业
	6.3林业开发	6.3.1项目实施及设施建设运营	指森林抚育经营、可持续的林业开发等类型项目。包含但不限于以下类别：1.造林；2.林业良种繁育、种苗生产；3.林下种植、林下养殖	A农林牧渔业-02林业
	6.4灾害应急防控	6.4.1设施建设运营	指灾害监测预警和应急系统、重要江河堤防工程设施建设运营、水土流失治理、草原、森林生态保护等工程设施建设运营。包括但不限于以下类别：1.重大基础设施（水利、交通、通信及输电系统、城市基础设施和河道整治、蓄洪设施等）灾害监测预警和应急系统建设运营；2.重要江河堤防建设运营和河道整治；3.应对自然灾害和极端天气及其气候事件的卫生应急控制性枢纽建设与维护、卫生应急设备工程；4.森林火灾、动物疫病的监测和防控体系；5.农业灾害监测系统；6.海洋灾害预警与防控体系；7.天然林保护、退耕还林、防护林体系建设、维护；8.备灾物资的生产、储运项目	I信息传输、软件和信息技术服务业-65软件和信息技术服务业；N水利、环境和公共设施管理业-7610防洪除涝设施管理；-771生态保护和环境治理业-7810市政设施管理；-78公共设施管理业；A农、林、牧、渔业-05农、林、牧、渔服务业

附录十四：关于印发《挥发性有机物排污收费试点办法》的通知

财税 [2015]71 号

各省、自治区、直辖市、计划单列市财政厅（局）、发展改革委、物价局、环境保护厅（局）：

为了规范挥发性有机物排污收费管理，改善环境质量，根据《中华人民共和国大气污染防治法》《排污费征收使用管理条例》《国务院关于印发大气污染防治行动计划的通知》（国发 [2013]37 号）等规定，我们制定了《挥发性有机物排污收费试点办法》，现印发给你们，请遵照执行。

附件：挥发性有机物排污收费试点办法

财政部 国家发展改革委 环境保护部
2015 年 6 月 18 日

附件：

挥发性有机物排污收费试点办法

第一条 为了促使企业减少挥发性有机物（以下简称 VOCs）排放，提高 VOCs 污染控制技术，改善生活和生态环境质量，根据《中华人民共和国大气污染防治法》、《排污费征收使用管理条例》、《国务院关于印发大气污染防治行动计划的通知》（国发 [2013]37 号）等规定，制定本办法。

第二条 石油化工行业和包装印刷行业（以下简称试点行业）VOCs 排污费的征收、使用和管理，适用本办法。各省、自治区、直辖市可以根据本地区实际情况增加 VOCs 排污收费试点行业，并制定增加试点行业 VOCs 排污收费办法。

第三条 本办法所称VOCs,是指特定条件下具有挥发性的有机化合物的统称。具有挥发性的有机化合物主要包括非甲烷总烃(烷烃、烯烃、炔烃、芳香烃)、含氧有机化合物(醛、酮、醇、醚等)、卤代烃、含氮化合物、含硫化合物等。

第四条 直接向大气排放VOCs的试点行业企业(以下简称排污者)应当缴纳VOCs排污费。

第五条 每一排放口排放的VOCs均征收VOCs排污费,不受当前3项污染物征收排污费限制。

第六条 VOCs排污费按VOCs排放量折合的污染当量数计征。计算公式如下:VOCs污染当量数=VOCs排放量(千克)/VOCs污染当量值(千克)

石油化工行业排污者的VOCs排放量,应区分生产过程的VOCs污染源项,分别采取实测、物料衡算和模型等方法进行计算。包装印刷行业排污者的VOCs排放量,应根据生产工艺过程中投用原辅料及回收有机溶剂量,按物料衡算法进行计算。

对VOCs中的苯、甲苯、二甲苯等污染物已征收排污费的,应当将其排放量从VOCs排放量中扣除。VOCs污染当量值暂定为0.95千克。

第七条 有关VOCs排污费征收标准的规定,由国家发展改革委、财政部、环境保护部确定。

第八条 VOCs排污费由地方环境保护主管部门按照污染源管理权限负责征收。

第九条 排污者应在规定期限内向地方环境保护主管部门报送《试点行业VOCs排放申报登记表》,申报VOCs排放量。

石油化工行业排污者在报送《试点行业VOCs排放申报登记表》时,应一并填报各污染源项情况表,详细列明各污染源项生产装置、工作流程、处理设施等信息。

包装印刷行业排污者在报送《试点行业VOCs排放申报登记表》时,应一并提供购买、使用原辅料和有机溶剂的发票、结算或领料凭证;原料供货商提供的VOCs含量说明;危险废物处理发票等材料。

第十条 排污者应当保证其报送材料的真实性、有效性和完整性。

第十一条 地方环境保护主管部门应当对排污者报送的申报材料进行审核。

发现申报材料不完整的，应当要求排污者限期补报。

地方环境保护主管部门认为有必要的，可以委托有能力的第三方机构对排污者报送的申报材料进行审核。

第十二条　地方环境保护主管部门根据石油化工行业排污者各污染源项VOCs排放情况，以及包装印刷行业排污者投用原辅料中VOCs含量、VOCs去除量和回收量等信息，计算排污者VOCs排放量。根据VOCs排放量和VOCs排污费征收标准，确定排污者应缴纳的排污费数额，并予以公告。

第十三条　地方环境保护主管部门应当定期对排污者进行专项稽查。发现排污者申报不实、少缴纳排污费的，应当追缴排污费并按《中华人民共和国大气污染防治法》的有关规定予以处罚。

第十四条　地方环境保护主管部门应当定期向社会公布本地区排污者应缴纳VOCs排污费数额、实际缴纳VOCs排污费数额和欠缴VOCs排污费数额。

第十五条　地方环境保护主管部门征收的VOCs排污费，应全额上缴国库，纳入一般公共预算管理。

第十六条　VOCs排污费的具体征收缴库、使用管理、违规处理等按现行排污费有关规定执行。

第十七条　各省、自治区、直辖市根据本办法制定具体实施办法，并报财政部、国家发展改革委、环境保护部备案。

第十八条　本办法由财政部会同国家发展改革委、环境保护部负责解释。

第十九条　本办法自2015年10月1日起施行。

附录十五：国务院关于积极推进"互联网+"行动的指导意见

国发[2015]40号

各省、自治区、直辖市人民政府，国务院各部委、各直属机构：

"互联网+"是把互联网的创新成果与经济社会各领域深度融合，推动技术进步、效率提升和组织变革，提升实体经济创新力和生产力，形成更广泛的以互联网为基础设施和创新要素的经济社会发展新形态。在全球新一轮科技革命和产业变革中，互联网与各领域的融合发展具有广阔前景和无限潜力，已成为不可阻挡的时代潮流，正对各国经济社会发展产生着战略性和全局性的影响。积极发挥我国互联网已经形成的比较优势，把握机遇，增强信心，加快推进"互联网+"发展，有利于重塑创新体系、激发创新活力、培育新兴业态和创新公共服务模式，对打造大众创业、万众创新和增加公共产品、公共服务"双引擎"，主动适应和引领经济发展新常态，形成经济发展新动能，实现中国经济提质增效升级具有重要意义。

近年来，我国在互联网技术、产业、应用以及跨界融合等方面取得了积极进展，已具备加快推进"互联网+"发展的坚实基础，但也存在传统企业运用互联网的意识和能力不足、互联网企业对传统产业理解不够深入、新业态发展面临体制机制障碍、跨界融合型人才严重匮乏等问题，亟待加以解决。为加快推动互联网与各领域深入融合和创新发展，充分发挥"互联网+"对稳增长、促改革、调结构、惠民生、防风险的重要作用，现就积极推进"互联网+"行动提出以下意见。

一、行动要求

（一）总体思路

顺应世界"互联网+"发展趋势，充分发挥我国互联网的规模优势和应用优势，推动互联网由消费领域向生产领域拓展，加速提升产业发展水平，增强各行业创新能力，构筑经济社会发展新优势和新动能。坚持改革创新和市场需求导向，突出企业的主体作用，大力拓展互联网与经济社会各领域融合的广度和深度。着力深化体制机制改革，释放发展潜力和活力；着力做优存量，推动经济提质增效和转型升级；着力做大增量，培育新兴业态，打造新的增长点；着力创新政府服务模式，夯实网络发展基础，营造安全网络环境，提升公共服务水平。

（二）基本原则

坚持开放共享。营造开放包容的发展环境，将互联网作为生产生活要素共享的重要平台，最大限度优化资源配置，加快形成以开放、共享为特征的经济社会运行新模式。

坚持融合创新。鼓励传统产业树立互联网思维，积极与"互联网+"相结合。推动互联网向经济社会各领域加速渗透，以融合促创新，最大程度汇聚各类市场要素的创新力量，推动融合性新兴产业成为经济发展新动力和新支柱。

坚持变革转型。充分发挥互联网在促进产业升级以及信息化和工业化深度融合中的平台作用，引导要素资源向实体经济集聚，推动生产方式和发展模式变革。创新网络化公共服务模式，大幅提升公共服务能力。

坚持引领跨越。巩固提升我国互联网发展优势，加强重点领域前瞻性布局，以互联网融合创新为突破口，培育壮大新兴产业，引领新一轮科技革命和产业变革，实现跨越式发展。

坚持安全有序。完善互联网融合标准规范和法律法规，增强安全意识，强化安全管理和防护，保障网络安全。建立科学有效的市场监管方式，促进市场有序发展，保护公平竞争，防止形成行业垄断和市场壁垒。

（三）发展目标

到2018年，互联网与经济社会各领域的融合发展进一步深化，基于互联网的新业态成为新的经济增长动力，互联网支撑大众创业、万众创新的作用进一步增强，互联网成为提供公共服务的重要手段，网络经济与实体经济协同互动的发展格局基本形成。

经济发展进一步提质增效。互联网在促进制造业、农业、能源、环保等产业转型升级方面取得积极成效，劳动生产率进一步提高。基于互联网的新兴业态不断涌现，电子商务、互联网金融快速发展，对经济提质增效的促进作用更加凸显。

社会服务进一步便捷普惠。健康医疗、教育、交通等民生领域互联网应用更加丰富，公共服务更加多元，线上线下结合更加紧密。社会服务资源配置不断优化，公众享受到更加公平、高效、优质、便捷的服务。

基础支撑进一步夯实提升。网络设施和产业基础得到有效巩固加强，应用支撑和安全保障能力明显增强。固定宽带网络、新一代移动通信网和下一代互联网加快发展，物联网、云计算等新型基础设施更加完备。人工智能等技术及其产业化能力显著增强。

发展环境进一步开放包容。全社会对互联网融合创新的认识不断深入，互联网融合发展面临的体制机制障碍有效破除，公共数据资源开放取得实质性进展，相关标准规范、信用体系和法律法规逐步完善。

到2025年，网络化、智能化、服务化、协同化的"互联网+"产业生态体系基本完善，"互联网+"新经济形态初步形成，"互联网+"成为经济社会创新发展的重要驱动力量。

二、重点行动

（一）"互联网+"创业创新

充分发挥互联网的创新驱动作用，以促进创业创新为重点，推动各类要素资源聚集、开放和共享，大力发展众创空间、开放式创新等，引导和推动全社会形成大众创业、万众创新的浓厚氛围，打造经济发展新引擎。（发展改革委、科技部、工业和信息化部、人力资源社会保障部、商务部等负责，列第一位者为牵头部门，下同）

1.强化创业创新支撑。鼓励大型互联网企业和基础电信企业利用技术优势和产业整合能力，向小微企业和创业团队开放平台入口、数据信息、计算能力等资源，提供研发工具、经营管理和市场营销等方面的支持和服务，提高小微企业信息化应用水平，培育和孵化具有良好商业模式的创业企业。充分利用互联网基础条件，完善小微企业公共服务平台网络，集聚创业创新资源，为小微企业提供找得着、用得起、有保障的服务。

2.积极发展众创空间。充分发挥互联网开放创新优势，调动全社会力量，支持创新工场、创客空间、社会实验室、智慧小企业创业基地等新型众创空间发展。充分利用国家自主创新示范区、科技企业孵化器、大学科技园、商贸企业集聚区、小微企业创业示范基地等现有条件,通过市场化方式构建一批创新与创业相结合、线上与线下相结合、孵化与投资相结合的众创空间,为创业者提供低成本、便利化、全要素的工作空间、网络空间、社交空间和资源共享空间。实施新兴产业"双创"行动,建立一批新兴产业"双创"示范基地,加快发展"互联网+"创业网络体系。

3. 发展开放式创新。鼓励各类创新主体充分利用互联网,把握市场需求导向,加强创新资源共享与合作,促进前沿技术和创新成果及时转化,构建开放式创新体系。推动各类创业创新扶持政策与互联网开放平台联动协作,为创业团队和个人开发者提供绿色通道服务。加快发展创业服务业,积极推广众包、用户参与设计、云设计等新型研发组织模式,引导建立社会各界交流合作的平台,推动跨区域、跨领域的技术成果转移和协同创新。

(二)"互联网+"协同制造

推动互联网与制造业融合,提升制造业数字化、网络化、智能化水平,加强产业链协作,发展基于互联网的协同制造新模式。在重点领域推进智能制造、大规模个性化定制、网络化协同制造和服务型制造,打造一批网络化协同制造公共服务平台,加快形成制造业网络化产业生态体系。(工业和信息化部、发展改革委、科技部共同牵头)

1. 大力发展智能制造。以智能工厂为发展方向,开展智能制造试点示范,加快推动云计算、物联网、智能工业机器人、增材制造等技术在生产过程中的应用,推进生产装备智能化升级、工艺流程改造和基础数据共享。着力在工控系统、智能感知元器件、工业云平台、操作系统和工业软件等核心环节取得突破,加强工业大数据的开发与利用,有效支撑制造业智能化转型,构建开放、共享、协作的智能制造产业生态。

2. 发展大规模个性化定制。支持企业利用互联网采集并对接用户个性化需求,推进设计研发、生产制造和供应链管理等关键环节的柔性化改造,开展基于个性化产品的服务模式和商业模式创新。鼓励互联网企业整合市场信息,挖掘细分市场需求与发展趋势,为制造企业开展个性化定制提供决策支撑。

3. 提升网络化协同制造水平。鼓励制造业骨干企业通过互联网与产业链各环节紧密协同，促进生产、质量控制和运营管理系统全面互联，推行众包设计研发和网络化制造等新模式。鼓励有实力的互联网企业构建网络化协同制造公共服务平台，面向细分行业提供云制造服务，促进创新资源、生产能力、市场需求的集聚与对接，提升服务中小微企业能力，加快全社会多元化制造资源的有效协同，提高产业链资源整合能力。

4. 加速制造业服务化转型。鼓励制造企业利用物联网、云计算、大数据等技术，整合产品全生命周期数据，形成面向生产组织全过程的决策服务信息，为产品优化升级提供数据支撑。鼓励企业基于互联网开展故障预警、远程维护、质量诊断、远程过程优化等在线增值服务，拓展产品价值空间，实现从制造向"制造+服务"的转型升级。

（三）"互联网+"现代农业

利用互联网提升农业生产、经营、管理和服务水平，培育一批网络化、智能化、精细化的现代"种养加"生态农业新模式，形成示范带动效应，加快完善新型农业生产经营体系，培育多样化农业互联网管理服务模式，逐步建立农副产品、农资质量安全追溯体系，促进农业现代化水平明显提升。（农业部、发展改革委、科技部、商务部、质检总局、食品药品监管总局、林业局等负责）

1. 构建新型农业生产经营体系。鼓励互联网企业建立农业服务平台，支撑专业大户、家庭农场、农民合作社、农业产业化龙头企业等新型农业生产经营主体，加强产销衔接，实现农业生产由生产导向向消费导向转变。提高农业生产经营的科技化、组织化和精细化水平，推进农业生产流通销售方式变革和农业发展方式转变，提升农业生产效率和增值空间。规范用好农村土地流转公共服务平台，提升土地流转透明度，保障农民权益。

2. 发展精准化生产方式。推广成熟可复制的农业物联网应用模式。在基础较好的领域和地区，普及基于环境感知、实时监测、自动控制的网络化农业环境监测系统。在大宗农产品规模生产区域，构建天地一体的农业物联网测控体系，实施智能节水灌溉、测土配方施肥、农机定位耕种等精准化作业。在畜禽标准化规模养殖基地和水产健康养殖示范基地，推动饲料精准投放、疾病自动诊断、废弃物自动回收等智能设备的应用普及和互联互通。

3. 提升网络化服务水平。深入推进信息进村入户试点，鼓励通过移动互联为农民提供政策、市场、科技、保险等生产生活信息服务。支持互联网企业与农业生产经营主体合作,综合利用大数据、云计算等技术,建立农业信息监测体系,为灾害预警、耕地质量监测、重大动植物疫情防控、市场波动预测、经营科学决策等提供服务。

4.完善农副产品质量安全追溯体系。充分利用现有互联网资源,构建农副产品质量安全追溯公共服务平台,推进制度标准建设,建立产地准出与市场准入衔接机制。支持新型农业生产经营主体利用互联网技术,对生产经营过程进行精细化信息化管理,加快推动移动互联网、物联网、二维码、无线射频识别等信息技术在生产加工和流通销售各环节的推广应用,强化上下游追溯体系对接和信息互通共享,不断扩大追溯体系覆盖面,实现农副产品"从农田到餐桌"全过程可追溯,保障"舌尖上的安全"。

(四)"互联网+"智慧能源

通过互联网促进能源系统扁平化,推进能源生产与消费模式革命,提高能源利用效率,推动节能减排。加强分布式能源网络建设,提高可再生能源占比,促进能源利用结构优化。加快发电设施、用电设施和电网智能化改造,提高电力系统的安全性、稳定性和可靠性。(能源局、发展改革委、工业和信息化部等负责)

1.推进能源生产智能化。建立能源生产运行的监测、管理和调度信息公共服务网络,加强能源产业链上下游企业的信息对接和生产消费智能化,支撑电厂和电网协调运行,促进非化石能源与化石能源协同发电。鼓励能源企业运用大数据技术对设备状态、电能负载等数据进行分析挖掘与预测,开展精准调度、故障判断和预测性维护,提高能源利用效率和安全稳定运行水平。

2.建设分布式能源网络。建设以太阳能、风能等可再生能源为主体的多能源协调互补的能源互联网。突破分布式发电、储能、智能微网、主动配电网等关键技术,构建智能化电力运行监测、管理技术平台,使电力设备和用电终端基于互联网进行双向通信和智能调控,实现分布式电源的及时有效接入,逐步建成开放共享的能源网络。

3.探索能源消费新模式。开展绿色电力交易服务区域试点,推进以智能电网为配送平台,以电子商务为交易平台,融合储能设施、物联网、智能用电设施等硬件以及碳交易、互联网金融等衍生服务于一体的绿色能源网络发展,实现绿色电力的点到点交易及实时配送和补贴结算。进一步加强能源生产和消费协调匹配，推进电动汽车、港口岸电等电能替代技术的应用，推广电力需求侧管理，提高能源利用效率。基于分布式能源网络，发展用户端智能化用能、能源共享经济和能源自由交易，促进能源消费生态体系建设。

4. 发展基于电网的通信设施和新型业务。推进电力光纤到户工程，完善能源互联网信息通信系统。统筹部署电网和通信网深度融合的网络基础设施，实现同缆传输、共建共享，避免重复建设。鼓励依托智能电网发展家庭能效管理等新型业务。

（五）"互联网+"普惠金融

促进互联网金融健康发展，全面提升互联网金融服务能力和普惠水平，鼓励互联网与银行、证券、保险、基金的融合创新，为大众提供丰富、安全、便捷的金融产品和服务，更好满足不同层次实体经济的投融资需求，培育一批具有行业影响力的互联网金融创新型企业。（人民银行、银监会、证监会、保监会、发展改革委、工业和信息化部、网信办等负责）

1. 探索推进互联网金融云服务平台建设。探索互联网企业构建互联网金融云服务平台。在保证技术成熟和业务安全的基础上，支持金融企业与云计算技术提供商合作开展金融公共云服务，提供多样化、个性化、精准化的金融产品。支持银行、证券、保险企业稳妥实施系统架构转型，鼓励探索利用云服务平台开展金融核心业务，提供基于金融云服务平台的信用、认证、接口等公共服务。

2. 鼓励金融机构利用互联网拓宽服务覆盖面。鼓励各金融机构利用云计算、移动互联网、大数据等技术手段，加快金融产品和服务创新，在更广泛地区提供便利的存贷款、支付结算、信用中介平台等金融服务，拓宽普惠金融服务范围，为实体经济发展提供有效支撑。支持金融机构和互联网企业依法合规开展网络借贷、网络证券、网络保险、互联网基金销售等业务。扩大专业互联网保险公司试点，充分发挥保险业在防范互联网金融风险中的作用。推动金融集成电路卡（IC卡）全面应用，提升电子现金的使用率和便捷性。发挥移动金融安全可信公共服务平台（MTPS）的作用，积极推动商业银行开展移动金融创新应用，促进移动金融在电子商务、公共服务等领域的规模应用。支持银行业金融机构借助互联网技术发展消费信贷业务，支持金融租赁公司利用互联网技术开展金融租赁业务。

3. 积极拓展互联网金融服务创新的深度和广度。鼓励互联网企业依法合规提供创新金融产品和服务，更好满足中小微企业、创新型企业和个人的投融资需求。规范发展网络借贷和互联网消费信贷业务，探索互联网金融服务创新。积极引导风险投资基金、私募股权投资基金和产业投资基金投资于互联网金融企业。利用大数据发展市场化个人征信业务，加快网络征信和信用评价体系建设。加强互联网金融消费权益保护和投资者保护，建立多元化金融消费纠纷解决机制。改进和完善互联网金融监管，提高金融服务安全性，有效防范互联网金融风险及其外溢效应。

（六）"互联网+"益民服务

充分发挥互联网的高效、便捷优势，提高资源利用效率，降低服务消费成本。大力发展以互联网为载体、线上线下互动的新兴消费，加快发展基于互联网的医疗、健康、养老、教育、旅游、社会保障等新兴服务，创新政府服务模式，提升政府科学决策能力和管理水平。（发展改革委、教育部、工业和信息化部、民政部、人力资源社会保障部、商务部、卫生计生委、质检总局、食品药品监管总局、林业局、旅游局、网信办、信访局等负责）

1. 创新政府网络化管理和服务。加快互联网与政府公共服务体系的深度融合，推动公共数据资源开放，促进公共服务创新供给和服务资源整合，构建面向公众的一体化在线公共服务体系。积极探索公众参与的网络化社会管理服务新模式，充分利用互联网、移动互联网应用平台等，加快推进政务新媒体发展建设，加强政府与公众的沟通交流，提高政府公共管理、公共服务和公共政策制定的响应速度，提升政府科学决策能力和社会治理水平，促进政府职能转变和简政放权。深入推进网上信访，提高信访工作质量、效率和公信力。鼓励政府和互联网企业合作建立信用信息共享平台，探索开展一批社会治理互联网应用试点，打通政府部门、企事业单位之间的数据壁垒，利用大数据分析手段，提升各级政府的社会治理能力。加强对"互联网+"行动的宣传，提高公众参与度。

2. 发展便民服务新业态。发展体验经济，支持实体零售商综合利用网上商店、移动支付、智能试衣等新技术，打造体验式购物模式。发展社区经济，在餐饮、娱乐、家政等领域培育线上线下结合的社区服务新模式。发展共享经济，规范发展网络约租车，积极推广在线租房等新业态，着力破除准入门槛高、服务规范难、个人征信缺失等瓶颈制约。发展基于互联网的文化、媒体和旅游等服务，培育形式多样的新型业态。积极推广基于移动互联网入口的城市服务，开展网上社保办理、个人社保权益查询、跨地区医保结算等互联网应用，让老百姓足不出户享受便捷高效的服务。

3. 推广在线医疗卫生新模式。发展基于互联网的医疗卫生服务，支持第三方机构构建医学影像、健康档案、检验报告、电子病历等医疗信息共享服务平台，逐步建立跨医院的医疗数据共享交换标准体系。积极利用移动互联网提供在线预约诊疗、候诊提醒、划价缴费、诊疗报告查询、药品配送等便捷服务。引导医疗机构面向中小城市和农村地区开展基层检查、上级诊断等远程医疗服务。鼓励互联网企业与医疗机构合作建立医疗网络信息平台，加强区域医疗卫生服务资源整合，充分利用互联网、大数据等手段，提高重大疾病和突发公共卫生事件防控能力。积极探索互联网延伸医嘱、电子处方等网络医疗健康服务应用。鼓励有资质的医学检验机构、医疗服务机构联合互联网企业，发展基因检测、疾病预防等健康服务模式。

4. 促进智慧健康养老产业发展。支持智能健康产品创新和应用，推广全面量化健康生活新方式。鼓励健康服务机构利用云计算、大数据等技术搭建公共信息平台，提供长期跟踪、预测预警的个性化健康管理服务。发展第三方在线健康市场调查、咨询评价、预防管理等应用服务，提升规范化和专业化运营水平。依托现有互联网资源和社会力量，以社区为基础，搭建养老信息服务网络平台，提供护理看护、健康管理、康复照料等居家养老服务。鼓励养老服务机构应用基于移动互联网的便携式体检、紧急呼叫监控等设备，提高养老服务水平。

5. 探索新型教育服务供给方式。鼓励互联网企业与社会教育机构根据市场需求开发数字教育资源，提供网络化教育服务。鼓励学校利用数字教育资源及教育服务平台，逐步探索网络化教育新模式，扩大优质教育资源覆盖面，促进教育公平。鼓励学校通过与互联网企业合作等方式，对接线上线下教育资源，探索基础教育、职业教育等教育公共服务提供新方式。推动开展学历教育在线课程资源共享，推广大规模在线开放课程等网络学习模式，探索建立网络学习学分认定与学分转换等制度，加快推动高等教育服务模式变革。

（七）"互联网+"高效物流

加快建设跨行业、跨区域的物流信息服务平台，提高物流供需信息对接和使用效率。鼓励大数据、云计算在物流领域的应用,建设智能仓储体系,优化物流运作流程,提升物流仓储的自动化、智能化水平和运转效率,降低物流成本。(发展改革委、商务部、交通运输部、网信办等负责)

1. 构建物流信息共享互通体系。发挥互联网信息集聚优势,聚合各类物流信息资源,鼓励骨干物流企业和第三方机构搭建面向社会的物流信息服务平台,整合仓储、运输和配送信息,开展物流全程监测、预警,提高物流安全、环保和诚信水平,统筹优化社会物流资源配置。构建互通省际、下达市县、兼顾乡村的物流信息互联网络,建立各类可开放数据的对接机制,加快完善物流信息交换开放标准体系,在更广范围促进物流信息充分共享与互联互通。

2. 建设深度感知智能仓储系统。在各级仓储单元积极推广应用二维码、无线射频识别等物联网感知技术和大数据技术,实现仓储设施与货物的实时跟踪、网络化管理以及库存信息的高度共享,提高货物调度效率。鼓励应用智能化物流装备提升仓储、运输、分拣、包装等作业效率,提高各类复杂订单的出货处理能力,缓解货物囤积停滞瓶颈制约,提升仓储运管水平和效率。

3. 完善智能物流配送调配体系。加快推进货运车联网与物流园区、仓储设施、配送网点等信息互联,促进人员、货源、车源等信息高效匹配,有效降低货车空驶率,提高配送效率。鼓励发展社区自提柜、冷链储藏柜、代收服务点等新型社区化配送模式,结合构建物流信息互联网络,加快推进县到村的物流配送网络和村级配送网点建设,解决物流配送"最后一公里"问题。

(八)"互联网+"电子商务

巩固和增强我国电子商务发展领先优势,大力发展农村电商、行业电商和跨境电商,进一步扩大电子商务发展空间。电子商务与其他产业的融合不断深化,网络化生产、流通、消费更加普及,标准规范、公共服务等支撑环境基本完善。(发展改革委、商务部、工业和信息化部、交通运输部、农业部、海关总署、税务总局、质检总局、网信办等负责)

1. 积极发展农村电子商务。开展电子商务进农村综合示范,支持新型农业经营主体和农产品、农资批发市场对接电商平台,积极发展以销定产模式。完善农村电子商务配送及综合服务网络,着力解决农副产品标准化、物流标准化、冷链仓储建设等关键问题,发展农产品个性化定制服务。开展生鲜农产品和农业生产资料电子商务试点，促进农业大宗商品电子商务发展。

2. 大力发展行业电子商务。鼓励能源、化工、钢铁、电子、轻纺、医药等行业企业，积极利用电子商务平台优化采购、分销体系，提升企业经营效率。推动各类专业市场线上转型，引导传统商贸流通企业与电子商务企业整合资源，积极向供应链协同平台转型。鼓励生产制造企业面向个性化、定制化消费需求深化电子商务应用，支持设备制造企业利用电子商务平台开展融资租赁服务，鼓励中小微企业扩大电子商务应用。按照市场化、专业化方向，大力推广电子招标投标。

3. 推动电子商务应用创新。鼓励企业利用电子商务平台的大数据资源，提升企业精准营销能力，激发市场消费需求。建立电子商务产品质量追溯机制，建设电子商务售后服务质量检测云平台，完善互联网质量信息公共服务体系，解决消费者维权难、退货难、产品责任追溯难等问题。加强互联网食品药品市场监测监管体系建设，积极探索处方药电子商务销售和监管模式创新。鼓励企业利用移动社交、新媒体等新渠道，发展社交电商、"粉丝"经济等网络营销新模式。

4. 加强电子商务国际合作。鼓励各类跨境电子商务服务商发展，完善跨境物流体系，拓展全球经贸合作。推进跨境电子商务通关、检验检疫、结汇等关键环节单一窗口综合服务体系建设。创新跨境权益保障机制，利用合格评定手段，推进国际互认。创新跨境电子商务管理，促进信息网络畅通、跨境物流便捷、支付及结汇无障碍、税收规范便利、市场及贸易规则互认互通。

（九）"互联网+"便捷交通

加快互联网与交通运输领域的深度融合，通过基础设施、运输工具、运行信息等互联网化，推进基于互联网平台的便捷化交通运输服务发展，显著提高交通运输资源利用效率和管理精细化水平，全面提升交通运输行业服务品质和科学治理能力。（发展改革委、交通运输部共同牵头）

1. 提升交通运输服务品质。推动交通运输主管部门和企业将服务性数据资源向社会开放，鼓励互联网平台为社会公众提供实时交通运行状态查询、出行路线规划、网上购票、智能停车等服务，推进基于互联网平台的多种出行方式信息服务对接和一站式服务。加快完善汽车健康档案、维修诊断和服务质量信息服务平台建设。

2. 推进交通运输资源在线集成。利用物联网、移动互联网等技术，进一步加强对公路、铁路、民航、港口等交通运输网络关键设施运行状态与通行信息的采集。推动跨地域、跨类型交通运输信息互联互通，推广船联网、车联网等智能化技术应用，形成更加完善的交通运输感知体系，提高基础设施、运输工具、运行信息等要素资源的在线化水平，全面支撑故障预警、运行维护以及调度智能化。

3. 增强交通运输科学治理能力。强化交通运输信息共享，利用大数据平台挖掘分析人口迁徙规律、公众出行需求、枢纽客流规模、车辆船舶行驶特征等，为优化交通运输设施规划与建设、安全运行控制、交通运输管理决策提供支撑。利用互联网加强对交通运输违章违规行为的智能化监管，不断提高交通运输治理能力。

（十）"互联网+"绿色生态

推动互联网与生态文明建设深度融合，完善污染物监测及信息发布系统，形成覆盖主要生态要素的资源环境承载能力动态监测网络，实现生态环境数据互联互通和开放共享。充分发挥互联网在逆向物流回收体系中的平台作用，促进再生资源交易利用便捷化、互动化、透明化，促进生产生活方式绿色化（发展改革委、环境保护部、商务部、林业局等负责）。

1. 加强资源环境动态监测。针对能源、矿产资源、水、大气、森林、草原、湿地、海洋等各类生态要素，充分利用多维地理信息系统、智慧地图等技术，结合互联网大数据分析，优化监测站点布局，扩大动态监控范围，构建资源环境承载能力立体监控系统。依托现有互联网、云计算平台，逐步实现各级政府资源环境动态监测信息互联共享。加强重点用能单位能耗在线监测和大数据分析。

2. 大力发展智慧环保。利用智能监测设备和移动互联网，完善污染物排放在线监测系统，增加监测污染物种类，扩大监测范围，形成全天候、多层次的智能多源感知体系。建立环境信息数据共享机制，统一数据交换标准，推进区域污染物排放、空气环境质量、水环境质量等信息公开，通过互联网实现面向公众的在线查询和定制推送。加强对企业环保信用数据的采集整理，将企业环保信用记录纳入全国统一的信用信息共享交换平台。完善环境预警和风险监测信息网络，提升重金属、危险废物、危险化学品等重点风险防范水平和应急处理能力。

3. 完善废旧资源回收利用体系。利用物联网、大数据开展信息采集、数据分析、流向监测，优化逆向物流网点布局。支持利用电子标签、二维码等物联网技术跟踪电子废物流向，鼓励互联网企业参与搭建城市废弃物回收平台，创新再生资源回收模式。加快推进汽车保险信息系统、"以旧换再"管理系统和报废车管理系统的标准化、规范化和互联互通，加强废旧汽车及零部件的回收利用信息管理，为互联网企业开展业务创新和便民服务提供数据支撑。

4.建立废弃物在线交易系统。鼓励互联网企业积极参与各类产业园区废弃物信息平台建设，推动现有骨干再生资源交易市场向线上线下结合转型升级，逐步形成行业性、区域性、全国性的产业废弃物和再生资源在线交易系统，完善线上信用评价和供应链融资体系，开展在线竞价，发布价格交易指数，提高稳定供给能力，增强主要再生资源品种的定价权。

（十一）"互联网+"人工智能

依托互联网平台提供人工智能公共创新服务，加快人工智能核心技术突破，促进人工智能在智能家居、智能终端、智能汽车、机器人等领域的推广应用，培育若干引领全球人工智能发展的骨干企业和创新团队，形成创新活跃、开放合作、协同发展的产业生态。（发展改革委、科技部、工业和信息化部、网信办等负责）

1.培育发展人工智能新兴产业。建设支撑超大规模深度学习的新型计算集群，构建包括语音、图像、视频、地图等数据的海量训练资源库，加强人工智能基础资源和公共服务等创新平台建设。进一步推进计算机视觉、智能语音处理、生物特征识别、自然语言理解、智能决策控制以及新型人机交互等关键技术的研发和产业化，推动人工智能在智能产品、工业制造等领域规模商用，为产业智能化升级夯实基础。

2.推进重点领域智能产品创新。鼓励传统家居企业与互联网企业开展集成创新，不断提升家居产品的智能化水平和服务能力，创造新的消费市场空间。推动汽车企业与互联网企业设立跨界交叉的创新平台，加快智能辅助驾驶、复杂环境感知、车载智能设备等技术产品的研发与应用。支持安防企业与互联网企业开展合作，发展和推广图像精准识别等大数据分析技术，提升安防产品的智能化服务水平。

3.提升终端产品智能化水平。着力做大高端移动智能终端产品和服务的市场规模，提高移动智能终端核心技术研发及产业化能力。鼓励企业积极开展差异化细分市场需求分析，大力丰富可穿戴设备的应用服务，提升用户体验。推动互联网技术以及智能感知、模式识别、智能分析、智能控制等智能技术在机器人领域的深入应用,大力提升机器人产品在传感、交互、控制等方面的性能和智能化水平,提高核心竞争力。

三、保障支撑

(一)夯实发展基础

1. 巩固网络基础。加快实施"宽带中国"战略,组织实施国家新一代信息基础设施建设工程,推进宽带网络光纤化改造,加快提升移动通信网络服务能力,促进网间互联互通,大幅提高网络访问速率,有效降低网络资费,完善电信普遍服务补偿机制,支持农村及偏远地区宽带建设和运行维护,使互联网下沉为各行业、各领域、各区域都能使用,人、机、物泛在互联的基础设施。增强北斗卫星全球服务能力,构建天地一体化互联网络。加快下一代互联网商用部署,加强互联网协议第6版(IPv6)地址管理、标识管理与解析,构建未来网络创新试验平台。研究工业互联网网络架构体系,构建开放式国家创新试验验证平台。(发展改革委、工业和信息化部、财政部、国资委、网信办等负责)

2. 强化应用基础。适应重点行业融合创新发展需求,完善无线传感网、行业云及大数据平台等新型应用基础设施。实施云计算工程,大力提升公共云服务能力,引导行业信息化应用向云计算平台迁移,加快内容分发网络建设,优化数据中心布局。加强物联网网络架构研究,组织开展国家物联网重大应用示范,鼓励具备条件的企业建设跨行业物联网运营和支撑平台。(发展改革委、工业和信息化部等负责)

3. 做实产业基础。着力突破核心芯片、高端服务器、高端存储设备、数据库和中间件等产业薄弱环节的技术瓶颈,加快推进云操作系统、工业控制实时操作系统、智能终端操作系统的研发和应用。大力发展云计算、大数据等解决方案以及高端传感器、工控系统、人机交互等软硬件基础产品。运用互联网理念,构建以骨干企业为核心、产学研用高效整合的技术产业集群,打造国际先进、自主可控的产业体系。(工业和信息化部、发展改革委、科技部、网信办等负责)

4. 保障安全基础。制定国家信息领域核心技术设备发展时间表和路线图,提升互联网安全管理、态势感知和风险防范能力,加强信息网络基础设施安全防护和用户个人信息保护。实施国家信息安全专项，开展网络安全应用示范，提高"互联网+"安全核心技术和产品水平。按照信息安全等级保护等制度和网络安全国家标准的要求，加强"互联网+"关键领域重要信息系统的安全保障。建设完善网络安全监测评估、监督管理、标准认证和创新能力体系。重视融合带来的安全风险，完善网络数据共享、利用等的安全管理和技术措施，探索建立以行政评议和第三方评估为基础的数据安全流动认证体系，完善数据跨境流动管理制度，确保数据安全。（网信办、发展改革委、科技部、工业和信息化部、公安部、安全部、质检总局等负责）

（二）强化创新驱动

1. 加强创新能力建设。鼓励构建以企业为主导，产学研用合作的"互联网+"产业创新网络或产业技术创新联盟。支持以龙头企业为主体，建设跨界交叉领域的创新平台，并逐步形成创新网络。鼓励国家创新平台向企业特别是中小企业在线开放，加大国家重大科研基础设施和大型科研仪器等网络化开放力度。（发展改革委、科技部、工业和信息化部、网信办等负责）

2. 加快制定融合标准。按照共性先立、急用先行的原则，引导工业互联网、智能电网、智慧城市等领域基础共性标准、关键技术标准的研制及推广。加快与互联网融合应用的工控系统、智能专用装备、智能仪表、智能家居、车联网等细分领域的标准化工作。不断完善"互联网+"融合标准体系，同步推进国际国内标准化工作，增强在国际标准化组织（ISO）、国际电工委员会（IEC）和国际电信联盟（ITU）等国际组织中的话语权。（质检总局、工业和信息化部、网信办、能源局等负责）

3. 强化知识产权战略。加强融合领域关键环节专利导航，引导企业加强知识产权战略储备与布局。加快推进专利基础信息资源开放共享，支持在线知识产权服务平台建设，鼓励服务模式创新，提升知识产权服务附加值，支持中小微企业知识产权创造和运用。加强网络知识产权和专利执法维权工作，严厉打击各种网络侵权假冒行为。增强全社会对网络知识产权的保护意识，推动建立"互联网+"知识产权保护联盟，加大对新业态、新模式等创新成果的保护力度。（知识产权局牵头）

4. 大力发展开源社区。鼓励企业自主研发和国家科技计划（专项、基金等）

支持形成的软件成果通过互联网向社会开源。引导教育机构、社会团体、企业或个人发起开源项目，积极参加国际开源项目，支持组建开源社区和开源基金会。鼓励企业依托互联网开源模式构建新型生态，促进互联网开源社区与标准规范、知识产权等机构的对接与合作。（科技部、工业和信息化部、质检总局、知识产权局等负责）

（三）营造宽松环境

1. 构建开放包容环境。贯彻落实《中共中央国务院关于深化体制机制改革加快实施创新驱动发展战略的若干意见》，放宽融合性产品和服务的市场准入限制，制定实施各行业互联网准入负面清单，允许各类主体依法平等进入未纳入负面清单管理的领域。破除行业壁垒，推动各行业、各领域在技术、标准、监管等方面充分对接，最大限度减少事前准入限制，加强事中事后监管。继续深化电信体制改革，有序开放电信市场，加快民营资本进入基础电信业务。加快深化商事制度改革，推进投资贸易便利化。（发展改革委、网信办、教育部、科技部、工业和信息化部、民政部、商务部、卫生计生委、工商总局、质检总局等负责）

2. 完善信用支撑体系。加快社会征信体系建设，推进各类信用信息平台无缝对接，打破信息孤岛。加强信用记录、风险预警、违法失信行为等信息资源在线披露和共享，为经营者提供信用信息查询、企业网上身份认证等服务。充分利用互联网积累的信用数据，对现有征信体系和评测体系进行补充和完善，为经济调节、市场监管、社会管理和公共服务提供有力支撑。（发展改革委、人民银行、工商总局、质检总局、网信办等负责）

3. 推动数据资源开放。研究出台国家大数据战略，显著提升国家大数据掌控能力。建立国家政府信息开放统一平台和基础数据资源库，开展公共数据开放利用改革试点，出台政府机构数据开放管理规定。按照重要性和敏感程度分级分类，推进政府和公共信息资源开放共享，支持公众和小微企业充分挖掘信息资源的商业价值，促进互联网应用创新。（发展改革委、工业和信息化部、国务院办公厅、网信办等负责）

4. 加强法律法规建设。针对互联网与各行业融合发展的新特点，加快"互联网＋"相关立法工作，研究调整完善不适应"互联网＋"发展和管理的现行法规及政策规定。落实加强网络信息保护和信息公开有关规定，加快推动制定网络安全、电子商务、个人信息保护、互联网信息服务管理等法律法规。完善反垄断法配套规则，进一步加大反垄断法执行力度，严格查处信息领域企业垄断行为，营造互联网公平竞争环境。（法制办、网信办、发展改革委、工业和信息化部、公安部、安全部、商务部、工商总局等负责）

（四）拓展海外合作

1. 鼓励企业抱团出海。结合"一带一路"等国家重大战略，支持和鼓励具有竞争优势的互联网企业联合制造、金融、信息通信等领域企业率先走出去，通过海外并购、联合经营、设立分支机构等方式，相互借力，共同开拓国际市场，推进国际产能合作，构建跨境产业链体系，增强全球竞争力。（发展改革委、外交部、工业和信息化部、商务部、网信办等负责）

2. 发展全球市场应用。鼓励"互联网+"企业整合国内外资源，面向全球提供工业云、供应链管理、大数据分析等网络服务，培育具有全球影响力的"互联网+"应用平台。鼓励互联网企业积极拓展海外用户，推出适合不同市场文化的产品和服务。（商务部、发展改革委、工业和信息化部、网信办等负责）

3. 增强走出去服务能力。充分发挥政府、产业联盟、行业协会及相关中介机构作用，形成支持"互联网+"企业走出去的合力。鼓励中介机构为企业拓展海外市场提供信息咨询、法律援助、税务中介等服务。支持行业协会、产业联盟与企业共同推广中国技术和中国标准，以技术标准走出去带动产品和服务在海外推广应用。（商务部、外交部、发展改革委、工业和信息化部、税务总局、质检总局、网信办等负责）

（五）加强智力建设

1. 加强应用能力培训。鼓励地方各级政府采用购买服务的方式，向社会提供互联网知识技能培训，支持相关研究机构和专家开展"互联网+"基础知识和应用培训。鼓励传统企业与互联网企业建立信息咨询、人才交流等合作机制，促进双方深入交流合作。加强制造业、农业等领域人才特别是企业高层管理人员的互联网技能培训，鼓励互联网人才与传统行业人才双向流动。（科技部、工业和信息化部、人力资源社会保障部、网信办等负责）

2. 加快复合型人才培养。面向"互联网+"融合发展需求，鼓励高校根据发展需要和学校办学能力设置相关专业，注重将国内外前沿研究成果尽快引入相关专业教学中。鼓励各类学校聘请互联网领域高级人才作为兼职教师,加强"互联网+"领域实验教学。(教育部、发展改革委、科技部、工业和信息化部、人力资源社会保障部、网信办等负责)

3. 鼓励联合培养培训。实施产学合作专业综合改革项目,鼓励校企、院企合作办学,推进"互联网+"专业技术人才培训。深化互联网领域产教融合,依托高校、科研机构、企业的智力资源和研究平台,建立一批联合实训基地。建立企业技术中心和院校对接机制,鼓励企业在院校建立"互联网+"研发机构和实验中心。(教育部、发展改革委、科技部、工业和信息化部、人力资源社会保障部、网信办等负责)

4. 利用全球智力资源。充分利用现有人才引进计划和鼓励企业设立海外研发中心等多种方式,引进和培养一批"互联网+"领域高端人才。完善移民、签证等制度,形成有利于吸引人才的分配、激励和保障机制,为引进海外人才提供有利条件。支持通过任务外包、产业合作、学术交流等方式,充分利用全球互联网人才资源。吸引互联网领域领军人才、特殊人才、紧缺人才在我国创业创新和从事教学科研等活动。(人力资源社会保障部、发展改革委、教育部、科技部、网信办等负责)

(六)加强引导支持

1. 实施重大工程包。选择重点领域,加大中央预算内资金投入力度,引导更多社会资本进入,分步骤组织实施"互联网+"重大工程,重点促进以移动互联网、云计算、大数据、物联网为代表的新一代信息技术与制造、能源、服务、农业等领域的融合创新,发展壮大新兴业态,打造新的产业增长点。(发展改革委牵头)

2. 加大财税支持。充分发挥国家科技计划作用,积极投向符合条件的"互联网+"融合创新关键技术研发及应用示范。统筹利用现有财政专项资金,支持"互联网+"相关平台建设和应用示范等。加大政府部门采购云计算服务的力度,探索基于云计算的政务信息化建设运营新机制。鼓励地方政府创新风险补偿机制,探索"互联网+"发展的新模式。(财政部、税务总局、发展改革委、科技部、网信办等负责)

3. 完善融资服务。积极发挥天使投资、风险投资基金等对"互联网+"的投资引领作用。开展股权众筹等互联网金融创新试点,支持小微企业发展。支持国家出资设立的有关基金投向"互联网+",鼓励社会资本加大对相关创新型企业的投资。积极发展知识产权质押融资、信用保险保单融资增信等服务,鼓励通过债券融资方式支持"互联网+"发展,支持符合条件的"互联网+"企业发行公司债券。开展产融结合创新试点,探索股权和债权相结合的融资服务。降低创新型、成长型互联网企业的上市准入门槛,结合证券法修订和股票发行注册制改革,支持处于特定成长阶段、发展前景好但尚未盈利的互联网企业在创业板上市。推动银行业金融机构创新信贷产品与金融服务,加大贷款投放力度。鼓励开发性金融机构为"互联网+"重点项目建设提供有效融资支持。(人民银行、发展改革委、银监会、证监会、保监会、网信办、开发银行等负责)

(七)做好组织实施

1. 加强组织领导。建立"互联网+"行动实施部际联席会议制度,统筹协调解决重大问题,切实推动行动的贯彻落实。联席会议设办公室,负责具体工作的组织推进。建立跨领域、跨行业的"互联网+"行动专家咨询委员会,为政府决策提供重要支撑。(发展改革委牵头)

2. 开展试点示范。鼓励开展"互联网+"试点示范,推进"互联网+"区域化、链条化发展。支持全面创新改革试验区、中关村等国家自主创新示范区、国家现代农业示范区先行先试,积极开展"互联网+"创新政策试点,破除新兴产业行业准入、数据开放、市场监管等方面政策障碍,研究适应新兴业态特点的税收、保险政策,打造"互联网+"生态体系。(各部门、各地方政府负责)

3. 有序推进实施。各地区、各部门要主动作为,完善服务,加强引导,以动态发展的眼光看待"互联网+",在实践中大胆探索拓展,相互借鉴"互联网+"融合应用成功经验,促进"互联网+"新业态、新经济发展。有关部门要加强统筹规划,提高服务和管理能力。各地区要结合实际,研究制定适合本地的"互联网+"行动落实方案,因地制宜,合理定位,科学组织实施,杜绝盲目建设和重复投资,务实有序推进"互联网+"行动。(各部门、各地方政府负责)

国务院
2015年7月1日

参考文献

1. 王尔德.《清华报告：2013年中国燃煤大气污染致36.6万人过早死亡》[R].21世纪经济报道，2016-8-19.
2. 中国环保在线.《六措施缓解水资源短缺海水淡化技术待升级》[DB/OL].2016-7-10.http://www.nbbaoying.com.cn/a/huanbaozixun/2016/0710/16179.html.
3. 吴舜泽."十三五"时期环境保护面临八大挑战[N].《中国环境报》，2015-9-15.
4. 王慧军，关易辰.中国水价低与现状不符[N].《中国环境报》，2014-7-15.
5. 中国产业信息网.《2016年我国污水处理行业价格分析》[DB/OL].2016-3-31.http://www.chyxx.com/industry/201603/401066.html.
6. 北极星节能环保网.《土壤修复行业：现状与未来》[DB/OL].2016-5-31.http://huanbao.bjx.com.cn/news/20160531/738000.shtml.
7. 中国产业信息网.《2015中国土壤修复行业发展现状及市场前景预测》[DB/OL].2016-5-23.http://www.eedu.org.cn/news/info/hb/201605/102240.html.
8. Leo.《"短工期"下的土壤修复市场》[DB/OL].2015-12-17.http://huanbao.bjx.com.cn/news/20151217/692402.shtml.
9. 童克难，王玮.生态补偿立法时机成熟[N].《中国环境报》，2016-3-9.
10. 李军.创新，推动环境质量提升[N].《中国环境报》，2016-6-8.
11. 杜芳."排蓄结合"治理城市洪涝[N].《经济日报》，2015-7-30.
12. 翟立.住房城乡建设部中国农业发展银行下发通知[N].《中国建设报》，2016-1-7(1).
13. 艾伟.《水务企业"智慧运营"的需求到底有多大？》[DB/OL].2016-7-19.http://huanbao.bjx.com.cn/news/20160719/753002.shtml.
14. 易三板.《环保产业的融资困局》[DB/OL].2016-3-14.http://info.water.hc360.com/2016/03/140951543356.shtml.
15. 大禹网.《我国的污水厂数量已经接近4000座，且集中分布在城市和县城》[DB/OL].
16. 王龙.《农村水污染防治我国污水治理领域的"蓝海"》[DB/OL].2016-4-21.http://huanbao.bjx.com.cn/news/20160421/726976.shtml.
17. 周小兵.《农村污水处理市场下一个污水处理的黄金时代》[DB/OL].2014-12-9.http://china.huisou.com/news/2014_12_09/260657_0/.

18. 李晓佳.《产值将达1300亿，污水处理主战场向农村转移》[DB/OL]. 2015-12-24.http://www.h2o-china.com/news/234724.html.

19. 张楠.环保如何点燃民间投资热情？[N].《中国环境报》，2016-8-26.

20. 吕兴兵 胡雅丽.《浅析垃圾发电在中国的发展》[DB/OL]. 2015-9-15.http://www.cecol.com.cn/zsny/20150915/09501615.html.

21. 张益.《垃圾焚烧出路在哪里？》[DB/OL]. 2016-2-25.http://www.cn-hw.net/html/china/201602/52131.html.

22. 舒军龙.建立协商机制避免邻避效应[N].《中国环境报》，2016-4-15.

23. 李彪.民资遭遇"白刃战"环保PPP低价竞争无赢家[N].《每日经济新闻》，2016-3-17.

24. 陈湘静.垃圾行业还有金矿待深挖[N].《中国环境报》，2016-2-23.

25. 东方财富网."十三五"环保投资需求大环保PPP配置正当时[N].《大众证券报》，2016-8-14.

26. 郭力方 欧阳春香.斩获订单逾1200亿环保行业拥抱PPP盛宴[N].《中国证券报》，2015-4-22.

27. 张蕊.全国1861个黑臭水体治理300多亿投入钱从何来？[N].《中国环境报》，2016-3-2.

28. 肖琼.河道治理环境绩效怎么算？[N].《中国环境报》，2016-7-30.

29. 朱多策.PPP项目开发案例——广州西朗污水处理项目[N].《现代投资咨询》，2016-5-16.

30. 张美双.宁波河道整治不买工程买服务[N].《中国环境报》，2014-11-4.

31. 东方财富网.污染触目惊心土壤修复市场处于起飞前夕[N].《中国证券报》，2014-5-9.

32. 李艳茹.《启迪桑德定向增发95亿清华系助推布局千亿环卫市场》[DB/OL]. 2016-4-28. http://www.h2o-china.com/news/239809.html.

33. 证券时报网.《上市公司累计投资PPP达5200亿元环保PPP项目扎堆上阵》[DB/OL]. 2016-9-1.http://ecep.ofweek.com/2016-09/ART-93000-8420-30032992_2.html.

34. 点绿网.《2016上半年环保企业新三板挂牌情况分析》[DB/OL]. 2016-7-7.http://huanbao.bjx.com.cn/news/20160707/749247-2.shtml.

35. Tina.大量资本涌入环保领域万亿市场盛宴开场在即[N].《证券时报》，2016-3-28.

36. 周松林.上市公司与私募基金合作投资事项信息披露业务指引[N].《中国证券报》，2016-10-20.

37. 稻米.《10大"关键热词"解读2015年水处理行业大事记》[DB/OL]. 2015-12-18.http://www.hbzhan.com/news/Detail/102940.html.

38. 刘兴龙.环保并购基金渐成产业催化剂双赢模式受捧[N].《中国证券报》，2015-3-23.

39. 刘杨.环保并购基金催化产业转型升级[N].《中国证券报》，2016-3-9.

40. 刘世伟.上市公司欲转型并购基金受青睐[N].《中国环境报》，2016-8-25.

41. 孙彬彬.《金融机构参与PPP的方式和操作要点》[DB/OL]. 2016-5-30.http://www.caigou2003.com/shouye/shouyehuandengpian/2139317_2.html.

42. 张伟.《"十三五"期间环境监测市场规模达千亿级别》[DB/OL]. 2016-7-4.http://www.h2o-china.com/news/242403.html.

43. 梅源，娄静.污水池"变身"光伏发电站 [N].《扬州晚报》，2014-3-17.

44. 中国台州网.《台州首个污水厂分布式光伏电站正式启动》[DB/OL]. 2014-7-7.http://guangfu.bjx.com.cn/news/20140707/525330.shtml.

45. 邵慧欣，杨倩.PPP模式：让垃圾无处藏身——破解农村垃圾处理难题的栾城样本 [N].《河北日报》，2015-6-10(1).

46. 任萌萌.有多少大国企瞄上环保产业？ [N].《中国环境报》，2016-2-2.

47. 陈丹丹.《2016年我国污水处理行业竞争情况分析》[DB/OL]. 2016-4-5.http://www.h2o-china.com/news/238739.html.

48. 张伟.这70个领域将成"十三五"投资新风口环保产业占6席 [N].《人民日报》，2016-3-8.

49. tyq2014.《水十条将带动环保产业新增产值约1.9万亿》[DB/OL]. 2015-6-4.http://www.chinairn.com/news/20150604/173222345.shtml.

50. 李禾.《雾霾刚走臭氧来了？挥机物成空气污染新难题》[DB/OL]. 2016-5-25.http://mp.weixin.qq.com/s?__biz=MzA4ODE5Mjg3MA%3D%3D&idx=2&mid=2651657135&sn=091a7f51f94eba276b27344ee3e05f90.

51. robot.《十三五投资或超17万亿环保迎来黄金期》[DB/OL]. 2015-10-13.http://finance.ifeng.com/a/20151013/14014878_0.shtml.

52. 民生证券.《6万亿市场待开发土壤修复成环保下一个风口》[DB/OL]. 2016-3-9.http://huanbao.bjx.com.cn/news/20160303/712656-17.shtml.

53. 中国产业信息网.《2015年中国土壤修复行业发展现状及市场前景预测》[DB/OL]. 2015-11-17.http://huanbao.bjx.com.cn/news/20151117/681864-7.shtml.

54. 周扬.《美丽乡村建设PPP模式思考》[DB/OL]. 2016-3-4.http://www.360doc.com/content/16/0304/14/31046019_539368995.shtml.

55. 稻米.《农村垃圾处理势在必行》[DB/OL]. 2016-6-23.http://www.hbzhan.com/news/detail/108051.html.

56. 中国产业信息网.《2015年中国环保行业投资现状分析及优化对策建议》[DB/OL]. 2015-7-7.http://www.chineselowcarbon.com/104/i-30235/.

57. 丁鑫.未来十年环保投入占GDP比重将提高到2%-3% [N].《证券日报》，2013-7-12.

58. 王庆华，王忱.《我国节能环保产业的特征、现状及发展趋势》[DB/OL]. 2016-3-9.http://www.sic.gov.cn/News/455/6070.htm.

59. 骆建华.绿色化，环保产业将迎3.0时代 [N].《人民日报》，2015-4-10.

60. 冯慧娟，裴莹莹，罗宏等.论我国环保产业的区域布局[N].《中国环保产业》，2016，3：324.

61. 张世祥.《垃圾焚烧的2015：疯狂布局与价格走低并存》[DB/OL]. 2015-12-23.http://www.cn-hw.net/html/china/201512/51621.html.

62. 筱阳.《微利运营阻碍参与热情 PPP模式难解企业疑虑》[DB/OL]. 2016-5-6.https://www.hbzhan.com/news/detail/106807.html.

63. 国家新兴产业网.《2015中国环保市场发展新常态及未来发展趋势分析》[DB/OL]. 2015-8-21.http://www.nein.org.cn/jienenghuanbao/jnhbfenxi/jnhbfenxi3/2015-08-21/42324.html.